江苏人民教育家培养工程丛书（第三辑）

美术课程重构

——以美育人的路径探索

MEISHU KECHENG CHONGGOU

YIMEIYUREN DE LUJING TANSUO

陈铁梅 著

江蘇鳳凰教育出版社
Phoenix Education Publishing, Ltd

图书在版编目(CIP)数据

美术课程重构：以美育人的路径探索 / 陈铁梅著. --南京：江苏凤凰教育出版社，2022.3
(江苏人民教育家培养工程丛书. 第三辑)
ISBN 978-7-5499-9881-4

Ⅰ. ①美… Ⅱ. ①陈… Ⅲ. ①美术课—教学研究—小学 Ⅳ. ①G633.752

中国版本图书馆 CIP 数据核字(2022)第 035673 号

江苏人民教育家培养工程丛书(第三辑)

书　　名	**美术课程重构——以美育人的路径探索**
作　　者	陈铁梅
责任编辑	林　静
出版发行	江苏凤凰教育出版社(南京市湖南路 1 号 A 楼　邮编 210009)
苏教网址	http://www.1088.com.cn
照　　排	南京私书坊文化传播有限公司
印　　刷	南京顺和印刷有限责任公司
厂　　址	南京市江宁区麒麟街道天和路 78 号
开　　本	787 mm×1092 mm　1/16
印　　张	10.5
插　　页	2
版　　次	2022 年 3 月第 1 版
印　　次	2022 年 3 月第 1 次印刷
书　　号	ISBN 978-7-5499-9881-4
定　　价	30.00 元
网店地址	http://jsfhjycbs.tmall.com
公 众 号	苏教服务(微信号:jsfhjyfw)
邮购电话	025-85406265,025-85400774,短信 025-85420909
盗版举报	025-83658579

本书如有印刷、装订等质量问题，请与印刷厂联系调换，电话：025-83682876

提供盗版线索者给予重奖

为江苏未来教育家成长奠基

纵观世界教育史，每一次深刻的教育变革都离不开教育家的参与和推动。邓小平同志在1986年就提出“希望中国出现一大批三四十岁的优秀的科学家、教育家、文学家和其他各种专家”。2007年《国家教育事业发展“十一五”规划纲要》明确提出了“倡导教育家办学”的方针。《国家中长期教育改革和发展规划纲要(2010—2020年)》也明确提出，要创造有利条件，鼓励教师和校长在实践中大胆探索，创新教育思想、教育模式和教育方法，形成教学特色和办学风格，造就一批教育家，倡导教育家办学。

倡导教育家办学，要在扎根于民族文化土壤的同时，吸纳一切人类文明成果，形成具有本土特色和全球视野的教育实践和教育智慧。在我国源远流长的几千年文明发展进程中，不仅积淀了丰富的教育话语体系，而且涌现出一批又一批的优秀教育家。如，有被推崇为“大成至圣先师”“万世师表”的孔子，有“匹夫而为百世师，一言而为天下法”的韩愈，有“捧3着一颗心来，不带半根草去”的人民教育家陶行知，等等。

江苏素有重教兴学的优良传统。明清两代全国202名状元中，有66人出自江苏，约占总数的三分之一。中华人民共和国成立以来，两院院士三分之一以上是江苏籍。“十一五”规划以来，江苏认真贯彻国家、省教育规划纲要，坚持把优先发展教育作为强省之基，把科教与人才强省作为经济社会发展的基础战略，扎实做好教育改革发展各项工作。为顺应发展要求，江苏在2009年启动实施“江苏人民教育家培养工程”，旨在通过培养一批具有教育家潜质的校长、教师，带动全省师资队伍建设，提高全省教育质量。工程启动和实施以来，得到了省内外同行的高度关注，《中国教育报》《人民教育》等权威教育媒体纷纷予以报道，给予了很多的支持和鼓励。在工程的带动下，全省基础教育人才队伍建设工作蓬勃开展，人才梯队不断优化，人才培养形成常态化。无锡的教育名家培养工程、常州和镇江的名师工作室、苏州的姑苏人才计划、南通和淮安的名师名校长培养工程、连云港的中小学高层次人才“333”工程、泰州的中小学卓越教师培养计划、扬州的领雁工程等都取得了良好成效，为江苏基础教育事业的明天提供了人才支撑。

一、设计思路

古今中外的教育家，虽然成长路径各不相同，但他们身上都有一个共同特点，那就是都有强烈的发展愿景，都是积极主动、持之以恒地追求自我发展。而有计划的培养可以促其自觉、促其坚定、催其奋进、助其提高。实践证明，有效整合社会资源，建立系统而完整的培养制度，对培养对象进行引领、促进、支持，给予他们相对良好的成长空间和必要的规制，有助于教师队伍更快更好地成长。我们认为，确立“人民教育家是可以培养的”观念，是科学的人才观、发展观在师资队伍建设中的体现。

确立目标宗旨。为一批立志终身从教、教育理念新、科研能力强、专长突出、风格鲜明、发展潜力大的中小学教师和校长创造条件，提供平台，给予重点培养，帮助他们在教育理论素养和创新实践能力等方面得到全面提升，使其个人专长更加凸显，特色风格更加鲜明，为他们成长为社会公认的人民教育家奠定基础，并以此带动和促进全省中小学师资队伍水平的整体提升，为江苏建设教育强省、率先实现教育现代化、办人民满意的教育做出更大的贡献。

制订培养计划。工程实施的目标是培养基础教育高端人才。从2009年起，计划在全省范围内分四批选拔200名特级教师进行重点培养。200个培养名额，低于特级教师总数的20%，不到中小学专任教师总数的万分之三。分四批培养，每批50人，确保每一名培养对象都能享有足够好、足够多的专家资源、活动资源、财力资源和实践平台，保证培养过程更加具有科学性、针对性和有效性。

明晰选拔标准。分析近代以来我国教育家表现出来的特质，我们发现他们具有三个方面的共同点：一是志存高远，具有远大的教育理想，“敢探未发明的新理”，善于发现和潜心研究教育问题，形成自己独到的教育思想；二是学高为师，具有丰富的学识和科学的经验，勇于探索，在办学理念和思路、学校建设与管理、教育教学方式等方面形成鲜明的特色和风格；三是身正为范，具有高尚的人格魅力，热爱学生，尊重学生，对学生有大爱之心，并有较大的社会影响。为此，在培养对象的选拔上，我们确定了“坚持一个基本条件、着重考察三个方面”的遴选原则。基本条件必须是特级教师，是“师德的表率、育人的模范、教学的专家”。在此基础上，着重考察培养对象是否有正确的、强烈的成长动机，有为人民教育事业奋斗终身的坚定理想和不懈追求；是否具有深厚的教育理论素养、文化素养和专业素养，有成为人民教育家的基础条件和发展潜力；是否具有高尚的人格魅力，在区域和学科专业领域内声望高、影响大、示范性强，受到同行、学生、家长和社会的广泛敬重和好评。

二、制度建构

“江苏人民教育家培养工程”是一项系统性工程，旨在探索高端教育人才培养的政策、制度和实践模式，以培养对象的教育思想、办学行为和先进事迹激发全省所有校长、教师的教育热情和奉献精神。经过五年的实践探索，逐步形成了一套比较完整的培养体系，制定了《江苏人民教育家培养工程实施指南》，形成了管理、培养、考核“三位一体”的培养工作机制。

建立了管理机构。在管理上，教育厅成立了“江苏省人民教育家培养工程领导小组”，负责培养工作的整体把握和指导，指定江苏省教育科学研究院负责工程的具体实施工作。根据培养对象的特点和研究方向，成立了分学段或分学科领域和学校管理等不同培养方向的五个研修组。与培养对象相对应，组建了五个专家指导小组，通过个别指导和集体指导相结合的模式，就培养对象的发展规划、研究方向、课题研究进行指导。

搭建了培养平台。在培养上，以“政府创设平台、专家引领指导、个人主动发展、团队共同提高”为培养机制，以帮助培养对象“提高师德修养、拓展教育视野、创新教学理念、提高教育教学能力水平”为核心培养内容，规划实施了九大系列培养计划：催生教育主张——培养对象理论素养提升计划；聆听高端讲座——培养对象知识结构更新计划；牵手农村教育——培养对象责任修炼计划；推动教育创新——培养对象实践模式构建计划；走近教育家——培养对象分类阅读计划；聚焦实践问题——培养对象小组合作研究计划；带动共同发展——培养对象团队建设计划；教育家办学——影响力论坛计划；行者无疆——教育考察计划。围绕计划，在2014年至2019年第三期培养对象培养期内，共开展省级集中活动20余次、小组活动近100次。

制定了考核制度。在考核上，省教育厅委托省教育科学研究院与培养对象签订“目标责任书”，依据目标责任书开展年度考核、中期考核和终期考核工作。其中，年度考核实行报告评价式考核，研修小组和培养对象每年要做一次工作总结，报告一次研修心得；中期考核在培养期的第三年举行，实行发展性评估考核；终期考核按目标责任书实行目标考核。培养周期完成，在个人考核的基础上，成立“培养工作评估项目组”，对项目实施情况进行整体评估。

提供了条件保障。主要从专家、平台、经费等方面为工程实施及培养对象提供专业支持、环境支持和政策支持。一是组建了专家指导团队，聘请了国内一流专家。目前共聘请专家119人次，其中为第三期培养对象聘请的专家有35人。二是设立省教育科学规划"十三五"人民教育家培养对象专项课题,鼓励培养对象申报教育科研课题研究项目,通过课题研究推动培养对象成长。三是为每位培养对象至少安排一次出国研修的机会、召开一次教育思想研讨会、资助出版一部专著,为他们形成教育教学思想创造条件。

三、实践成效

工程实施以来,每一位培养对象都以教育家的素养标准要求自己,经过五年努力,提升了综合素养,取得了很多教育教学成果,带动了区域内多元团队的共同发展,还通过跨区域的合作在更大范围发挥了重要作用。

素质显著提高。五年的研修对每一个培养对象来说都是一个迅速进步的过程,他们的专业素养与教育能力不断提升,教育思想已现雏形。其一,潜心读书,提升了专业素养。有的培养对象五年阅读了100多部专著,撰写了40多万字的读书笔记。其二,实践探索,提高了教育能力。通过构建自己的课堂教学模式提高课堂教学质量,通过成立名师工作室和建设学科基地发挥辐射作用,通过管理模式的变革寻求学校的优质发展,已成为培养对象的行为自觉。其三,活动研修,拓宽了教育视野,丰富了发展内涵,增强了服务江苏教育发展的责任感与使命感。其四,自省反思,凝练了教育思想。通过回顾和反思、梳理和归纳,做到更深刻地认识、更清晰地表达自己的教育理念,初步形成了自己的教育思想。

研究成果丰硕。五年来,各位培养对象在实践研究方面积极进取,取得了丰硕成果。据不完全统计,第三期培养对象公开发表论文880篇,其中在核心期刊发表191篇;编著图书79本,出版专著35本;主持市级以上课题(项目)研究166项,开设县级以上公开课、讲座1821节(次);被媒体报道210次。教学办学上,他们不仅善于把自己的教育理念运用到实践中去,而且非常注重特色成果的形成,成为江苏基础教育改革大背景下一例例鲜活的典型。他们的教育教学实践获得了广泛认可,产生了深远的影响,累计获得各级各类荣誉表彰300余项。这些成果来之不易,体现了各培养对象不断超越、勤于探索的精神。

带动效应显著。培养对象皆有自己领衔的发展团队,不仅有学校管理团队、教师集体和学科教师团队,而且有市(区、县)的名师团队、骨干教师团队,为带动当地教师发展做出了很大贡献。在团队发展过程中逐渐形成了由"被动发展"走向"主动发展"、由"短期性发展"走向"持续式发展"的良好格局,表现出相当高的发展水平与强大的辐射力。另外,第三期培养对象共开展"牵手农村教育"活动近30次,覆盖近30个县、市(区)50多所农村学校,发挥了培养对象的专业服务作用,带动了农村地区教师专业发展。难能可贵的是,他们在成为"培养对象"后,依然有着清醒的自我认识。他们常常淡看自己的努力和成就,却对"机遇"怀有感恩之心。正如一位培养对象所说:"孔子的彼岸是闻达于诸侯,我在想我们的彼岸是什么。也许我一辈子也成不了教育家，但我可以拥有教育家的志向、教育家的情怀、教育家的理想。在培养工程一千多个日日夜夜里，我如农夫般日日耕耘，如哲人般时时自省。从此岸到彼岸，是岁月的距离，更是成长的步履。让我们揣着梦想、带着感恩、携着激情，执着行走在成为教育家的路上，不为彼岸只为海！”

当前，江苏教育系统正在全面学习贯彻落实党的“十九大”精神，全力推进教育现代化建设，坚持以立德树人为根本，以发展素质教育为主题，以提高教育质量为核心，以促进教育公平为重点，以服务经济社会发展为重任，以深化教育教学改革为动力，以扩大教育对外开放、提升教育国际合作交流水平为重要路径，以教育信息化为着力点，以争取加大教育投入、建设高素质专业化教师队伍为关键，探索建立中国特色现代学校制度，努力营造健康向上的校园文化和有利于教育改革发展的社会氛围，努力办好人民满意的教育。衷心地希望“江苏人民教育家培养工程”的实践探索能给我国推进教育发展和办学专业化、促进高端教育人才成长提供借鉴。

编委会
2020 年 11 月

序 FOREWORD

生活中总有太多的偶然。有幸成为铁梅的导师，就是一个大大的偶然。

2015年，铁梅入选江苏省人民教育家培养工程第三批中学文科组培养对象，我受聘担任文科组导师的同时，入选2015年国家“万人计划”教学名师；五年后，铁梅顺利结业，入选2020年国家“万人计划”教学名师。师徒同为国家“万人计划”教学名师的，除了我俩，至今没有听说过。

其实，我早就知道，铁梅毕业于南通师范高等专科学校美术专业，又是南通大学的杰出校友。她也是南通市基础教育最著名的人才培养品牌工程“一梯队”的成员。每次我在南通参加或者主持各种评审时，南通市教育局几任人事处处长都跟我介绍，这么多“名师工作室”，只有海门陈铁梅的美术工作室，是“活的”。言下之意，陈铁梅的工作室始终坚持定期活动，从来没有停止过。可以说，通过各级各类评审，我见证了她的成长与发展，执着与坚守。

有的名师，在评上特级教师、正高级教师之后，热衷于到处讲学推广自己的主张与著作；也有的名师，感到功成名就或者难以突破，往往就此打住。铁梅与众不同的是，从不言弃，执着前行，关键是不慌不忙，从容自如。我印象最深的是，每次到她所在的南通市海门区东洲国际学校，都会收到一本本子。这是一本由美术出身、有着美学追求的专业人员精心设计的，封面赫然印着“慢慢走，欣赏啊”的本子。这使我想起一个法国名校哲学教授的故事：有个哲学教授在雨中行走，既不避雨，也不打伞，而且步履依然。有人问他，为什么不赶快走？答曰：如果匆匆忙忙，怎么能够思考深刻的哲学问题。

其实，我们做任何事情，都不能像搞运动、搞突击一样，风风火火，为了制造一点新闻效应，期望立竿见影、快出成果。这样的人、这样的事，不是没有，也不是一个两个，但一定走不远，格局不大。历史看重的，不是开始时的架势、声势、造势，而是暗中和寂寞中的坚守、坚持、修炼、提升，永不停步，艰难跋涉，不断探索、不断付出。所以铁梅的理念，我是很欣赏的。“慢慢走，欣赏啊”，既是专业训练的，也是人生感悟的。

这本本子的扉页还告诉我们：陈铁梅名师工作室，既是海门区的名师工作室，也是南通市中青年名师工作室，核心成员涉及幼儿教育、小学教育、初中教育、高中教育、特殊教育五个领域；以“美美相生，美美与共”为宗旨，以“审美人生教育”为方向，以“培养幸福完整的人”为愿景。

当然最令人感动、感佩的是铁梅的“十个行动”：

每月一件事、一节课、一堂讲座、一场研讨、一次观摩、一本书、一趟采风、一个微信公众号平台、一项课题、一辑简报。

“十个行动”，没有排比，没有修饰，没有包装，甚至没有逻辑层次，朴实无华，句句落实，但贵在实践、贵在坚持，追求的目标也是可行的、有效的、有价值的：

审美人生教育的教学主张，目标是帮助学生通过美术学习，获得知识技能，感悟生活，提升素养，拓宽胸襟，涵养人格，升华人生境界，成长为人格健全、生命充实的人。

2020 年 10 月 15 日，中共中央办公厅、国务院办公厅正式发布《关于全面加强和改进新时代学校美育工作的意见》这个重磅文件，举国欢腾，各界重视，国家终于对“美”“美育”有了定位与要求：美是纯洁道德、丰富精神的重要源泉。美育是审美教育、情操教育、心灵教育，也是丰富想象力和培养创新意识的教育，能提升审美素养、陶冶情操、温润心灵、激发创新的活力。

显然，作为一个美术教师、美育的实践探索者，铁梅的认知与体悟具有坚实的社会基础、超前的专业判断与专业自信，即帮助学生掌握必要的基础知识和基本技能，着力提升文化理解、审美感知、艺术表现、创意实践等核心素养，守正创新，步步到位。

铁梅认为，美育应该要教会学生美育的基本知识，教会他们去欣赏和体验美，欣赏和体验艺术作品，在此过程中提升思想素质、人文修养、审美能力、精神境界，成为人格健全、生命充实的人。

铁梅美育的逻辑起点是：在儿童的生命成长密码里，美术从来都是重要的组成部分，它以灵动的、丰富的、个性化的视觉符号语言介入学生的生命成长过程，并以直观的形态特质成为儿童知、情、意成长的解密者、唤醒者、参与者和建构者。

因此，围绕“画了什么？为什么画？怎么画的？画得怎样？”这四个根本问题，她提出应提升学生五个方面的素养：会看图，“最基本”的素养；会表达，“最美术”的素养；会判断，“最生活”的素养；会创造，“最灵性”的素养；会认同，“最文化”的素养。

铁梅入选江苏省人民教育家培养工程第三批中学文科组培养对象之后，我有幸地成为本批培养对象的导师，也成了她的导师之一。我自己觉得，我们这个层面的导师，只是做了一个现成的导师，因为学员早已是非常成熟、非常优秀的教育新秀了。我们充分鼓励，我们奋力引领，我们勇于质疑，我们侃侃而谈，我们陪伴他们五年来不断探索、不断攀登、不断突破、不断超越，也见证了过程，见证了痛苦，见证了破茧而出，见证了化蝶飞舞，这本《美术课程重构——以美育人的路径探索》，就是铁梅五年来不断跋涉、不断修炼的成果。

凡四章。第一章，阐释了美术课程重构的目的与追求，强调正心立人，是美术课程重构的核心要务，治疗人性之痛而成为精神自由的人，刨除人性之恶而成为人格高尚的人，超越个体之私而成为具有民族、国家大义的人。

特别有意思的是，铁梅引用了美国康涅狄克州乌卡斯维尔市圣·伯纳德高级中学美术教师约翰·高洛多诺维兹对美术课程的描述，他认为美术课程有着与许多学科课程一样的特性：

像英语一样，美术有确定的语汇与语法……

像科学一样，美术是以自然法则和要素间的紧密联系为基础的……

像数学一样，美术具有确定的逻辑性、可证明性、清晰的结构……

像物理教学一样，美术需要一种视觉的和谐，训练一个人的眼睛认真并有规律……

像社会科学一样，美术促进意识和对人类、对文明的认识……

像音乐一样，美术也是以一个人的美感为基础的……

像宗教一样，美术是可以叩开一个人心灵的媒介物……

正如约翰·高洛多诺维兹所述，美术是形式化、怡情性的艺术，所以，美术课程传递着丰厚的感性，发展着感受力、鉴赏力、想象力、创造力等，以期帮助人保持精神的平衡、和谐、健康，并在形式美的理解、构建和创造的过程中，促进感性和理性的沟通和融合，从而培育和塑造健全人格，让生命完满。

第二章，阐释了美术课程重构的内涵与特征。铁梅认为，重构，不是一加一等于二，而是一加X的无限可能，它是一个广阔的领域，它是教育学的、心理学的、艺术学的、社会学的、哲学的……不同的视角可以有不同的审视、描述、表达和诠释。同时，它让美术不再是一门用来调节学生身心发展节奏的"简单"学科，而是关乎学生当下快乐和未来幸福的"复杂"学科；也不再是用"术"堆砌起来的课程，而是用美唤醒灵魂的课程。

因此，美术教学是学生审美感知发展过程中不可或缺的催化剂，唯独有针对性的美术教学，才能有意识地在感觉、对比、鉴别事物本质的过程中发展学生的视知觉系统。

重构的内涵包括六个层次：审美感知的催生与发展，审美理解的积累与内化，审美情趣的培养与熏陶，审美创造的引发与生长，审美情操的培育与构筑，审美人生的追求与实现。

第三章，阐释了美术课程重构的操作与实施，包括基本内容、操作要义、实施策略、教学范式、评价机制五个方面内容。

第四章，阐释了美术课程重构的回望与思考，提出了课程思维、问题链教学模式和学习空间的重构。

铁梅以为，审美人生教育无论从何种视角做何种解读，都离不开其最终的意义指向，那就是人生价值，因为审美人生教育的最高目标是"人的培养"，而人最基本的活动是生存活动。所以，从审美人生教育切入的美术课程重构也就直接指向学生的生存范畴，因为它关乎学生的生存质量：第一，一个人生存质量的高低，与他的情感感受力的敏锐性和丰富性有着密切的关系，而基于审美人生教育的课程注重培植学生对情感的感受力；第二，一个人生存质量的高低，与他能否及时、有效地释放情绪有着密切的关系，而基于审美人生教育的美术课程重构注重培养学生对情绪的调节能力；第三，一个人生存质量的高低，与他对生活的感受和理解有着密切的关系，而基于审美人生教育的美术课程重构注重提升学生对生活的理解能力。

总之，铁梅是属于教学的，属于教研的，属于思考的，属于探索的，属于追求的，即使在行文、论述上也寻求个性与真实相伴，理论与美感融合。她有时是雅致古典的，如引用《易·系辞·上》："形而上者谓之道，形而下者谓之器。"基于此，她提出：磨器淬器，夯实基础；以器载道，培育品质；以道美器，觅得方向。

有时，她则是一个循循善诱的老师，她曾连续几年对每届初中一年级的学生进行小型调研，其中"学习美术对你有什么用"这一问题的答案五花八门，但极为真实而且深刻，值得回味：

学美术能让我知道怎么穿搭衣服才是美的。

学美术能让我看得懂那些画美在什么地方，那会很酷。

学美术能让我知道怎么构图才能拍出非常养眼的照片。

学美术能让我知道为什么奶奶喜欢中国画，而表姐喜欢油画。

学好美术、音乐，就有了素养。我想成为有素养的人。

我想文身，但我先要能够说服我父母，所以我想从美术专业角度向他们解释清楚，而不是一味地吵架。

我以后肯定是要去学动画的，我希望能像宫崎骏一样创作有深度、有美感、能经久不衰的作品，所以我要从现在开始学好美术。

我希望我能成为懂得欣赏的人，能欣赏生活中一切美的事物。

"我想""我希望""我肯定"等语言表述，特立独行的行为方式，感性色彩是那么厚重，这不就是学生的审美诉求最直接的显现吗？进而，她将学生的审美诉求确定为：释放自我灵性，彰显个性，提升生命活力，建立观念意识，期许未来。

她有时就是一个抒情的文艺青年，例如她在书中这样描述美：

美，无处不在，无时不在。

红日碧天，云卷云舒，是美；星辰繁点，月印千川，是美；大江磅礴，小溪婉唱，是美；芭下听雨，窗前画兰，是美；诗词歌赋，音律舞蹈，是美；蜂巢严构、花色绚烂，是美；屋漏痕迹、霜雪冰纹，是美；宇宙奇观、镜下微生，是美……大凡和谐有序的，都是美的。

学生，天生就是艺术家，他们能一眼发现这样的美……

铁梅的美术思考和教学实践，可以以诗概之：

画笔生花一洗空，执鞭企慕翠烟中。
奔跑引领初无悔，漫步徘徊未有功。
缥缈闲云吟落日，连绵细雨舞长虹。
星辰漫点千川在，几度萧萧听雨风。

周建忠
庚子深秋于桃源乡居
（南通大学原副校长，南通大学文学院特聘教授）

目录

CONTENTS

引　言

在儿童生命成长的过程中，美术从来都是重要的组成部分，它以灵动的、丰富的、个性化的视觉符号语言以及直观的形态特质，成为儿童知、情、意成长的解密者、唤醒者、参与者和建构者。

儿童通过图像来表达认知、需求和情感，于是他的智力、知觉、个性得以被“看见”，继而被揭示和解读。与此同时，儿童为了实现图像表达意义的清晰和完整，又将所思所想转化为线条、色彩等美术语言呈现出来。事实上，儿童的这一转化行为不仅仅是完成一种共性的、简单的可视化形象的建构和创造，更是完成一种专属于个体的、复杂的自我学习系统的建构和创造。而当美术作为与生俱来的、蕴含在儿童生命基因里的能力被儿童无意或有意地表达和呈现的时候，美术也凭借自身的特质作用于儿童的成长——帮助儿童成长为人性意义上的真正的人。

那么，这种作用力究竟是什么？为什么能起作用呢？又是如何起作用的呢？儿童的生命成长与美术之间又是如何相融相契、互生共长的呢？要解答这一系列的问题，需要用“第三只眼睛”去看美术、美术教育、美术课程以及美术教学，从漫溢于人心和社会的沃土之上的审美教育、人生教育之河中，探寻美术那迷人的“自在之物”——美术课程重构。

重构是指重新给予、创建、再生。建构主义者认为，教学是学生在教师指导下进行的能动的知识建构活动，它强调课程通过参与者的行为和相互作用形成，允许学生与教师在互动、对话中创生、改造课程，使学习在意义创造过程中完成“探险”，这就意味着课程重构必须为创造意义服务。在国家课程基础上的重构，其重要价值就是对国家课程的落实和提升。

第一章　美术课程重构的目的与追求

第一节　美术课程重构指向正心立人

美术是“表现人的需求、想象、情感和思想的艺术活动”①。美术作为艺术大家族的重要成员，其活动与其他艺术活动有着共同的基本属性和特质，那就是美。

美是什么？古往今来，先贤们众说纷纭：

毕达哥拉斯认为“美是和谐”②。

柏拉图认为“美本身即是美”③，并进一步认为美具有引人向善的作用和力量。

陀思妥耶夫斯基甚至断言：“美将拯救世界。”④

明哲先贤们无论是从科学、语言学、心理学的角度，还是从艺术学、哲学、社会学的角度，都在肯定美对于精神正直、内心纯洁、情感富足、信念端正等心灵正朝向所产生的积极影响。因此，以美育人自古就被视作是教育的重要内容和方法，即以丰富的、直观性的艺术语言让人们在感受形式、领悟意义和体察价值的过程中，潜移默化地让感性与理性充分融合，促使人们懂得取舍动机、抉择意志，继而促进人全面、协调、和谐地发展，最终实现人格的完善，从而使人的生命之花绽放得从容、优雅、坚定而且绚烂。简而言之，以美育人是知性与道德的中介，是必然王国通往自由王国的津梁，由此，也就决定了“美”的传递者——美术教育，已经不再囿于技术、知识，而是一种素养，并关乎人生。

一、正心立人是美术课程重构的核心要务

借助美术课程正心立人，是人类社会的基本行为，古今中外概莫能外。在中国，它更是有着深厚的传统文化根基。

明确提出“正心”概念的，是《礼记・大学》。“大学之道，在明明德，在亲民，在止于

---

① 中华人民共和国教育部. 普通高中美术课程标准(2017 年版)[M]. 北京：人民教育出版社，2018：1.

② 高亮之. 美哲学[M]. 武汉：武汉大学出版社，2014：3.

③ [古希腊] 柏拉图. 文艺对话集[M]. 北京：人民文学出版社，1997：180.

④ [俄] 陀思妥耶夫斯基. 白痴[M]. 荣如德，译. 上海：上海译文出版社，1997：263.

至善。……古之欲明明德于天下者，先治其国；欲治其国者，先齐其家；欲齐其家者，先修其身；欲修其身者，先正其心；欲正其心者，先诚其意；欲诚其意者，先致其知；致知在格物。物格而后知至，知至而后意诚，意诚而后心正，心正而后身修，身修而后家齐，家齐而后国治，国治而后天下平。”[①]“正心”是《礼记·大学》八条目之一，是实现“明明德”“亲民”“止于至善”三纲领的中心环节，是儒家心性文化的主要命题和关键词。虽然在不同的历史时期、不同的语境中，“正心”有着不同的内涵解读，但其基本内涵是通过情感这一内核进行感性启蒙，追求教育的内在性，以正人心，即“以美正心”。这与美术教育的核心要义一致——美术教育的核心发力点，就是通过由美的形式、美的内容构成的美术课程，唤醒儿童的“良知”“良能”，传播正确的人生观、价值观、世界观，继而帮助儿童形成知行合一的个人修养，获得人格的和谐统一和全面发展。

“立人”是鲁迅在1907年发表的《文化偏至论》中所表述的重要思想，他写道：“角逐列国事务，其首在立人，人立而后凡事举；若其道术，乃必尊个性而张精神。”[②]蔡元培也不断强调教育的培养目标旨在立人，人立则国立；立人的要旨就在于健全人格。蔡元培在《就任北京大学校长之演说》中谈到办学理念，在“兼容并包、思想自由”等主张的基础上，强调“立人”思想，认为应当重视中国古代教育中的“注重道德伦理的教育和个人修养”[③]，并认为发展人的个性才是教育的应有主题。

一个国家、一个民族的独立、富强、民主，都是以每一个个体生命的精神自由为前提，即“立人”，也就是通过教育，使每一个个体生命的主观性、自觉性与认识性相统一，能自主地觉察自己的使命、责任和担当。无论是“立人”思想的育人任务，还是“尊个性而张精神”的育人路径，都与美术教育相融相契——通过审美教育，为每一个个体生命的幸福完整提供诗意的栖息之地。一个个体生命的完满，不在于他有智力、有健康、有能力、有温饱，也不在于他有权力、有财富、有名誉、有地位，而是在于他有丰富的情感需要和满足感，更在于他有敏锐的生存感受，能觉察清风晓月的舒朗，能欣赏南山秋菊的优雅，能领悟“竹林七贤”的孤傲，能感佩狼牙山英雄的豪迈，唯有这样，他才能感受到幸福和快乐，他的人格才会和谐、全面地发展。

事实上，美术课程通常通过以下路径实现正心立人。

1. 治疗人性之痛而成为精神自由的人

就美术课程而言，它能让人们从诗、书、画等艺术形式的创作和欣赏等过程中，享受神思飞扬、气韵生动的心灵愉悦，享受澄明、神畅的闲适洒脱，享受诗意和审美的人生境界。关于这一点，从孔子的“游于艺”所倡导的“从心所欲，不逾矩”的自由状态，到庄子的“无为而无不为”的人生自由境界，都是从人生哲学的角度回应美术课程的这一功

---

① [清]阮元.礼记·大学；十三经注疏：下卷[M].杭州：浙江古籍出版社，1998：1673.

② 鲁迅.鲁迅全集：第一卷[M].北京：人民文学出版社，2005：224.

③ 任怡.略论蔡元培健全人格的教育理念及其启示[J].课程教育研究，2013(11)：13.

效——能够发现自然的乐趣和情调，追求生活的艺术化。

2. 刨除人性之恶而成为人格高尚的人

视觉图像是美术的基本形式，它能让伦理、道德、理想、信念等原本抽象的意蕴通过美术家有意味的创造而变得可视、可读、可思，从而起到提醒、警示的作用。关于这一点，王国维、鲁迅等近现代美学家、美育家有太多的论述。例如，王国维从审美功利主义出发，认为美术（王国维语境中的"审美"之义）这一"无用"之物实则有着特殊的、重要的功用："呜呼，我中国非美术之国也，一切学业，以利用之大宗旨贯注之。治一学，必质其有用与否；为一事，必问其有益与否……美之为物，为世人所不顾久矣！庸讵知无用之用，有胜于有用之用者乎？以我国人审美之趣味之缺乏如此，则其朝夕营营，逐一己之利害而不知返者，安足怪哉！安足怪哉！"①也就是说，能治疗人的私欲、物欲等劣根性的，只有美及其教育，因为它能"使人忘一己之利害而入高尚纯洁之域"②。从这一层面上来说，美术（审美）可以成为教育的手段和方法，帮助人们及时矫正可能出现的人性的"旁逸斜出"，做一个堂堂正正、心灵纯粹的人。鲁迅在1913年上书教育部，积极倡导美育，并指出："美术可以表见文化，美术可以辅翼道德。"③他直截了当地阐明，美术可以帮助人了解社会文化的方方面面，培养人的道德情感，实现人的个体生命的完满。因此，通过具体课程实施的美术教育充满了温情的人性关怀，是建立在认识论范畴和实践论范畴基础上的审美生存论，是对生命的关切和对人生的关切。

3. 超越个体之私而成为具有民族、国家大义的人

人的个体生命的正心立人和民族、国家的正心立人是相互依存的关系。民族、国家是由一个个生命个体组成的，只有个体生命的完满才能达成民族、国家生命的完满，而只有民族、国家的生命达到高水平、高境界，才能影响和实现个体生命的高水平、高境界。建立在中国传统文化根基上的近现代美术教育，不仅传授造型、色彩、构图等艺术形式，而且传播深厚浓郁的家国情怀、社会理性与道德精神。蔡元培在面对政府以及政客、军人腐败问题的时候，提出"而其根本，则在于大多数之人皆汲汲于近功近利，而毫无高尚之思想，惟提倡美育足以药之"④，并高声疾呼"以美育代宗教"。在"美育兴国"思想的推动下，蔡元培希望通过美及其教育拯救危难中的中国，他的积极行动就是将美育列入国民教育计划，让包括美术在内的艺术教育真正走上理论与实践相结合的道路。朱光潜继承了蔡元培的思想，从美学和心理学的角度提出"要求人心净化，先要求人生美化"⑤来匡正人心，并将美育落实到人的生命体验之中。事实上，"以美正心立人"的

---

① 姚淦铭，王燕．王国维文集：第三卷［M］．北京：中国文史出版社，1997：58.

② 姚淦铭，王燕．王国维文集：第三卷［M］．北京：中国文史出版社，1997：58.

③ 鲁迅．鲁迅全集：第七卷［M］．北京：人民文学出版社，1973：87.

④ 中国蔡元培研究会．蔡元培全集：第三卷［M］．杭州：浙江教育出版社，1998：630.

⑤ 朱光潜．谈美·谈美书简［M］．南京：江苏人民出版社，2019：6.

思想影响着整个中国近现代美育，梁启超、陶行知、徐悲鸿等人，将美育的终极指向定位于社会救亡与民族解放。由此可以理解，美术课程重构是要超越个体独立的人为本位，继而关照和重视人在民族、国家的发展中所起的重要作用。

二、立德树人是美术课程重构的使命担当

立德树人，一直是古今中外美术课程所推崇和倡导的。

中国最早关于通过美术进行道德教育的表述见于《左传·宣公三年》，其中提出青铜器“在德不在鼎。昔夏之方有德也，远方图物，贡金九牧，铸鼎象物，百物而为之备，使民知神奸”。这里所指的青铜器“鼎”的功用，就不仅仅是象征权力的器物，更具有立德树人的教育意向，也就是通过鼎上所绘图像，教人知道神物和怪异，即知晓善恶好坏。尹少淳从德育功能出发，梳理了与美术图像教育意义密切相关的文献资料：“后汉王延寿在《文考赋画》中提出绘画的功能是‘恶以诫世，善以示后’，南齐谢赫在《古画品录》中要求绘画要‘明劝诫，著升沉’，唐代张彦远在《历代名画记》中也明确提出了‘成教化，助人伦’的见解。”[①]尹少淳所列，无一例外地强调美术图像的引申义是立德树人。

在国外，柏拉图曾在《理想国》中提出，音乐教育对于培养城邦公民勇敢、节制、正义等美德的重要性。在美术领域，艺术家也很擅长用作品呈现道德教育的意图。例如，米开朗琪罗于1504年完成的举世闻名的雕塑作品《大卫》。大卫是以色列兴盛时期的国王，少年时曾杀死巨人歌利亚，使敌军知难而退。过去的雕刻家都把大卫塑造成胜利归来的少年，但米开朗琪罗所雕刻的大卫却是肌肉结实的成年人，手持投石器并将它放在肩上，转头怒视前方，一副蓄势待发的样子——他已准备迎战，纵使双方实力悬殊，也毫无畏惧之意，这座雕像事实上是米开朗琪罗在向人们传递着忠心报国的思想及其伟大。再如，1808年5月3日凌晨3点，在西班牙首都马德里，一群反抗拿破仑侵略的西班牙起义者被法国死刑队近距离枪杀。六年之后，浪漫主义先驱戈雅饱含激情地将他看到的场景绘制成《1808年5月3日夜枪杀起义者》，他用快速有力的“湿画法”将起义者被枪杀的场景表现了出来，尤其是将即将面对死亡的白衣男子的“X”造型和眼中强烈的愤怒情绪表现得极为充分，深刻地揭示了侵略者的杀戮暴行，传递着对侵略者的控诉、对革命者的褒扬、对自由和平等的向往。爱、正义、尊重、勇敢、信任、真诚等道德目标，被艺术家用高超的美术语言诠释着，为枯燥、严肃的理性染上灵动的色彩，继而成为一股激荡人内心的强大力量，经久不衰。

到了近现代，立德树人更是成为美术课程实施的重要使命。1912年，中华民国颁布的第一个《学校系统令》已经提出培养儿童“涵养美感”的审美能力，说明美术课程的审美功能在民国初期已开始被提及。1940年12月，当时的教育部颁发了《修正初级中

① 尹少淳.尹少淳谈美术教育[M].北京:人民美术出版社,2016:5.

学图画课程标准》和《修正高级中学图画课程标准》，明确美术课程的主要目的是启发儿童审美本能，涵养其性情。1979 年 6 月，中华人民共和国教育部制定、颁发了中华人民共和国成立后的第二个美术教学大纲——《全日制十年制学校中小学美术教学大纲(试行草案)》，这是我国美术教育从重美术技能向重审美能力转型的重要文献和纲领性文件。之后，美术课程的育人功能得到进一步强化。1999 年，《中共中央 国务院关于深化教育改革，全面推进素质教育的决定》指出："美育不仅能陶冶情操，提高素养，而且有助于开发智力，对于促进学生全面发展具有不可替代的作用"。2000 年修订的《九年义务教育全日制初级中学美术教学大纲(试用修订版)》中关于"教学目的"的阐述："培养学生健康的审美情趣、初步的审美能力和良好的品德情操。"2001 年，《全日制义务教育美术课程标准(实验稿)》更是直接阐明美术课程能"陶冶学生的情操，提高审美能力；引导学生参与文化的传承和交流；发展学生的感知能力和形象思维能力；形成学生的创新精神和技术意识；促进学生的个性形成和全面发展"。这些文件无一例外地强调，通过美术课程的实施，不仅能使学生掌握美术技能，而且能提升学生的人文素养。更重要的是，通过艺术修炼，学生可以明白什么是有价值的人生，什么是完美的人生，即拓宽学生的胸襟，涵养学生的人格，提升学生的人生境界，帮助学生追求一种更为高尚的人生意义和价值，追求人生的完美。从这些意义上来说，美术教育一旦与人生教育"牵手"，它便被赋予了崇高的责任。2014 年，中华人民共和国教育部颁布的《关于推进学校艺术教育发展的若干意见》中，更是将艺术教育作为立德树人的主要实施课程，以此强调艺术教育对于立德树人所具有的独特而重要的作用。由此可以认为，包括美术教育在内的艺术教育，其本质不仅是一种道德的教育、人格的教育，也是对人性的塑造和生命的升华，它对人的生命成长起着润物细无声般的化育作用。其核心是培养生命意识，了解生命价值；其内涵是尊重和珍惜生命，发掘生命的社会意义，并将真、善融入美的形式，使单纯的审美融入大美之境。每当灵魂与精神逐步柔化为一体，生命便逐步从动物性的存在蜕化为美的存在，人性便逐步摆脱异化继而转化为崇高，于是人就达到了真、善、美及知、情、意的高度、和谐的统一。所以，立德树人是教育的根本任务，更是美术课程重构的使命担当。

综上所述，美术课程重构的旨归就是正心立人，实现的途径则是西方现代美学的重要代表席勒给出的答案："在权利的力量的国度里，人和人以力相遇，他的活动受到限制。在安于职守的伦理的国度中，人和人以法律的威严相对峙，他的意志受到束缚。在有文化教养的圈子里，在审美的国度中，人就只需以形象显现给别人，只作为自由游戏的对象而与人相处。通过自由去给予自由，这就是审美王国的基本法律。"① 当人在"权利的力量的国度"和"安于职守的伦理的国度"里，越来越服从于肉体生活的物质需要，

① ［德］席勒．美育书简［M］．徐恒醇，译．北京：中国文联出版公司，1984：145．

而人之所以成为人的精神世界则日渐萎靡和缺失的时候，只有在“审美的国度”里，才能防止异化和分裂，这是美育的精神和核心所在。正心立人、立德树人既是对康德、席勒提出并强调的“审美教育能促使人性的完整或全面发展”的理论取法和话语吸纳，也是对中国儒家文化体系中美学和审美教育的精髓传承和现代转化。所以，美术教育能够担当“正心立人”以及“促进人性完整、全面发展”和“立德树人”的重任，以美术的形态、语言、方法，让儿童在审美王国遨游，重建灵魂，释放情感，彰显个性，实现感性和理性的圆融统整，使儿童成长为全面、和谐发展的人。

第二节　美术课程重构为器道兼得

尹少淳曾借《易·系辞·上》中的“形而上者谓之道，形而下者谓之器”来比喻美术教育“学科育人”和“学科发展”之间的内部关系，他说：“美术本身比之于器，教育功效比之于道……离‘道’谈‘器’则盲，境界不高，生发不远；离‘器’言‘道’则玄，空虚飘忽，乏于基础。所以，美术教育不能拘于美术自身的目的，否则，其作为教育学科的地位便大可怀疑，但美术教育的教育功效又不能不在美术的基础上生发，否则根基动摇。”[①]也就是说，美术课程既担当着学科育人的重任，又肩负着学科发展的重责，两者之间不偏废，不相离，相辅相成，相依而生。所以，只有淬器论道才能使美术教育达成深刻的认识、崇高的立意和宽广的情怀。因此，美术教育应当努力追寻器道相合。

一、磨器淬器，夯实基础

“器”，在这里是指美术基础知识、基本技能，是美术得以呈现价值、达成目标的基础。如果说以美育人是一棵参天大树，那么，美术基础知识和基本技能就是深深扎根于文化土壤，努力汲取丰厚营养的根系。只有发达的、强壮的美术根系，才能孕育出美的种子，绽放绚烂迷人的美的花朵，让以美育人焕发出蓬勃的生命活力。美国康涅狄克州乌卡斯维尔市圣·伯纳德高级中学美术教师约翰·高洛多诺维兹研究了中学学科教学之间的联系，认为：

> 像英语一样，美术有确定的语汇与语法……
>
> 像科学一样，美术是以自然法则和要素间的紧密联系为基础的……
>
> 像数学一样，美术具有确定的逻辑性、可证明性、清晰的结构……
>
> 像物理教学一样，美术需要一种视觉的和谐，训练一个人的眼睛认真并有规律……

① 尹少淳.追寻“器”“道”相合的美术教育[J].江苏教育，2015(3):62.

像社会科学一样，美术促进意识和对人类、对文明的认识……

像音乐一样，美术也是以一个人的美感为基础的……

像宗教一样，美术是可以叩开一个人心灵的媒介物……[①]

正如约翰·高洛多诺维兹所述，美术是形式化、怡情性的艺术，所以，美术课程旨在传递丰厚的感性，发展感受力、鉴赏力、想象力、创造力等，以期帮助人保持精神的平衡、和谐、健康，并在形式美的理解、构建和创造的过程中，促进感性和理性的沟通和融合，从而完成健全人格、理想人性的培育和塑造，让生命完满。这也就是席勒在《美育书简》中所写："有为健康的教育，有为认知的教育，有为道德的教育，还有为审美能力和美的教育。最后那种教育的目的是培养我们整个感性和理智的力量达到尽可能全面的和谐。"[②]那么，美术课程之"器"有哪些呢？

1. 美术基础知识

美术基础知识包括学习美术的概念、分类、特质、功能、价值、表现语言、历史等。儿童通过学习，不仅需要了解美术的基本概念——美术被称为视觉艺术，是以视觉、触觉形象承载和表达创作者的思想与情感的一种艺术形式；还需要了解美术基本、传统的分类——绘画、雕塑、建筑、设计、工艺美术、书法等；更需要从时代发展的脉搏中，了解新兴视觉艺术门类和形式，例如电脑美术、摄影、影视、动漫、环境设计等，甚至敏锐地发现更多与美术相关的新艺术、新形式。同时，儿童在造型与表现学习领域中，要学习观察、认识与理解线条、形状、色彩、空间、明暗、肌理等基本造型元素；在设计与运用学习领域中，要了解设计与工艺的知识、意义、特征与价值，知道设计与工艺的基本程序，学会创意设计与工艺制作的基本方法；在欣赏与评述学习领域中，要感受自然美，了解美术作品的题材、主题、形式、风格与流派，知道重要的美术家和美术作品；在综合与探索学习领域中，要了解美术各学习领域的联系，以及美术学科与其他学科的联系。

2. 美术基本表现语言

德国哲学家恩斯特·卡西尔认为：艺术是一个独立的语言的宇宙。表现语言是美术的灵魂，它十分宽泛且独特。例如，学习中国画，是在了解独特的"文房四宝"文化，也是在了解作为工具材料的"文房四宝"创造的笔墨意趣，更是在感受中国画那以线为骨，以墨为肉，以色为衣，在水与墨之间营造变幻莫测的形象，用有限的物质材料创造出无限的水晕墨染的肌理变化，寄寓情感，表达逸气，以及"身与迹化"的艺术境界。再如，学习油画，是在尝试通过油画颜料的交叠覆加形成变化微妙的色调，进行惟妙惟肖、细腻动人的表达，让流动的血脉、飘浮的云彩、欢快的水流隐约可见；是在尝试用厚重的颜色进行多层塑造，层层厚涂，或盖或留，形成对比强烈、肌理凸现、意韵丰富的艺术效

① 转引自蒋良.美术的教学选择[M].长沙：湖南美术出版社，1998：46－47.

② [德]席勒.美育书简[M].徐恒醇，译.北京：中国文联出版公司，1984：108.

果……不同美术门类和形式，其表现语言也各不相同。因此，美术基本表现语言的学习能够帮助儿童积累丰富的经验和丰盈的素材：通过线条、色彩、构图、肌理、意境等美术基本表现语言的教学，使儿童能感知美术世界的独特魅力；通过写生、记忆、创作、展示等丰富而有效的教学方法，将形状、空间、材质、光色、节奏、韵律等美的形式的特征、知识以及形式美的规律，融入儿童的审美感知中，逐步引导儿童建立审美认识基础上的审美理解；通过创意活动，帮助儿童通过艺术灵感和艺术技巧的学习促进创造力的勃发，继而在创作的过程中，变得更富有创造力。

3. 美术基本技能

美术是依靠特定的工具材料进行可视化呈现的艺术形式，所以，探索并掌握工具材料的使用，并能够创造出想象的艺术效果，是美术学习的基础。通常情况下，根据美术学习课业类型，需要掌握的美术基本技能包含以下四个领域：造型与探索学习领域——通过对各种美术媒材、技巧和制作过程的探索与实践，发展感知能力和造型能力；设计与运用学习领域——了解各种材料的特性，根据意图选择媒材，合理使用工具和制作方法，精心参与设计和制作活动，体验设计、制作的过程，发展创新意识和创造能力；欣赏与评述学习领域——了解美术与生活、历史、文化的关系，初步形成审美判断能力，同时，学会多角度欣赏与认识美术作品，逐步提高视觉感受、理解与评述能力，初步掌握美术欣赏的基本方法，能在文化情境中认识美术；综合与探索学习领域——学会以主题为中心，将美术学科与其他学科进行融合，提高综合解决问题的能力。

作为磨器和淬器的美术学习不一而足，在儿童深入学习、探索的过程中，逐步为成就美器、雅器夯实和奠定基础，引导儿童超越实用的目的，以一种审美的眼光看待事物，去欣赏事物的姿态、形状、色彩，提高对形式美的感受力，从而获得更多的审美享受。

二、以器载道，培育品质

决定人生幸福的因素很多，如智力、性格、机遇等，但一定离不开包括良好的行为品质、学习品质和心理品质在内的精神品质的支撑，它是稳定的、自觉的，是一支看不见的指挥棒，指引着人朝向既定的目标和方向前行，所以，培育良好的精神品质是教育的职责和功能之一。美术课程为之提供了丰富的学习机会和广阔的平台，可以说，培育精神品质是美术课程的隐性价值，这既是一种美术学习之器，也是一种美术教育之道。

1. 具有明确的目标

心理学研究认为，认清目的和提出目的，拟订计划和执行计划是典型的意志行动。学生在学习过程中，常以完成每一个短期的学习目标为阶梯，努力调动内外因素，循序渐进，逐步达到以优秀为目标的中长期成就目标。在实现目标的过程中，他会付出艰辛的劳动，他会感到新奇、迷茫、兴奋、颓废，多变性伴随着他的成长。教师的作用就是帮助他确定学习目标和成就目标。在美术学习过程中，首先应确定短期的学习目标，因为每一次美术学习和美术表达的过程，对学生而言就是完成一个学习目标的过程。所以，教师在每一次布置作业之前首先应向学生传递目标信息，以便学生把握和理解学习目标和任务，这有利于培养学生积极的心态；其次是确定中长期的成就目标，成就目标以短期的学习目标为基础，教师在一个阶段开始之前应向学生明示目标，为学生的继续前行提供明确的方向。

2. 具有坚定的意志

意志是人们控制自己的行为以便实现预定目的的心理过程。人生有很多困难，只有具备坚定的意志，才能拥有战胜困难的勇气，继而战胜困难，实现目标。美术学习是培养意志的重要途径。以绘画学习为例，绘画首先锻炼的是短期的坚持，比如完成一张绘画作品，一般需要 2 至 4 个小时，即使是成年人也需要毅力来支撑，何况是生性好动的学生呢？因此，绘画过程的玩画结合、画中求乐的柔性引导，绘画内容从趣味性逐渐转向写实性的硬性规定，绘画结果的“只要坚持就能取得成功”的显性呈现，这些都在锻炼学生的意志力。事实上，意志具有激励和调控的双重功能，它能激励学生的认识行为，正如马克思所说：“在科学上没有平坦的大道，只有不畏劳苦沿着陡峭山路攀登的人，才有希望达到光辉的顶点。”这句话同样适用于包括美术学习在内的所有学习、研究乃至人生追求。同时，意志力也能约束学生的行为，正所谓有所不为才能有所为，坚定的意志可以引导学生约束自己不受外界干扰而专心做事。

3. 具有学习的自信

自信是追求高成就动机的前提。因为美术作品的可视化特征，学生参与美术的过程极易被观察，这为提升学生的自信提供了充裕的时间和坚实的激励基础。例如，教师及时发现学生与众不同的想法，及时与学生交流，走进学生的心灵世界，了解学生的喜好，循循善诱，因势利导，鼓励学生的创作与表现。再如，学校开办美术展览，为学生营造艺术氛围，让他们时刻可以看到自己的成果，并鼓励他们把自己的作品介绍给老师、同学和家长，帮助他们找到参照群体，鼓励他们向他人展示自己独特的创造才能，使他们进一步相信自己的能力，并做出积极反应。行为决定着未来，思维引导着行为。自信的学生对目的的理解更深刻，也更富有兴趣，于是完成学业的决心就更强烈，继而进一步激发自信心，就会更自觉地、努力地关注与这项学业有关的一切事物。

4. 具有耐心细致的工作习惯

柏拉图强调：耐心是一切聪明才智的基础。爱因斯坦认为：耐心和恒心总会得到报酬的。培根更是直言：无论何人，若是失去耐心，就是失去灵魂。明哲们都在强调，耐心细致地投入一项任务是多么重要。美术课程无时无刻不在培育着学生耐心细致的工作习惯。美术的表现内容往往极为复杂，以植物的叶为例，即使是一片看似平平无奇的树叶，也千变万化：叶子的阴阳相背、左右穿插，叶脉的纹理、色彩、图案更是尽显风采。以此作为写生对象，如果没有耐心细致的工作习惯，就不可能形象生动地将不同叶子的特征表现出来。再如，达·芬奇在习画初期，三年画鸡蛋，枯燥、乏味可想而知，但他坚持了，才有了诸如《蒙娜丽莎》等杰作的诞生；齐白石蹲在水缸前，几天不眠不休地观察虾，才有了闻名世界的有关虾的作品；王羲之教育儿子王献之学书法要将十缸水写完才能成为书法家……一个人想要获得成功，耐心细致是必不可少的品质。耐心是一个人心理素质优劣、心理健康与否的衡量标准之一。荀子在《劝学》一篇中所说："积土成山，风雨兴焉；积水成渊，蛟龙生焉……故不积跬步，无以至千里；不积小流，无以成江海。"考验耐心，也就是在考验心理品质。一旦耐心细致的工作习惯养成，便能造就一个意志坚定的人，因为在心理学上，耐心属于意志品质的一个方面，它与主动性、自制力、心理承受力等有一定的关系。所以，美术课程实施能以其自身优势，培养学生耐心细致的工作习惯。

除了以上精神品质的培育以外，严格执行计划、善于借鉴、保持兴趣、积极记录思维过程等学习品质，都能通过美术课程的学习而获得提升。如果能不断地强化这些品质，形成良性循环，那必将对学生的成长起到关键性的促进作用。

三、以道美器，觅得方向

一件优秀的美术作品是知识和技能相互作用的结果，因此灵动、优雅、美不胜收。然而有的美术作品生硬、粗陋，毫无美感可言，这不仅仅是因为美术知识和技能的缺失，更多是因为创作者对美的认识偏差以及文化理解的缺失。因此，教师一方面应注重美术基本知识和技能的教与学，另一方面，需要与学生一起辨析什么是美的，寻找并知晓究竟美在哪里，这对于美术教学来说是更为重要的责任和使命。

1. 辨析和寻找美感

美术的精髓在于形式美感。形式美感是美术作品不同于现实生活的"第二自然"，是美之所以美的关键，是完美作品呈现的保证。形式美感包括在以下三个方面：一是点、线、面、色等美术语言元素及其所形成的形态变化，二是明暗、空间、透视、构图、肌理等美术语言手段及其所构成的审美意象，三是变化与统一、对比与和谐、对称与均衡、比例与尺度、节奏与韵律等美术语言规则及其所构成的审美关系。美术创作者就是将这些美术的语言元素、语言手段和语言规则进行巧妙、个性化地调用，创造出具体的美术作品，而这些美术作品因为符合人的视觉感受和审美理想，所以能使人的内心获得满足，美的形象就此诞生。反过来说，美的规律和法则是遵循自然并符合人的审美理想而创造出来的，是对自然界的艺术化表达。所以，形式美感具有一定的普适性，被许许多多人认同，其中包括大多数美术家。此外，这些形式美感与作品内容本身、与表现的工具材料等相互包含、渗透又彼此独立，构成了独有的美。这些美也许可以一目了然地被看见，也许纠缠在一起而不易被发现，这就需要美术对其进行重构，以有序的、长期的介入发现其价值和意义。

2. 辨析和寻找境界

美术最可贵之处是从可视图像中生发出来的思想内涵，也就是康德"审美意象"理论体系中所说的，用有尽之言（感性形象）表现无穷之意（理念），引人从有限到无限。所以，只有有思想的美术作品，才能通脱、出人意表，才能深邃、宽广无垠。而能达到如此境界的根基，关键在于创作者内在的思想、胸襟和学识，如果胸有丘壑，就能站在思想的高处，把外在表象与内在精神合二为一，"深入其理，曲尽其态"，物我交融，收放自如，继而"搜尽奇峰打草稿"[①]。当然，这又关乎审美，关乎人生，关于育人，尤其是在当下"一机在手，万事皆来"，美术作品泥沙俱下，缺乏精神境界的美术作品肆意掠夺学生的视觉乃至心灵的时代背景下，帮助学生透过现象看本质，从优秀美术文化中获得求真的科学认知、求善的道德意识、求美的审美意识，成为拥有审美意象的诗意的人显得格外重要。而这又是一个极具意义又极有意思的育人过程。

以道淬器，从形式美感和审美境界角度出发的美术课程实施，以构建主题为途径，围绕爱、理想、节庆等设置与学生生活贴近的主题，将形式美感渗透在课程内容中，前后关联、相互依托，使形而上的道与形而下的器相融合，激起学生的审美冲动，帮助学生更好地、更自由地汲取知识，发展其智力和潜能，包括直觉、想象、逻辑和创造等。

器道相合，是客观世界与主观世界融汇后的赫然显现，是从技到艺再到道的美术作品创作的升华序列，是美术课程重构过程中创造的理想追求，是教育和教学精神所外化出的曼妙图像，是一种深刻的认识、崇高的立意和宽广的情怀。它既朝向学生的当下，也朝向学生的未来。

第三节　美术课程重构的终极朝向是审美人生

教育既是时代变迁的反馈者，又是时代发展的推动者。美术自带"学生最喜欢的学科之一"的光环，以一种生动的面貌对时代发展进行着积极的回应。

一、审美素养的时代召唤与个体诉求

对审美、审美教育、学生审美素养等问题，从来没有哪个时代像当下这样高度重视，无论是国家决策层面、社会关注层面，还是理论研究层面、教育实践层面，又或是大众需求层面、学生个体诉求层面，都在以各自的方式进行着指引、探索和诠释。

1. 社会发展对学生审美素养的召唤

我国推动美术教育发展的脚步一直没有停止过，尤其是改革开放以来，全社会对艺

① ［清］石涛．苦瓜和尚画语录［M］．济南：山东画报出版社，2007：33．

术教育的关注日益增强。回顾一路走来的历程,我们可以清晰地看见,艺术教育改革的步伐越来越大。

近年来,一系列国家政策的颁布,体现了国家对美育的高度重视。1986 年,国家教育委员会成立了“艺术教育委员会”。1989 年 11 月,国家教育委员会颁布了中国教育史上第一部有关学校艺术教育的重要文件《全国学校艺术教育总体规划(1989—2000 年)》。1994 年 7 月,国家教育委员会正式发出通知,要求在普通高中开设“艺术欣赏课”并下达了课程方案。1999 年,教育部颁布《面向 21 世纪教育振兴行动计划》,其中明确指出了艺术教育的重要性。2000 年 2 月,教育部发布《关于开展全国农村学校艺术教育实验工作的通知》。2001 年,教育部颁布《基础教育课程改革纲要(试行)》,提出并增设了艺术课程。2002 年 5 月,教育部印发《全国学校艺术教育发展规划(2001—2010 年)》,确立艺术教育 10 年的发展目标。2002 年 7 月,教育部颁布《学校艺术教育工作规程》。2003 年,教育部颁布《普通高中艺术课程标准(实验)》。2007 年 5 月和 2008 年 9 月,教育部两次发布关于进一步加强中小学艺术教育的意见。2012 年,《义务教育艺术课程标准(2011 年版)》开始施行。2014 年,教育部又出台了《关于推进学校艺术教育发展的若干意见》,强调了美术作为艺术教育的主体,对于立德树人具有独特而重要的作用。2015 年,教育部连续出台《中小学生艺术素质测评办法》《中小学校艺术教育工作自评办法》《中小学校艺术教育发展年度报告办法》,决定从 2015 年开始对中小学学生进行包括美术在内的艺术素质测评,并将测评结果纳入学生综合素质评价体系和教育质量评估体系,记入学生成长档案,作为综合评价学生发展状况的内容之一以及学生中考和高考录取的参考依据,这是一个不容忽视的信号:加强艺术教育是提升学生综合素质的重要组成部分。接着,《教育部体育卫生与艺术教育司 2016 年工作要点》再次以“加强美育课程信息化建设,统筹整合学校与社会美育资源”“以培育和践行社会主义核心价值观为核心,积极探索创造具有时代特征、校园特色和学生特点的美育活动形式”等关键论述,表明美育具有强大的育人功能。国家的政策导向,社会的高度关注,施行的一系列举措,都在有力地促进着包括美术教育在内的艺术教育的整体发展,而且已经取得了显著成效。

2019 年 7 月 8 日,《中共中央 国务院关于深化教育教学改革全面提高义务教育质量的意见》出台,旗帜鲜明地提出应坚持德育、智育、体育、美育、劳动教育“五育”并举,全面发展素质教育,进一步强调“增强美育熏陶。实施学校美育提升行动,严格落实音乐、美术、书法等课程,结合地方文化设立艺术特色课程”等等具体措施。这些都在肯定学校美术教育培根铸魂的重要性,以及在落实立德树人根本任务中发挥的不可代替的作用。

习近平总书记高度重视文化、文艺和学校美育工作。2014 年,习近平总书记在文艺工作座谈会上发表重要讲话,深刻阐述了文艺和文艺工作的地位、作用和重大使命,创造性地回答了事关文艺繁荣发展的一系列带有根本性、方向性的重大问题。2018年，习近平总书记给中央美术学院8位老教授的回信中提到，“美术教育是美育的重要组成部分，对塑造美好心灵具有重要作用”①，“做好美育工作，要坚持立德树人，扎根时代生活，遵循美育特点，弘扬中华美育精神”②，信里闪耀着马克思主义文艺思想的光芒，充分体现了习近平总书记对美的创作者和传播者的尊重，以及对美育事业的高度重视和殷切期望。在2018年召开的全国教育大会上，习近平总书记强调要全面加强和改进学校美育。这些重要指示为开展新时代学校美育工作指明了前进方向，提供了根本遵循。那么，如何进行美术教育？就是要以“大爱之心”与“大美之艺”来培养“大德之境”，以中国精神为教育灵魂，以中华美学精神为审美理想，将爱国主义注入学生生命，使学生对生活充满热情，对社会充满温情，对国家充满深情，以此呈现美术教育的独特风格和独到价值。

2. 时代进步之中学生对审美需要的诉求

处在时代发展潮流中的学生，带着对社会的观察、理解以及批判精神，对时代进步之中的美术及其教育进行着独特的、带有鲜明个性化特征的解读，并通过行动、语言表达着深深的渴望。

学生对美的渴望首先表现在行动上。虽然时尚的、流行的不等于是美的，但是对于还没有完全建立起审美价值观和审美标准的学生而言，他们奉行“流行的，差不多应该是美的”的认知，当下许多的流行元素都可以在他们身上找到影子，如穿破洞裤，打网球，玩滑板，跳街舞，听音乐必戴着耳机，刷微信、抖音，玩“英雄联盟”，追星……当成年人还没有来得及了解这些流行元素，学生往往已经不管不顾地继续往前走，去追逐那更新鲜的、更前沿的时尚潮流。所以，学生是美的“行动派”。

学生对美的渴望还表现在语言上。我曾连续几年对每届初中一年级的学生进行小型调研，其中“学习美术对你有什么用”这一问题的答案五花八门，但极为真实而且深刻，值得回味：

学美术能让我知道怎么穿搭衣服才是美的。

学美术能让我看得懂那些画美在什么地方，那会很酷。

学美术能让我知道怎么构图才能拍出非常养眼的照片。

学美术能让我知道为什么奶奶喜欢中国画，而表姐喜欢油画。

学好美术、音乐，就有了素养。我想成为有素养的人。

我想文身，但我先要说服我的父母，所以我想从美术专业角度向他们解释

① 习近平给中央美术学院老教授回信[EB/OL].(2018-08-30)[2020-10-20].http://www.gov.cn/xinwen/2018-08/30/content_5317813.htm.

② 习近平给中央美术学院老教授回信[EB/OL].(2018-08-30)[2020-10-20].http://www.gov.cn/xinwen/2018-08/30/content_5317813.htm.

清楚，而不是一味地吵架。

我以后肯定是要去学动画的，我希望能像宫崎骏一样创作有深度、有美感、能经久不衰的作品，所以我要从现在开始学好美术。

我希望我能成为懂得欣赏的人，能欣赏生活中一切美的事物。

学生通过不同的行动和言语表达着各自的审美诉求。所谓审美诉求，就是审美主体在审美活动过程中对审美客体的情感态度，往往表现为感兴趣或有特别的爱好。对于美术而言，审美诉求是指学生在美术学习过程中所抱有的审美愿望，并希望在美术学习过程中能够实现这种愿望。那么学生的审美诉求主要集中在哪些方面呢？

一是释放自我灵性。在当下过度追逐理性的教育现状下，各学科教学中充斥着“演算”“证明”“推理”等，感觉、想象、情感、直觉乃至无意识等感性的启蒙与发展，在有意或无意间被压制、忽视、破坏，学生的联想能力、创造能力乃至于对美的追求能力，正在逐渐丧失。学生在成长过程中，带着还没有被消磨殆尽的批判意识，已经很清晰地认识到这一点，希望找到“出路”。美术的灵动、怡情恰恰符合他们对这一“出路”的所有美好想象，所以，他们希望通过美术释放自我灵性，满足内心的渴望，保护和发展自己的自然本性，重新获得感性和理性的协调平衡，重建和谐完整的人格，继而让人性和谐，生命活泼。要知道，这些释放自我灵性的生命体验，对学生一生的成长是何其重要。

二是彰显个性。谁都不是别人的复制品，人一出生就是一个具体的、鲜活的个体。学生无疑认识到了这一点，所以他渴望成为他自己，因此，“我”的概念在不断地强化。在目前的学校系统里，生活和学习中的许多元素都被刻烙进一个模子中，在整齐划一的标准化样态里，学生没有机会突显个性。但是，美术教育在努力提供各种机会，鼓励学生充分利用机会，为彰显个性的丰富内涵而不遗余力，所以，学生在美术学习过程中能够充分发挥主体性，在生存状态中呈现出个体生命应有的多样性和丰富性。说到底，这是美术特有的魅力，美术及其教育尊重每一个个体的个性存在。

三是提升生命活力。“美”“酷”“养眼”，学生通俗表达的背后是对生活的热爱和对自我生命的尊重，是学生一种本能的冲动和情感勃发，只有充沛的生命力才会有如此激情的表达。当前，学生的学业压力和富足的物质生活让他们没有时间、精力和机会去欣赏“粗糙的自然”，追逐“本真的生活”，释放“原始的冲动”，生命活力渐渐消退，一个个原本应该青春勃发的学生变成了暮气沉沉的“小大人”。学生可不希望自己成为这样的“小大人”，所以他们在美术中寻找一种随性、率真，这种依然可以如孩童般地展现自我的课程，被学生紧紧地抓住和利用。对于美术课程而言，保护和提升学生生命的活力，是它的意义所在。

四是建立观念意识。“我的生活我做主”，学生在用无声的行动和有声的语言，向成人世界宣告自己的存在、感受、理解、愿景，这是直觉的、激情的，所以比通过思考、梳理之后的理性描述要快和准，也更加丰富、真实，能够对学生的人生理想、生活态度和价值观产生深入、细微且长远的影响。

五是期许未来。一般情况下，学生的人生理想会伴随着学识、阅历的增长而发生变化。一旦学生通过美术那看得见、摸得着的学习，激起他对人生理想的无限渴望，他便会主动介入自己的生涯规划，引领他及早规划自己的人生，时刻以此提醒自己的学习方向，警醒自己用勤奋和努力规整言行。因此，美术课程最迫切的任务，就是帮助学生唤醒并完善对自我以及人生的洞察。

学生是时代进步最积极的追随者，他们的审美诉求必定随着时代进步而不断变更，这就意味着美术教育作为一种感性的教育，它的价值也将随着时代进步而越来越得到显现。而这些审美诉求关系到审美知识、审美能力和审美素养等要素，这为美术的深度教与学带来了巨大的挑战。

二、当下美术教育面临的问题与挑战

时代发展如此迅猛，以前所未有的速度、深度、广度和力度告别了经过漫长积淀所形成的旧秩序，又以前所未有的热情、力量、成就开辟了一个先进而奇异的新天地。它给人们带来便捷舒适的物质生活，唤醒人们不断萌发创造力的同时，却又悄无声息地吞噬着人们曾经拥有却没有充分意识到、更没有充分享受到的那份祥和与宁静、自由与幸福、和睦与憧憬。物质世界日新月异，一些人的精神情感世界却日渐荒芜，它悄悄地蔓延到校园里，刺激着校园那根敏感的神经。它淡化了学生对理想信念的热情追求，淹没了学生对审美生活的向往，模糊了学生的人生观、世界观和价值观的尺度。于是，当下的教育面临着诸多的问题与挑战，对应着审美教育的美术课程，亦是如此。

1. 无用知识与有用知识的冲突

在当下的学校教育系统里，美术课程究竟是无用知识还是有用知识，其衡量标准要视具体情况而定，且极为功利化。第一种情况，在应试教育根深蒂固的“唯分数”的观念下，美术课程被视为无用知识。第二种情况，许多人承认美术是有用知识，应开展美术课程，但为了评估学习效果，又用考试的方式进行检测，过分强调美术课程的工具价值，让美术成为智育的附庸品，导致美术教育成为灌输知识的手段，随处充斥着规范化、标准化、书面化、逻辑化、成人化、功利化、技术化、等级化，殊不知，这种“有用”的背后，学生的质疑精神和批判力会被扼杀。当然，还有一种“有用”，是美术能快速地使学校获得某些荣誉。第三种情况，美术课程处于既不是“无用”也不是“有用”的灰色区域、边缘地带。国家课程标准规定美术是面向全体学生的必修课，但是美术课常常被“挤压”“掠夺”“侵占”。有人不无担心地说：“美与艺术如果被教育弄丢了，而只剩下知识，那就悲哀了。”一语成谶。

罗素曾经一再告诫年轻人要多学“无用知识”，如历史、艺术、哲学和英雄传记等。显然，这些所谓的无用知识是指无法在短时间内看到效应的知识。然而，恰恰是这些无用知识，塑造着人的价值，提高着人的素养，提升着人的品位，丰富着人的生命。正如朱永新所说："艺术的思维方式能为万事万物建立起非理性的联系，从而刺激人的综合成长。"古今中外许多杰出的科学家，往往也是颇具艺术修养的人士，比如爱因斯坦对音乐、文学的迷恋，李政道兼科学家和画家于一身，这些早已成为脍炙人口的佳话。所以，从长远的角度来说，美术课程毫无疑问是有用知识而非无用知识。

许多设计师喜欢用苹果操作系统，因为苹果操作系统的字体不仅丰富多样，而且极为精致，这是乔布斯在创建苹果操作系统时注入许多心血的结果。而这又离不开乔布斯在学校学习的时候对艺术字产生的极大兴趣，并在他退学之后、创业之前极为认真地学习艺术字体设计的成果，所以乔布斯曾反思道："在我念大学时，是不可能把未来的很多点连接起来的。只是在10年之后，当我回头看时，是如此清晰可见。"让乔布斯产生如是认识的，正是学校的那些看似短期、无用的知识，经过岁月的考量，变成了长期、非常有用的知识，为他一生的发展做了最好的准备。所以，教学要舍得把时间和精力给"无用知识"，这也是一种教学勇气。

教学不能只计当下，而要计长远，在学生学习最佳的年龄，不因中考、高考的功利追求，"挤压"美术这些所谓的短期、无用知识，而是要为学生的长远发展奠定扎实的基础。教育所要做的，是给学生带得走的素养，而不是背不动的书包。这也正是王国维"美术似无用，非无用也"的重要思想的现代诠释——美术是"无用之大用"。

2. 物质富裕与精神贫乏的矛盾

时代正在超速发展着，物质财富以几何裂变的方式增长着。人们不再为温饱发愁，希望过上美好生活的追求自然而然地指向了审美活动。然而，物质的富裕取代不了审美的富有，精神贫乏这一问题日渐突显。

大量关于审美的案例引发了大众对于美的思考：第九届北京国际电影节官方海报上的"西兰花"组合，同一年的第二十七届中国金鸡百花电影节的海报和第五十五届中国台湾电影金马奖海报的对比，一篇《看完父母新装修的房子，想离家出走》的微信文章……大众（尤其是年轻人）几乎一边倒地批判，让人们对"究竟什么是美"进行了重新审视与深度思考。《新周刊》曾做过一个题为"低美感社会——我们时代的审美匮乏症"的专题，文章列举了如今大行其道的低美感，比如土味家居、土味视频、"网红脸"、"伪古风"、难看的街道等等。当下国人有充裕的物质条件，却缺少了对艺术审美的追求。

事实上，"中国式审美"不仅仅是设计本身出了问题，更严重的是从学生时代开始的关于美的集体无意识。所以，陈丹青说："学校教会了我们竞争和规则，却没有教育我们如何感受美。"蒋勋说："一个人审美水平的高低，决定了他的竞争力水平。因为审美不仅代表着整体思维，也代表着细节思维。给学生最好的礼物，就是培养他的审美力。"因此，美术教育的职责，是帮助学生通过后天的学习传承优秀文化基因，种下审美的种子，并以此影响自己周边的人和物，唤醒群体性美感，继而在生活中看见美、创造美，用美来滋养平凡的时光，享受人生，活出美好和诗意。

3. 大众文化与高雅艺术的对垒

当下的美术教育面临着具有鲜明的泛审美娱乐化特征的大众文化的巨大冲击，这是全球化的挑战。大众文化是新鲜的、活泼的、通俗的、生活化的，因此很受学生欢迎，有的学生甚至达到了痴迷的程度。然而不可否认的是，它的许多形式、内容与高雅艺术和学校艺术所倡导的价值观是相左的，从而导致学生价值体系的混乱。

大众文化，是以大众传播媒介为手段，按商品市场规律去运作的，旨在使大量普通市民获得愉悦的日常文化形态，具有商品性、通俗性、娱乐性、流行性等特点。虽然，并非大众的就是低格调的，但是为什么大众文化会被质疑、被诟病呢？一是内容筛选不严，易出现庸俗甚至恶俗的内容，三观不正的内容危害了大众，尤其是尚在成长中的学生；二是品味定位不准，常以怪、丑、奇吸引大众的注意力，误导审美观尚未形成的学生；三是制作不精，为了效益最大化，追求短、平、快的商业模式，存在大量的粗制滥造；四是传播把关不严，网络监管漏洞被不法分子利用以牟取暴利；五是创新要求不高，貌似充满个性，实则千篇一律、毫无创意的商品随处可见，严重遏制了学生的审美想象力的发展。因此，大众文化的审美品质和大众的审美能力的培养，对于当下的美术教育而言，是一个非常具有现实意义的命题。

高雅艺术，顾名思义是指高尚雅趣的艺术，往往美好、脱俗。就美术而言，传统的、经典的美术门类，如中国画、版画、油画、雕塑、书法等都属于高雅艺术的范畴。然而，正所谓曲高和寡，它跟大众审美有着一定的距离。高雅艺术的特点是高冷、高深和高价。面对大众的质疑和选择性徘徊，高雅艺术正在努力：一是走进平常生活，例如各大博物馆研发了大量的文创产品，让以往看似高不可攀的艺术走向了大众；二是借助媒体传播，让高雅艺术以娱乐化的形式成为大众休闲、消遣的方式，让审美活动随时、随地发生；三是面向全体学生，国家正在扶持高雅艺术的落地，例如“高雅艺术进校园”行动已经实行了好几年，有一定实效，因为这是从根本上改变大众文化和高雅艺术对垒的局面，让彼此走近，进而消除隔阂。

有一位登山运动员在接受采访时，别人问他为什么要爬山，他说道：“山在那里。”山永远是岿然不动的，登山者之所以要征服它是因为被它吸引。高雅艺术的受众也不分学生或者社会精英，只要被它吸引就自然会喜爱上它。所以，推广高雅艺术最有效的策略是扫清高雅艺术与大众文化之间的障碍，让它成为学生生活以及大众生活的一部分。

4. 过度教学与尊重规律的较量

追求短平快、高效能、精英教育的教学，已经严重超出了学生正常的心智成长水平，过度教学让学生的生命成长被过度消费。这里有一个值得研究的案例，有位家长非常苦恼，认为自己的孩子在成长过程中把绘画的兴趣给“丢”了。原来，这位学生从小就喜欢涂鸦，家长欣喜之余着力培养，让其9岁拜师学习静物素描，10岁开始学习美术高考内容。这位家长希望孩子及早练就扎实的绘画基本功，为进入一流美术院校、成为画家做最充分的准备。在精心培养下，这位学生六年级时成了校内外小有名气的“小画家”，并作为美术特长生被一所著名初中录取，之后也不出意外地成为学校美术社团的佼佼者。但仅一年后，他的美术“学霸”地位便受到威胁——同一社团一半以上的成员以虽生涩但充满灵动的美术表现力，呈现了更具爆发力的潜质，超越他已经成为事实。面对压力，这位学生认为自己没有艺术天赋，渐渐萌发了放弃绘画的念头。

就如安全行驶必须有交通轨道和交通规则一般，教学也有轨道与规则。过度教学有悖教学规律，会使得教学脱离正常轨道，“脱轨”大致有以下三种类型。

第一，拔苗助长。为了追求所谓的学习效益，这位学生的绘画学习进度一路“高歌猛进”，甚至在初中时，为了专心学美术，便不再学习音乐、体育、生物、地理等非中考科目。这绝不是个案。在学生群体中，“奔”成了他们最普遍的状态，“累”成了他们最无奈的叹息，“生命枯萎”将是他们未来最大的病症。

第二，盲目催熟。学生参加美术培训，本无可厚非，但如果目标不是锁定在培育“发现美的眼睛”，而是紧盯中考、高考分数，功利化追求的美术学习就失去了意义，与初衷渐行渐远。打了“催熟剂”的教学，使一个个学生成了“小大人”——虽然是儿童，挑起的却是成年人才能肩负的重担。伴随而来的，是学生的眉头紧蹙、身体佝偻，学生哪有本该有的天真烂漫、生动活泼？

第三，“反季制造”。儿童在视觉发育方面具有视觉敏感性和写实感渐增的特征，能够独立选择美术表现题材，这说明儿童的创造力勃发，因此教学应该突显思维的发散性，引发儿童的想象力。而素描初期教学的聚向性，显然可能会禁锢学生创造性思维的发展。着力时间不准，着力内容不当，是教学的严重失误，学生的生命成长由此被“耽误”。

“这是怎么啦？”作为一个普遍现象，这个问题家长在问，教师在问，学校在问，社会也在问。原因有三：

一是“洪荒之力”过猛。每个有责任心的教师都希望给学生最好的、最多的知识，面对学生的学习，不是尽力而为，而是用尽“洪荒之力”——让教学时段更早一点，教学速度更快一点，教学内容更多一点，教学拓展更广一点，不惜一切代价让教学能走多远就走多远，最终导致的结果是——不管不顾地把学生的心智甩在了后面。

二是“边界意识”缺失。边界，是不偏不倚、不多不少、不早不晚的“正正好”“恰恰好”。学习如是，便使学生保持了兴趣与责任、动力与压力之间的平衡，使教学走上正轨，使学生健康成长。然而，学习目标边界偏离，促使学生成长偏向考试、分数、升学等功利性目标。教学内容边界模糊，对“教什么？怎么教？教到怎样的程度？”这些问题的研究不够，思考不足，使得学校越教越多，越教越难，分数可悲地成为教学追求的目标。

责任主体边界移位，学习主体从学生移向了父母……边界意识，应当成为教学最应该警醒的理性思考。

三是“集体恐慌”蔓延。教学过度，不完全是制度的问题，主要是人们的心态问题。父母唯恐孩子不能成为精英，教师唯恐不能给予学生最多、最全、最前沿的知识，学校唯恐不能办成“社会最满意的学校”……个体恐慌像病毒一样蔓延为群体共性，而“集体恐慌”表象的背后，是对当下快速变化、发展中的社会的无所适从，人们只得像刺猬般“竖起一根根尖锐的刺”来应对。这也是一种生存本能吧，只是这种本能既“扎伤”了他人，也“扎伤”了自己。

5. 技术追求与审美感受的博弈

有资料显示：小时候被逼着练琴的儿童中，有 90% 的儿童长大后再也不愿意去碰琴。学音乐是这样，学美术也大抵如此。原因是什么？这是因为当前美术教育过分强调美术本身的目的，强调技巧、技能的训练，有的甚至视模仿为美术学习的唯一途径，而完全忽视了审美感受以及丰富的想象力和创造力对个性自由和人的解放的重要作用，使得原本充满快乐和创造力的美术活动成了一种单调而枯燥的苦役，导致学生的人文素养严重缺失。

当然，审美能力的提升，必须要有美术知识和技能的支撑，否则犹如无源之水、无本之木。这里要说的是过分强调美术教育目标功利化，使得学习美术的乐趣与丰富被扭曲，让学生误以为学习美术就是在苦学技能，继而陷入痛苦的练习中。像维克多·罗恩菲德在书中形容的“我不想画”“我不会画”等受到外界干涉而丧失自信，心智发展受到遏制的典型事例比比皆是。

事实上，美术学习应更加注重情感的投入，正如美术作品所呈现的那样。美术作品之所以吸引人，不是因为画家本身，而是从作品中传递出来的情感，所以美术学习本身就是“美感的产物”，并且与美术知识和美术技能的学习统合为一个不可区分的整体。美术教育究竟是传授美术技术重要，还是培养审美感受重要，这个问题值得美术教育者深思和高度关注。

如果美术教育面临的各种问题不能解决，那么就会像让-罗尔·布约克沃尔德所说的那样：“学生们对缪斯充满了渴望，这种渴望在他们来到这个世界之前就被深深地培植在他们生命的胚芽里……但是现在，这种渴望突然与强大的约束力量相遇，而且这种力量似乎处处与它作对……他们大多数再也不能像鹰一样自由飞翔了，他们已变成了缪斯天性意义上的残废人。”[①]如果学生丧失了内心的“缪斯”，很难说，他还能拥有真正意义上的人性。

---

① [挪威] 让-罗尔·布约克沃尔德. 本能的缪斯：激活潜在的艺术灵性[M]. 王毅，孙小鸿，李明生，译. 上海：上海人民出版社，1997：123.

那么，美术课程究竟该如何调整，才能唤醒儿童内心沉睡的“缪斯”，激活学生无限宝贵的美的灵性，使灭寂的美的感觉、感知复活、再生，这些问题已经迫在眉睫。

三、走向审美人生的美术课程变革

马克思说：“人是人化的生命体。”人化的指令是化人，能使人变化的工作就是教育。所以，美术教育旨在通过课程的实施来主导人生、改良人生、发展人生、完善人生，并通过感性启发，节制和化育情感，使之符合真善美的要求，符合理性和道德规范。这不仅仅是在完成关于美术的学科教学，更是在帮助学生理解、明确人生的存在方式、人生的价值追求和人生的理想，继而让学生的生命因美术而丰饶与厚重。

丰子恺说：“我教艺术科，主张不求直接效果，而注重间接效果。不求学生能作直接有用之画，但求涵养其爱美之心。能用作画一般的心来处理生活，对付人世，则生活美化，人世和平。此为艺术的最大效用。”①所以，审美人生教育是美术教育的应有之义，它让美术课程发挥“无用之大用”，让美术成为学生日常的生活方式，让学生在每一个平凡的日子里，都活得有尊严，活得有情趣，继而为学生一生的幸福奠基。

由此可以这样认为，学生通过学习美术课程，可以获得知识技能，感悟生活，提升素养，涵养心灵，拓宽胸襟，涵养人格，升华人生境界，成长为人格健全、生命充实的人。而这样的教育，可以称之为“审美人生教育”。

审美人生教育是美术学科教学的意义规定，也是美术课程重构的终极朝向。

1. 审美人生教育是一种生存范畴的教育，美术课程重构首先指向生存的需要

审美人生教育无论从何种视角做何种解读，都离不开其最终的意义指向，那就是人生价值，因为审美人生教育的最高目标是“人的培养”，而人最基本的活动是生存活动。所以，以审美人生教育为目标的美术课程也就直接指向学生的生存范畴，因为它关乎学生的生存质量。

（1）一个人生存质量的高低，与他的情感感受力的敏锐性和丰富性有着密切的关系，基于审美人生教育的课程注重培植学生对情感的感受力

情感最本质的意义和特征是对生存的深切感受。快乐和忧愁、欢笑与悲伤、舒畅与焦虑、崇敬与厌恶，这些都是人的正常的心理体验。这种心理体验是敏锐的还是迟钝的，是丰富的还是麻木的，是满足的还是压抑的，都直接关系到人的生存质量。如果一个人能敏锐地感受丰富的情感，满足心理释放的需求，他会感到轻松、愉悦，正所谓“情有不舒，则意自不快”；反之，如果一个人的情感感受力是迟钝的，甚至是麻木的，他就会感觉压抑、难受，那么他的生存质量就会降低。所以，一个人的情感感受力是否敏锐和丰富，决定了他的人生是不是完满、幸福，这也直接关系到他的人格是否全面发展。蔡

① 丰子恺.教师日记[M].北京：教育科学出版社，2008：41.

元培认为，大凡接受了美术陶养的人，可以形成一种高尚、活泼的人生观。无论是美术创作还是美术欣赏，都可以表达真正的情感，“伯牙抚琴，可以通志；季札观乐，可以知风”，这是美术创作者的情感表现。美术还可以使欣赏者的情感得以表现。例如，美术色彩和形象能左右欣赏者的感情，它哀使人哀，它怒使人怒，它激扬使人起激扬之心，它沉郁使人发沉郁之感。自然的美也是如此，壮阔者使人感壮阔，幽雅者使人感幽雅。因此，蔡元培认为，“吾人固不可不有一种普通职业，以应利用厚生之需要；而于工作的余暇，又不可不读文学，听音乐，参观美术馆，以谋知识与安全的调和。这样，才算是认识人生的价值了。”[①]因此，美术课程之所以要重构，就在于培植学生的情感感受力，为独立的个性情感提供一块可以自由栖息的“绿洲”。

（2）一个人生存质量的高低，与他能否及时、有效地释放情绪有着密切的关系，基于审美人生教育的美术课程重构注重培养学生对情绪的释放力

学生的个体情绪贯穿于美术活动的所有过程，就其中一部分的美术创作学习而言，其外在意义，是学生学习如何通过挥毫作画创作富有个性的艺术作品；而内在意义，则是学生学习如何用线条、色彩、形状等美术语言来表现内心世界，继而进入“世间无限丹青手，一片伤心画不成”的精神境域。画家毕加索用绘画宣泄着自己内心的苦与乐：在因朋友去世而陷入巨大悲痛的那段时间里，他创作的《盲人的早餐》等系列作品都采用浓郁的蓝色调，以表达孤独、苦难、悲伤；当邂逅佳人，内心欢喜雀跃，走出阴霾以后，他一改忧郁的蓝色调，用甜美的玫瑰红色调创作了诸如《拿烟斗的男孩》等作品，抒发着愉悦、美好、幸福、快乐的情感……画家如此，学生也是如此，他们看似随意轻松的涂鸦方式、画幅的大小、用笔的轻重、空间的选择、色彩的搭配、构图的偏倚，都在传递着内在的个体信息。“一张图胜过一千句话”，绘画作品中有张扬、有困惑、有烦恼、有蓬勃，这种舒怡畅怀的美术表达，会让困厄的心灵得到修复。特别需要强调的是，这种情感的释放对于个体生命而言具有特别重要的意义。研究发现，儿童能否通过美术释放情感，直接决定了他成长质量的高低。一方面，全神贯注于美的形式，能使他忘却各种利害的考量，容易形成一种高尚的、纯粹的情感；另一方面，美术的情感释放，能使他认识世界，释放压力，表达情绪，继而抚慰心灵。正因如此，一些有远见的教育家主张美术课程应该成为学校生活的主旋律。因此，通过美术课程重构的实施引导学生表现情感，释放情绪，不仅影响着学生当下的日子，更会延续、折射到他未来的生活。从这一意义上来说，这是审美生存论的实际反映和体现。

（3）一个人生存质量的高低，与他对生活的感受和理解有着密切的关系，基于审美人生教育的美术课程重构注重提升学生对生活的理解力

群山巍峨，大江磅礴，云卷云舒，花开花落……这本是自然现象，也就是哲学上所说

① 蔡元培.蔡元培美学文选[M].北京:北京大学出版社,1983:221.

的“自在之物”,在人介入之前,这些仅仅是“沉睡着”的景物,正如柳宗元所说:“夫美不自美,因人而彰。兰亭也,不遭右军,则清湍修竹,芜没于空山矣。”人总有生活完满的渴望,这就使得人努力唤醒人性中最为本真、最为纯情的那部分:在人的眼里,山水开始有了生命,云雨就有了活力,这就是审美。于是,生活也就成了一种特别的艺术:王羲之发现了山阴之美;阮籍独自驾车狂奔,又为“无途”痛哭而返;支道林养马重其神骏,放鹤归林;王子猷雪夜乘兴驾舟访友,至门前而返……平淡的生活由此洒脱无忌,个体的生存由此充满诗情画意。对生活美的接受程度,产生的快感或者不快的基础条件,就是对生活的理解力。对生活的理解力高,则能随时随处发现美、捕捉美、感悟美、欣赏美,并带着足够的批判精神进行改造和建设美,继而身心愉悦,畅意抒怀,观照万物,体察人生;反之,生活就没有了诗和远方,只有苟且和烦苦,那岂非一个“悲”字了得?生活何以继续?作为正在成长的生命体——学生,他的生活才刚刚开始,美术教育有责任、也有能力帮助学生发现生活的亮点,并借助美术语言进行审美表现和积极改造,让生活更美好。

2. 审美人生教育是一种感性范畴的教育,美术课程重构应当实现感性的发展

人是感性的存在,又是理性的产物,只有感性与理性和谐统一,才能成为全面发展的人。所以,基于审美人生教育的美术课程重构,就是借美术课程建设与构造,在努力保护人的天然感性的同时,合理地引导和教育人,促进人的成长。

(1)努力保护学生的自然感性

人天生就有感性冲动,它是自发的,是人的感官系统、知觉、想象、情感、直觉等生理的直接反应和本能冲动,富有同情心、热情、善良、细腻等都是感性的人的标志。人的感性有强弱之分,感性强的人感受力强,有人情味、懂得浪漫、对外界事物接受快,做出反应也迅速,特别能对别人的遭遇感同身受,能敏锐地体会到事物发生的变化,对美的感知能力和判断能力也强,愿意听从内心的召唤并表达主观感受。因此,在美术课程实施过程中,引导学生观察、欣赏审美对象,唤醒学生的同理心和移情通感力,呵护学生的审美冲动,褒扬学生的审美批判和创造性,保护学生的自然感性,是基于审美人生教育的美术课程重构的本质诉求。

自然感性固然可贵,过于原始的感性却带着动物的某种特质,常表现为感情用事、多愁善感、喜怒无常,解决这些问题的方法,就是进行理性的培植,用理性对感性进行规范和约定,明确能做什么和不能做什么,这是教育的一部分内容。但是,过度的理性教育容易走向另一端,那就是压制感性,继而使学生变得冷漠、内敛、压抑、专制、刻板、条理性过强、不会通融。所以,有节有度的“新感性”的培育是基于审美人生教育的美术课程重构的目标。

(2)努力培育学生的“新感性”

“新感性”就是美和美感,康德将之称为“判断力”。基于审美人生教育的美术课程重构旨在通过“新感性”来协调感性和理性，用审美活动消除理性对感性的专制，恢复感性的权利，建立感性与理性的协调关系，以此建立超越理性的感性。超越理性的感性的特征是走向“中和”，也就是使偏重感性的人趋于理性，使偏重理性的人回归感性，最终达到感性和理性的和谐。

很多人认为，理性的规范和教导可以让人变得温文尔雅，这是一种教养。然而，不得不承认，过度的教养会使人的精神趋于萎靡而失去丰满的血肉。因此，基于审美人生教育的美术课程重构，就是要通过对学生审美心理素质的培育，以净化学生的情感，丰富学生的想象力，激发学生的创造力，帮助学生形成丰富而深沉的人文意识，将可能分裂的认知与情感、道德与信仰、行为与动机组合为自然完整的一体。这样，学生在感性地认识世界时就渗透着理性，在理性地认识世界时则又渗透着感性，这也就是席勒曾强调的：“我们有责任通过更高的教养来恢复被教养破坏了的我们的自然（个性）的这种完整性。”[①]联合国教科文组织在《学会生存——教育世界的今天和明天》中发表了一段发人深省的话：“事实上，今天的教育面临着一件使人着迷的任务，即发现如何在理智训练与感情奔放之间求得和谐平衡，那么，怎样才能实现这一目标呢？赫胥黎给了我们这样一个答案，即必须使学生不仅受到最好的科学教育，而且也受到最好的艺术教育。这样的话，他们就可以在自己的生活道路上，挑选所需要的一切其他科研成果的果实。”[②]也就是说，艺术教育重要的组成部分——美术教育与科学教育，能架起感性与理性沟通的桥梁，继而实现促进生命全面发展的这一“使人着迷的任务”。

3. 审美人生教育是一种规律范畴的教育，美术课程重构必须尊重人的成长规律

规律，是自然界和社会诸现象之间必然、本质、稳定和反复出现的关系，是有节奏的、不杂乱的。教育规律是教育内部诸因素之间以及教育与其他事物之间内在的、必然的本质性联系，它不以人的意志为转移。只有尊重教育规律，课程建设与实施才不会盲目、盲从。尊重教育规律，首先是以生为本，其次是尊重常识。

（1）以生为本，让教育成为人的教育

人，是教育的所有目的。所谓以生为本，就是“让学生成为学习的主人”，是为了学生、尊重学生、基于学生、发展学生。

以生为本，即以学生为本。这是人本主义“以人为本”在教育中的具体体现。它包含以下五个方面的内容：一是面向全体学生，所有学生都应当接受美术教育，因为美与美感的学习生发在包括学生在内的每个人的认识系统和感知系统中，通过教育发展审美感知能力，让生活更加美好，这是教育的责任和担当。二是学生的全面发展，“帮助学生在现实中通过图像识读获得美术知识和有益信息，联系生活进行美术表现，形成良好

① ［德］席勒．美育书简［M］．徐恒醇，译．北京：中国文联出版公司，1984：56．

② 转引自郭声健．艺术教育论［M］．上海：上海教育出版社，1999：7．

的审美判断能力，发展创新意识和创造能力，认识丰富的文化现象，坚定文化自信，主动适应丰富而复杂的现代生活，更好地全面发展”[①]，这是美术教育，更是美术课程重构的基本理念。三是学生的个性化发展，每个人都是不一样的生命个体，不同的观察角度、理解方式等决定了不一样的表达方式，美术尊重学生的个体差异，并使学生成为他自己。四是学生的主动发展，美术课程之所以重构，是因为学生天生有审美的才能，有自我发展的巨大潜能和内在动力，而一个人能否获得最佳发展，则在于其潜能是否在教育过程中被加以发掘和提升，所以基于审美人生教育的美术课程重构是帮助学生自我发展的过程。五是学生的持续发展，学生经由美术课程所获得的由审美知识和技能构成的审美素养将作用于他的人生，这本就是美术教育的归宿，也是美术教育的巨大魅力。

以生为本，也是以生命为本。作为一个独立的生命体，学生经历由知之不多到知之甚多，由简单到复杂，由低级到高级的成长过程。在这个过程中，教育的责任就是去点燃、发动和激扬学生生命的潜能与动力，继而书写生命的传奇，创造生命的奇迹。

以生为本，也是以成长为本。教育的目的是促进学生的成长。这就要承认学生都有自身成长的规律，给予每个学生充分发展的时间，帮助他们从容成长。

（2）尊重常识，让教育回归适时适度

常识，是一个心智健全的人应有的一般性知识、合理性知识，是与生俱来、不需特别学习的判断能力，具有众人皆知、无需解释或加以论证的特点。正是这样的特点，常识常常被有意无意地忽视。常识的基点是敬畏自然。教育亦有常识，教育常识也常被忽视。要使教育回归应有的模样，适时适度，唯有尊重教育常识。

尊重常识，要顺应规律，因为学生的成长也有“季节”。好比栽树一定要在春天，学生的心智发育亦有“季节”。以美术表现的心智发展为例，学生在 5 至 7 岁的时候对装饰色彩非常敏感，7 至 9 岁的时候对色彩的和谐与韵律有强烈的感知，9 至 11 岁的时候具有色彩设计的概念，11 至 13 岁的时候有创造出有意义的整体的意愿，13 至 15 岁的时候有强烈的写实的意图，15 至 19 岁的时候整体的概念越来越清晰。顺应规律，教什么就有章可循，教多少就有据可依，就不会背离学生的成长规律，扭曲学生的天性，阻碍学生的发展。顺应规律就是要认识规律，认识学生成长阶段的普遍特征，继而循序渐进地教学。顺应规律就是要认识学生的个体差异性，明白学生的学习会因人而异、因时而异，因而分层作业、选课走班等个性化的教学是绝佳的选择。顺应规律就是要敬畏规律，这是对规律的最大尊重。敬畏规律，就是让教学依照规律进行，这是一种对自我的约束，对理性的崇尚，对自由的追求。

尊重常识，要注重体验，因为经历是学生自我学习的真谛，在体验中获得知识是教

① 中华人民共和国教育部.普通高中美术课程标准(2017 年版)[M].北京:人民教育出版社,2018:2.

学必经的过程。对于学生而言，最佳的学习方式是用自己的感官直接与实际事物发生密切联系，继而获得知识与经验，这就是经历学习。经历学习通常会伴随着怀疑、纠结、矛盾，作为教育者，常常不忍看此过程，于是索性省去学生体验的环节，以“直接告诉”替代学生体验的过度教学便成为教学常态。适时适度的教学，是允许学生像咀嚼美食一样“咀嚼”知识，继而全面吸收营养；是允许学生像品味艺术作品一样“品味”知识，继而享受学习的过程；是允许学生像游历一样经历艰辛付出，以获得成功的喜悦。适时适度的教学，是要像卢梭所提倡的那样——“走在学生的后面”。

尊重常识，要拥有平和的心态，因为从容优雅才是教学成功的秘诀。适时适度的教学，是追求“慢”的教学。龙应台在《孩子，你慢慢来》一书中写道：“我愿意等上一辈子的时间，让他从从容容地把这个蝴蝶结扎好，用他五岁的手指。”[①]龙应台以母亲的深情，告诫教育者：“慢”才是教学成功的真正秘诀。只有“慢”，才能思辨判断与行动，用理性判断学生学习的喜与恶；只有“慢”，才能克制过度与缺失，以宽容和理解，克制教学中的无休止的冲动和欲望——过度地灌输技能，过度地增添内容，过度地提高要求，过度地背诵朗读，过度地布置作业，也克制缺失道德引领、缺失讨论体验、缺失艺术课程；只有“慢”，才能悠然欣赏与引导，教学是艺术，艺术的创造必有欣赏，教学也是如此。用欣赏艺术佳作的心态悠然地欣赏学生成长的整个过程，包括一次次的失败；欣赏学生每个阶段生发的无限可能，包括反复重来；欣赏同一阶段不同学生各自独特的成长姿态，引导学生释放应有的能量，引导学生追逐自己的梦想。

尊重常识，要促进学生自我成长，因为帮助学生成为他自己才是教学的终极追求。教学最大的成功，就是在充分肯定学生个体差异的基础上，帮助学生成为最好的自己，因此，“促进”是教学的关键词：促进学生找到他自己，明白自己身处何处，该朝哪个方向出发，成为一个认识自身学习价值的人；促进学生学会学习，掌握方法，成为一个拥有良好学习能力的人；促进学生不断找到、获得学习的快乐，成为一个保持着浓厚学习兴趣的人；促进学生以欣赏的态度审视自身，成为一个给自己营造幸福的“建筑师”……

在校的学习生活是学生生命长河中的一个片段。适时适度，是给学生松绑，是为教育者自己解压，是学生和教育者一起营造“花影不离身左右，鸟声只在耳东西”的环境，然后从容优雅地漫步其中。从这个角度来说，适时适度的教学，实则是一种诗意的追求，也是一种哲学追求。

4. 审美人生教育是一种素养范畴的教育，美术课程重构是为了提升人最基本的素养

素养是通过学习、训练和实践而获得的一种道德修养。从教育的本质来讲，教育归根结底是在培育和完善学生的整体素养，每个学科对素养的培育都有具体的指向和目标。在“五育并举”的国家教育方针中，将美与德、智、体、劳列为同等重要的地位，是因

---

① 龙应台.孩子，你慢慢来[M].桂林：广西师范大学出版社，2014：1.

为美育对观察力、感受力、鉴赏能力、造型能力、设计能力和创造能力等的培养起着重大的作用。《普通高中美术课程标准(2017 年版)》修订工作组经过周密思考、细致研讨和不断调整,凝练出美术学科的五大核心素养,即图像识读、美术表现、审美判断、创意实践和文化理解。基于审美人生教育的美术课程重构,是对学科核心素养的积极回应和落实。

第一,会看图——这是"最基本"的素养。当一幅图像出现在眼前的时候,学生能识别和解读这幅图像的形象和内容,能感受和理解图像所传达的信息和意义,能懂得和运用图像展开联想和创造新的图像。

第二,会表达——这是"最美术"的素养。学生通过系统的美术学习,能有空间意识和造型意识,能挑选合适的工具和材料以及美术语言表达自己的所思所想,能美化生活或者解决生活中的实际问题。

第三,会判断——这是"最生活"的素养。知道什么是美的,为什么是美的,这种审美判断能力是让生活变得更美好的基础。美术教育的目的正是培育这种能力,帮助学生感受生活中随时随处都有可能出现的美,帮助学生认识这些美的独特性和多样性,帮助学生用语言、文字、图像等喜欢的方式抓取美、表达美、传播美,改善和美化生活和环境。

第四,会创造——这是"最灵性"的素养。经由美术学习,学生拥有发现问题、解决问题的创新意识,有学习和借鉴他人创意的联想能力和迁移能力,有改造生活的探究能力和创造能力,有敢于探索的实践能力和实践勇气。

第五,会认同——这是"最文化"的素养。美术是文化的重要组成部分,与历史、地理、科技、社会、哲学等有着千丝万缕的联系。美术课程就是要帮助学生站在文化的高度去观察和理解美术材料、美术表现、美术观念等的历史发展与演变,帮助学生认识中国传统美术的文化内涵和独特的艺术魅力以及在中国文化以及世界文化中的独特地位;帮助学生理解不同类别的艺术和文化之间的关系,帮助学生理解不同国家、地区、民族和时代的美术作品的多样性和丰富性,引导学生尊重不同时期、流派、国家的艺术家、设计师和手工艺家及其创造性的劳动成果。

值得注意的是,这些素养的培育不是指向个体性的,而是具有国民性的。要知道,学生总有一天会长大成人,他能将这些素养关照他的日常生活,通过工作等途径,关照他所涉及的领域,让更多的人受惠。所以,这些素养的培育必须面向全体学生,不仅关乎他的当下,更关乎他的未来。

5. 审美人生教育是一种人格范畴的教育,美术课程重构的核心指向"人性完整和全面发展"

人格是人的各种能力和素质的综合,是人之所以成为人的各种特质的总和。人格范畴的教育,是在努力培养全面和谐发展的人。因此,中国近现代教育的目标就是进行人格的培塑。蔡元培曾以“教育者，养成人格之事业”来定义教育，并在不同场合反复论述“基础教育，在于养成国民健全人格”“在普通教育，务顺应时势，养成共和国民健全之人格”①等观点，以此强调人格教育不仅仅关乎人的个性、气质，更关乎道德品质，而这必将影响国家发展和时代进步。在落实人格教育方面，蔡元培在《普通教育和职业教育》中进行了直接论述，他说：“所谓健全的人格，内分四育，即体育、智育、德育、美育。”②因此，培育学生的健全人格，是美育的题中之义，更是基于审美人生教育的美术课程重构应然的目标和追求，主要从以下五个层面塑造学生的健康人格。

（1）守护儿童天性

儿童有多层面的概念界定。在《儿童权利公约》中，儿童的年龄段界定为 18 岁以下，这也是法学意义上对儿童年龄的界定。从教育的角度来讲，儿童更多的是指心理学概念，即成长着的自由生命体。所以，这里的“儿童”是一个心理概念，一个模糊概念。正因为成长着，儿童才率真、天真、纯真，他们喜欢天马行空的想象，喜欢自由的表达，这是儿童的天性，他们想弄清楚许许多多个“为什么”，但在当下以理性思维为主要导向的课程设置中，能有多少空间留给儿童遐想？能有多少时间可以实现他们纯真的渴望？

基于审美人生教育的美术课程重构，旨在努力突破这一理性包围圈所形成的桎梏，以充满感性色彩的人文精神，守护并鼓励儿童不断地对这个世界进行质问、探索，引发他潜在的创造能力，创造审美意象。儿童为了能向他人传达这种审美意向，就要依靠自己的直觉和想象力，向着自己所规定的目标进行有意识的创造活动。在这一活动中，美术教育能够充分激发和强化儿童的创造冲动，并顺应儿童这种感性冲动进一步发展他的想象力和直观的洞察力。

（2）超越技术层面

具体的美术学习活动通常以学习技术的方式呈现，并且会细化到各个方面。从观察技术层面上来说，有宏观远眺、有中观平视、有微观见细等；从表现技术层面上来说，有油画、中国画、水彩等，每一画种都有非常多的辅助表现技巧，因此美术的表现技术难以计数。每一种表现技术又包含了更为复杂的人体学、生物学等原理以及透视学等科学门类……这一切就使得美术学习活动变得尤为复杂和深奥。基于审美人生教育的美术课程重构希望突破由技术构成的“围城”，以达成美术课程实施本来的意义和目标：培育能感受形式美的眼睛，为审美活动提供基础知识，为审美体验提供愉悦心境，为审美品质提供人文积淀，为审美人生提供价值追寻。这是对纯技术的一种超越。超越，是一种继承之上的扬弃，是以儿童心智水平为基础，发展儿童的视知觉水平，以获得丰富的形象思维；是帮助儿童形成观察生活的习惯和能力，在观察生活的过程中去体验和创造

① 中国蔡元培研究会．蔡元培全集：第二卷[M]．北京：中华书局，1984：412．

② 中国蔡元培研究会．蔡元培全集：第三卷[M]．北京：中华书局，1984：477．

性地表现生活中的美，在丰富的视觉艺术形象、美的情感中帮助儿童逐渐形成自觉地认识美、热心地追求美的习惯；是在形象思维的基础上，帮助儿童获得审美的愉悦，形成高尚的审美意识、审美理想和健康的审美情趣，感知来源于生活又高于生活的艺术世界，从而在潜移默化之中逐渐树立起美的理想，形成美的人格。

（3）催发道德情感

审美是人因情感而萌发的主观活动，是对事物美与丑、是与非的判断过程。基于审美人生教育的美术课程重构就是向儿童提供一种审美准则，以此升华儿童的审美情趣，提高儿童的道德修养，为儿童走向真、善、美提供丰厚的营养基。

内在的自我意识是人的良能、良知或者善良意志，而外在的媒介除了道德舆论、规定之外，重要的就是审美教育为之所做的贡献，因为它的直观性和愉悦性易激发儿童的自觉、自悟，道德教育在润物细无声中进行着。卢梭在他的《论教育》一书中就已指出："有了审美能力，一个人的心灵就能在不知不觉中接受各种美的观念，并且最后接受与美的观念相联系的道德观念。"[①]达尔文在回忆录中也提到："我真不明白为什么艺术爱好的丧失会引起心灵的另一部分能力的衰退……事实上，失去这种趣味和能力就意味着失去了幸福，而且还会进一步损害理智，甚至可能会因为本性中情感行为的退化而危及道德心。"[②]明哲们从不同角度肯定了这一观点——通过审美教育，儿童获得了一代代人对周遭世界美的褒扬和对恶的评判的经验，然后逐渐内化至自己的灵魂深处，从而形成了更为完善的对事物的看法，剔除人性中的一部分丑陋，发扬真、善、美。它是一种"使人生达到完美、完善之地"的教育。所以，审美教育的根本任务就是："在于使生命变得完美，在于制造完美性和充实感；是对生命的肯定和祝福，使生命神性化。"[③]

（4）提升生命质量

对于公民素质教育而言，中小学美术教育重要任务之一就是培养高品位的审美趣味和情感。"趣味"在梁启超看来"是由内发的情感和外受的环境交媾发生出来的"。他还在题为"美术与生活"的讲演中做了大意如下的阐述：一是"对境之赏会与复现"，即对自然之美的欣赏与回忆想象；二是"心态之抽出与印契"，即通过宣泄与寄托，保持一种心理的平衡、和谐状态；三是"他界之冥构与蓦进"，即通过想象，创造出一种理想的境界。由此可以理解丰子恺所说的："世界如果没有美术，人生就会显得寂寥而枯燥，因而美术不在实用，画家但求表现其在人生自然中所发现的美。美术是感情的产物，是人生的慰安。"[④]美术是用来"享用"的，这种"享用"通常情况下是通过视觉来达成的。但这种"享用"是属于精神需求范畴的，与人的一日三餐等出自生理需求的"享用"不能并作

① ［法］卢梭．爱弥儿［M］．北京：商务印书馆，1983：557．

② 转引自滕守尧．审美心理描述［M］．北京：中国社会科学出版社，1985：352．

③ ［德］弗里德里希・尼采．权力意志［M］．张念东，凌素心，译．北京：商务印书馆，1996：37．

④ 丰子恺．万般滋味，都是生活：丰子恺散文漫画精选集［M］．武汉：华中科技大学出版社，2018：166．

一论。因而，面向未来全体公民的中小学美术教育肩负有繁重的责任——帮助学生拥有高质量的生命体验，即懂得欣赏大自然的美景，懂得聆听来自大自然的天籁之音，懂得欣赏和珍惜千年文明精髓，懂得着衣打扮、居室格调与人的素养的和谐，使他的日常生活跳出现实，进入一种精神愉悦的状态，这是感官与精神愉悦的统一，是一种超越个体生命有限存在的过程，是一种趋向无限和永恒的精神需求。

"爱美之心人皆有之"，审美过程就是一个自然和自发的从审美体验到优化情绪再到精神升华的教育过程，而这一过程也必定是稳固和持久的。美术教育就是通过具体的教学活动，提升儿童的审美素质，获取美的态度并观照生活，将高品质生活进行到底，以实现美的人生。

（5）升华人生智慧

人生智慧是一种高洁的精神，一种平和的心态，一种博大的胸怀，一种理性的追求，是一种超脱功利束缚的人生境界。

美从来就是多元的，有东方的，也有西方的，有民族性的，也有世界性的，包罗万象和多姿多彩是它的特征。美术教育就是引导儿童通过对各种美术语言的求索，在对多元文化背景下诞生的作品的理解和认同中，理解他人，善待他人，并真心地关怀他人，尊重他人的人格和价值，为成为人格丰厚的人做思想奠基。

美术作品是人文历史的忠实反映者，有对社会变革的褒扬，有对社会阴暗和丑陋的揭示，有对科学真理的歌颂，有对善的人性伦理的宣扬。美术教育通过审美教育活动，帮助儿童逐渐塑造独立的人格、丰满的个性，使崇高的德性价值理想得以张扬和体现。所以，基于审美人生教育的美术课程重构是帮助儿童成长为真正的人，获得一种高远的境界、气质和德性。

审美活动始终贯穿于人的日常生活之中。生活有功利性的"开门七件事"的生活基准，也有"读万卷书，行万里路"的精神需求。美术教育就是引导儿童以艺术的形式去感知世界的美好，从而获得广阔的心胸、宽广的眼界，使儿童成长为生命高扬、生活充实的人。

席勒说："若是要把感性的人变成理性的人，唯一的方法是先使他成为审美的人。"[①]只有理解贝聿铭的人生境界，才能看懂他的建筑，看懂他的建筑作品中透露着"我和我的建筑都像竹子，再大的风雨，也只是弯弯腰而已"的坚毅和平和；只有理解徐悲鸿海纳百川的胸怀，才能看懂他的中国画，才能领会"美术之大道，在追索自然"的激情和浪漫；只有理解毕加索对艺术的锲而不舍的追求，才能看懂他的立体主义作品，才能理解他所说的"每个儿童都是艺术家"的真谛。所以，基于审美人生教育的美术课程重构是为儿童提供人生智慧。

---

① ［德］席勒．美育书简［M］．徐恒醇，译．北京：中国文联出版公司，1984：103．

第二章　美术课程重构的内涵与特征

第一节　美术课程重构的内涵

重构，不是一加一等于二，而是一加 X 的无限可能，它是一个广阔的领域，是教育学、心理学、艺术学、社会学、哲学等各个领域的综合，不同的视角就有不同的审视、描述、表达和诠释。同时，它让美术不再是一门用来调节学生身心发展节奏的“简单”学科，而是关乎学生当下快乐和未来幸福的“复杂”学科；不再是用“术”堆砌起来的课程，而是用美唤醒崇高灵魂的课程。它具有以下六个方面的内涵。

一、催生与发展审美感知

美，无处不在，无时不在。红日碧天，云卷云舒，是美；星辰繁点，月印千川，是美；大江磅礴，小溪婉唱，是美；芭下听雨，窗前画兰，是美；诗词歌赋，音律舞蹈，是美；蜂巢严构，花色绚烂，是美；屋漏痕迹，霜雪冰纹，是美；宇宙奇观，镜下微生，是美……大凡和谐有序的，都是美的。

学生是天生的艺术家，他们能一眼发现这样的美。一次雨后，学校水泥地上留下了一个个水洼，造型各异，千姿百态。下课时，学生们倚着栏杆浮想联翩：“看，这好像一个戴着鸭舌帽的老人。”“这个水洼太像在跳街舞了。”这一看似稀松平常的资源促成了一次好玩的美术创作活动：在不破坏水洼原有造型的基础上，塑造一个艺术形象。于是，以地面为纸，以拖把为笔，学生们展开了创作活动。不多久，凌空挥舞金箍棒的孙悟空，活泼可爱的米奇，弓身快奔的猎狗等生动有趣的造型遍布了整个水泥大道，学生们还极有创意地写上了“水洼印象画展”，并跑去播音室放了一曲快歌，引得下了课的其他学生和老师都驻足观看。在这一过程中，学生作为审美主体，自觉唤醒内心深处的审美情感，将杂乱无章的形象经过组织、联想，成为一个个完整的审美对象，审美感知在此过程中不断发展，最终建立起个性化的审美标准。

二、积累与内化审美理解

一幅有意义的艺术作品富含历史、文化、科技、心理等因素，正如德国哲学家恩斯特·卡西尔所说:"艺术是一个独立的语言的宇宙。"而理解这一"宇宙"需要建立在感知觉的基础上,所以审美理解就有别于逻辑思维系统中以概念和推理为基础的理性理解,它充满了感性色彩。作为审美主体的学生全身心地沉浸在审美对象中,通过对形象的感知和情感的体验,领悟出其中的意义。

因为人的社会认知、知识积累、情感丰富程度不同,所以人与作品之间隔着一段距离,而正因为这段距离,人才可能完成第二次创作,这是完整意义上的审美理解。为实现第二次创作,通常需要经过三个层面的追问,以毕加索的不朽之作《格尔尼卡》为例。当这幅作品呈现在学生眼前的时候,错综复杂的黑、白、灰色块,不规则线条构成的角和弧线,给人以支离破碎和动乱的感觉,沉重、压抑、恐怖,悲剧气息席卷而来,"真恐怖"是学生的直观感受。这个时候,学生完成了第一个层面的审美理解,即对审美对象的直觉认识。"是什么事情导致了如此恐怖的状况?"学生的追问体现了审美理解的第二个层面——追寻作品的历史、文化、社会背景等,于是德国空军轰炸西班牙北部重镇格尔尼卡这一真实事件被揭示。这一过程中,学生经历了从感性认知到理性分析的成长历程,审美感知能力开始提升。第三个层面的追问紧跟而至:"为什么不用现实主义的手法表现,而要用我们看不懂的立体主义?"这样的追问往往建立在一定的审美认识的基础之上。学生通过讨论和研究,最终发现只有立体主义才能以变形、象征和寓意的手法揭示法西斯的恶行。至此,学生也就能深深理解"这幅杰作已经成为警示战争灾难的文化符号之一,也使格尔尼卡的悲剧永远留在了人类伤痕累累的记忆中"①的含义,了解立体主义在二十世纪科技突飞猛进的背景下不断"粉碎"视觉世界,颠覆具象与传统的意义。

三、培养与熏陶审美情趣

每个人对美的理解、认识、追求各不相同,有的喜欢清新雅致,有的追逐红色喜庆,这是审美主体以个人意志为中心表现出来的审美倾向,即审美情趣。审美情趣是审美主体长期受生活环境、心理结构、社会交往、文化教养、时代背景等多方面因素熏陶的结果。学生来学校之前已经不是一张"白纸",而是具有"喜欢"或者"不喜欢"的倾向,所以,"影响"比"培养"更切合实际。

学校的小河里种满了荷花。开学的时候,学生虽然只能见到残荷,但依然能通过丰富多彩的活动感知荷花的曼妙。第一周,教师开展活动"与莫奈一起赏花",学生聊着校园里、公园里、池塘里的荷花,欣赏着朱耷的《荷花水鸟图》、莫奈的《睡莲》,吟诵着朱自清的《荷塘月色》,从而打通学科的壁垒,实现知识的勾连;第二周,教师通过讲述故事《荷花的前世今生》,激起了学生们创作的灵感,有的学生用铅笔作画,有的学生以纯色点染,有的学生用陶泥塑形,技法的多样性激发了学生的创作热情;第三周,教师开展的

① 李道一.论毕加索《格尔尼卡》的现代意义[J].艺术时尚,2013(2):33-34.

活动“赏美 · 尚美”，是对学生作品的展示和评价，教师、家长的观摩和点评让教学更有意义。荷花作为自然物象，在学生介入之前是沉睡的“自在之物”，是学生用人性中的本真和纯情唤醒了它们，于是花草有了生命，云雨有了活力。美就在身边，由于审美对象的平常性，学生常对生活中的美熟视无睹。美术教学的任务之一就是帮助学生提取认知经验，融入审美心理，萌发审美意识，理解“生活即是美”。

四、引发与促进审美创造

赞科夫说：“人天生就有一种欣赏美和创造美的能力。”[①]我曾观摩过一节幼儿园科学实践活动“玩转陀螺”，教师请学生观察并记录不同材料、动力、大小的陀螺在玻璃、水泥地面、沙地、草席、毛毯上转动的速度和圈数。学生那股认真的劲儿，让你丝毫不怀疑他们是正在认真做着实验的科学家。我更惊讶于学生的记录方式，全班20位学生清一色地用绘画作为记录方式：有的学生用直线长度表示，有的学生用圆圈的多少表示，最妙的是一个学生用太阳和月亮的光芒来表示……这些五花八门的记录方式，教师在课前没有做任何暗示。我们可以这样认为，绘画的记录方式是源自学生的本能创造，这说明美术表达是学生的直觉行为，它比文字、数字等更早地出现在人类的生命活动中，这也证实了赞科夫的观点。但遗憾的是，随着心智水平的不断提升，学生开始有意或无意地通过绘画表达主观想法，“写实”成为他们的目标，“像”与“不像”成为他们的标准，这不乏成人评价导向所起的作用。但当他们发现画得像很难，且受到“小时候的绘画能无师自通”认识的影响，他们不能自觉地将之归因为“没有受到美术技能训练”，而是误认为自己“没有美术天分”。当失败的经验不断被重复和强调时，他们逐渐丧失了信心，这是一部分人失去美术创造力的原因。

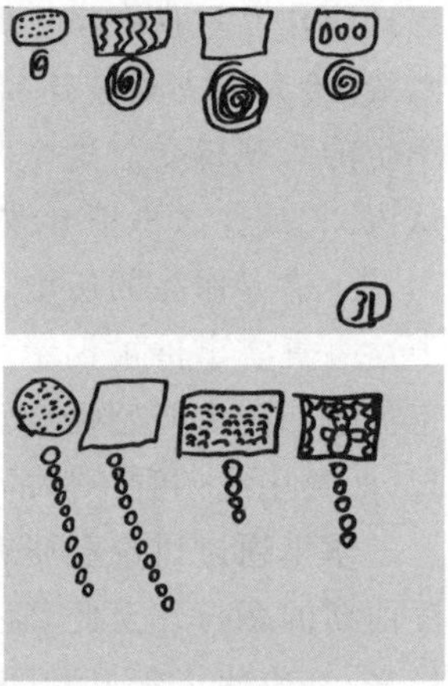

幼儿科学实践活动“玩转陀螺”的绘画记录

既然创造力原本就是学生生命中的一部分，那么通过美术教学引发学生的想象力及创造力便成为可能。学生喜欢动画，于是教师专门开设了一节由美术教师领衔，英语、语文、音乐多个学科教师共同参与的动画电影课程，教学成果是学生自编、自导、自制一部小型动画片。这部动画片涉及的题材真实且丰富，如“擦黑板”“苹果与虫子的故事”“糟糕！撞车了”等，五花八门，无奇不有。采访关于创造力的问题时，学生留下了精彩的回答：“创造力与生俱来，只是我们自己不知道而已。”美术教育的价值之一，就是在保持和提升学生创造潜能的同时，将学生培养成创造性的人才。在学生长大以后的某

① [苏] Л. В. 赞科夫. 和教师的谈话[M]. 杜殿坤，译. 北京：教育科学出版社，1980：113.

一天，他能运用创造能力，让他的工作、生活充满意外的惊喜，那就足够了。

五、培育与构筑审美情操

美术与其他任何一门学科一样，都具有育人的教育功能。美术教师必须具备筛选教育资源的眼光和能力，为学生选择最佳的教育资源，并通过引领，促使学生形成博爱、自由、善良、平等、民主、科学、理性、公正、宽容等价值观。唯有这样，学生的人格与修养才会日趋完善，才能构筑灿烂的完美人生。

鲁迅认为："美术之目的，虽与道德不尽符，然其力足以渊邃人之性情，崇高人之好尚，亦可辅道德以为治。"[①]蔡元培表示："美育者，与智育相辅而行，以图德育之完成者也。"[②]通过美术学习活动，学生将获得一代代人对周遭世界美的褒扬和对恶的评判的经验，然后逐渐内化至灵魂深处，剔除出人性中的一部分丑陋，使生命变得完满而充实。

六、追求与实现审美人生

朱光潜曾用"对于一棵古松的三种态度"来诠释美之于不同的人，体现了不一样的审美情操：第一种是以牟利为目的的功利欲念，第二种是以谋生为目的的器物功用，第三种是超越了前两种的以审美为目的的人生情怀。作为教育者，我们有责任引导、培育学生的卓越人格，帮助学生追求丰富而充实的精神生活，拥有美好、幸福、快乐的人生。

这样的人生是积极的人生。美术学习因为成果的直接性和可视性，学生能及时肯定自己的学习所得并做出积极的反应，这将给他的人生追求带来巨大的动力，为他的快乐人生奠基。

这样的人生是至情的人生。他会为看到自然美景而激动，为听到天籁之音而感动；会在旅途中停下匆匆脚步，去发现阳光普照山川的绚烂，发现朗月滋润大地的妩媚。他会自觉地将生活经验和审美感知联系起来，通过审美活动愉悦心灵，让内心平和、安宁。

这样的人生是至善的人生。他会珍惜千年文明的精髓，而绝不会成为低俗文化的追随者，也绝不会成为"到此一游"笑话的主角。他会理解和认同多元文化背景下诞生的作品的不同，也会善待自己，尊重他人。

这样的人生是尚美的人生。终有一天，当学生从教室走出去的时候，他会抬头发现校园不再冷漠无情，而是碧草荡漾间有着温暖的感觉；发现接送车辆不再啸叫而令人烦躁，而是造型多变，在车内等待的父母也饱含着浓浓的爱意；发现夕阳下的建筑塔吊不再那么机械单调，而是充满了高低参差的节奏美感。教育带给学生的是一抹美丽的、诱人的痕迹。

---

① 鲁迅.鲁迅全集：第七卷[M].北京：人民文学出版社，1982：274.

② 转引自檀传宝.美育三议题[J].江西教育科研，1997(5)：14.

这样的人生是幸福的人生。一个人幸福与否,不完全取决于客观的外在世界,而是在一定程度上取决于个体的内在感受,取决于个体对问题的看法。美术教学活动的目标之一就是帮助学生发现世界的美好,发现人生的乐趣,发现生活的美,继而保持一种高洁的心志和健康的心态,并鼓励自己和他人一起创造美好的生活。

也就是说,学生将来不一定是艺术家,但一定是一个懂得美、欣赏美、创造美的审美人,他是不是会画画,这又有什么关系呢?只要他能感受到美的存在并快乐地享受其中,这就足够了。艺术化的人生,诗意化的生命,是何等美妙!

第二节　美术课程重构的特征

美术课程的实施,究竟能给学生的将来留下些什么?

至少能让学生将来的生活充满情趣。他能够在不紧不慢的日子里不发电子邮件,而是能像俞平伯、沈从文、汪曾祺他们一样,写一封真正意义上的信给朋友,最好用毛笔书写,或者用当下已不再多见的钢笔也可以。在信的前后或者中间,随手画一幅小小的墨梅或者淡淡的松枝,就替代了人的名。一封信,就是一幅有心性的书画作品,让人读了文字还读画,读了心境还读情谊。他能够挑选适合自己个性和身份的服饰,让自己优雅而别致。他能够懂得选择风格一致而简约的家具,打造属于自己的低碳而温情的起居空间。他能在品味美食的时候更注重品味就餐的环境。他能在空余时间探访乡村田野,在享受美丽景色的同时,更让内心平和、安宁……生活是人生的中心,学会审美就是学会生活。

至少能让学生将来在艺术面前表现出由衷的神往和尊重。他在文物面前,懂得如何欣赏的同时自觉地保护人类文明的结晶;能够自觉自愿、随时随处地走进美术馆或者博物馆去感受灿烂文化的精髓;能主动地传承民间艺术……让生活中的一切都指向人性,都温润、纯粹,能引人向上、向善!

至少能成为学生长大以后不可缺少的“知己好友”,当语言不足以表达情感的时候,他能调用美术的经验,将快乐、忧愁以及渴望等表达出来,让美术表达成为他生活中不愿舍弃的重要组成部分。正如罗恩菲德所说的那样:“让艺术成为个人需要的自我表现。”①也正如马蒂斯所说的那样:“我所向往的艺术,是一种平衡、宁静、纯粹的化身,不含有使人不安或令人沮丧的成分。对于身心疲惫的人们,它好像是一种抚慰,像一种镇静剂,或者像一把舒适的安乐椅,可以消除疲劳,享受宁静、安憩的乐趣。”②

---

① [美] 罗恩菲德.创造与心智的成长[M].王德育,译.长沙:湖南美术出版社,1993:19.

② 何政广.马蒂斯:华丽野兽派大师[M].石家庄:河北教育出版社,1998:1.

那么,这样的美术课程有哪些特征呢?

一、强调唤醒学生蕴藏于心的美感经验

美,无处不在。

美,是和谐有序。和谐有序的文字,就是诗句;和谐有序的线条、色彩、形状,就是绘画;和谐有序的空间组织,就是建筑;和谐有序的音律,就是音乐;和谐有序的肢体运动,就是舞蹈……失去了美,也就失去了和谐有序;失去了美的语言和行动,那就是粗鲁,也即失去了善——一种崇高价值观的外显。所以,美是一切良好组织的思考、感觉与沟通,是一切主观和客观的统一。

1. 美感的特性

美感,就是对于美的感悟、感觉、感情。

美感,是一种生命的体验。我曾发现一名学生停留在路边欣赏容易被人们忽略的红色的、紫色的、蓝色的野花,然后用一个个小瓶子将它们分类收集起来,细心地将夹杂着的绿叶剥离,以保持色彩的纯粹,然后又将这一个个小瓶子分类装好并悬挂在窗口,听着悦耳的叮叮当当声,欢呼雀跃。显然这名学生认识了色彩,也觉察到了大自然的神奇和美妙,同时更是体验了生命中的一种美好。

美感,是一种无规范的规范,是无功利的道德的基础。美感产生于一瞬间,但取决于人长时间的审美积累,又影响着人一生的审美情趣、审美标准、生命状态和人生价值。《最后的晚餐》表现着正义与邪恶的较量,学生从中感悟着对信仰的歌颂,对忠诚的敬仰,对背叛的鞭挞;在《江山如此多娇》前,学生除了感悟《沁园春·雪》的气势磅礴之外,更为祖国的繁荣昌盛而骄傲,感受到的是与大自然的物我合一,为大自然的蓬勃生机而欣喜……人天生就具有道德情感,通过内在的自我意识或者外在的媒介督促,不断地去践行道德法则,努力成为至善的人。

2. 美感经验的唤醒与累积

教育在于唤醒。美术教育就是对受教育者美感的唤醒。

艺术是人类伟大灵魂的伟大创造,大师名作是美的探索者崇高心灵的浓缩与展示。与大师名作亲密接触,就是唤醒学生对美的感受,在学生心中播种美好的种子,使学生形成螺旋上升的经验结构,提升感受、感知以及沟通能力。这通常需要长时间的培养,并依托相应的课程体系来完成:从独幅欣赏大师作品,慢慢过渡到对一位大师的全方位解读,然后在某个时间点开始进行一个流派甚至是中外美术文化的对比与辨析。何时是下一环节的转折点,往往没有固定的时间规定,也许是一个学期,也可能是一年,这通常看教师和学生之间建立起的默契,没有计划,只有心灵的感应,正因如此,使得这种欣赏显得特别有生机,有灵动的韵味。

赏析大师名作,一定是建立在对作品的表现形式、色彩运用以及文化背景的整体感

知基础上的。学生认识了波提切利、米开朗琪罗、拉斐尔、列宾、列维坦、莫奈，认识了他们的代表作品，认识了他们作品的独特的美术语言——色彩、造型、构图，获得了审美愉悦，理解了美的规律、美的方式，这些作品背后的中世纪、文艺复兴等文化印记慢慢在学生的心中清晰了起来。当有一天，学生一起一边欣赏着提香的《拉努乔·法尔内塞》，一边沉醉在那美妙的文字"在他的作品里，中世纪的世界观、宗教信仰、伦理道德观念荡然无存，展现在人们视野里的是：喧闹野性的'酒神舞蹈'、梦境般的'天上的爱和地上的爱'"，一个学生突然叫了起来："啊，提香，他在中国美术馆。"此时，教师应当感到一种由衷的教育幸福，因为学生已经关注到中国美术馆正在展览提香的作品。这是何等的快乐，因为这就是审美教育的成功——学生已经自觉地进入美术馆，进入美的世界中，并自觉地关注它、享受它。这是一种发自内心的审美自觉，它是引导人们走向高层次文化领域和高品质生活的开端。我多么希望有更多的学生喜欢这种生活，有享受艺术的愿望，并在艺术的熏陶下过着更为幸福的、诗意的、美好的审美人生！

此时，教师和学生都能感觉到学习的转折点就在这里，应该进入下一个环节的学习了，应该进一步去探寻大师们的足迹了。"老师，你对达·芬奇了解多少？"一个学生开始发问。"我跟你们一样，也刚刚认识达·芬奇。"教师不从自己对达·芬奇的已有认识出发，而是跟学生一起进行一场求证式的欣赏，希望学生从未知概念出发，进行一场发现式的探索之旅——带着一种初次见面的新鲜感，去探寻、研究、发现未知的这个人以及他的世界。这无疑是符合儿童认知规律的、站在儿童的立场上的教育方式，也是儿童认识世界的方式之一。这种学习方式让学生发现了"原先不曾看到的别样风景"，因而始终保持好奇心，继而一起从中不断获得和享受发现、表现的喜悦。学生们的认识是何等的深邃而有活力，如学生赛超对作品《蒙娜丽莎》的评述：

> 人醉了，梦亦醉了，醉了多少人的灵魂，一醉就是千年美丽。是什么具有如此大的魔力？达·芬奇的《蒙娜丽莎》！……一丝不易让人察觉的微笑，让人翻来覆去地咀嚼，满口的甜蜜在唇齿之间游弋……那卷曲的头发，像瀑布，那头发并不厚重也不蓬乱……达·芬奇啊！山水装饰了你的画，你装饰了别人的梦，可谁来装饰你的心呢？

赛超的评述从造型、色彩、构图乃至情感等方面入手，用优美有序的文字对《蒙娜丽莎》进行了诠释，这就是美感经验累积的结果。这种体验与分数无关，与炫才无关！它只是把人的自然属性与社会属性，人的感性与理性，人的现实性与超越性充分协调起来，让感性和精神力量尽可能地和谐。事实上，学生的表达语言是如此丰富，他们或是窥视画家的内心，或是作为一个艺术评论者，对绘画的用色给予"批评指正"，或是站在艺术史学家的高度，对艺术发展各抒已见。再如学生张超在欣赏莫奈的《日出·印象》之后所写下的文字：

> 朝阳懒懒地将光芒斜照在海面上，使大海露出了一阵阵红晕，像一个羞怯

的女孩。天边落下丝丝蓝光，海与天便连成了一体。这时如果将手伸进海里，一定有一种温暖的感觉吧！太阳努力地想跳出海面，但那阵浓浓的雾拖着它，就这样，一切便变得朦胧而又雅致。几只小船缓缓地、静静地荡在海面上，引起串串涟漪。而海边的建筑已经全部在大海中留下了美丽、虚幻的倒影，时不时地被那些小船打搅而颤悠起来……风，似乎从画面上迎面吹来，大海的味道越来越浓烈了。

又一个转折点已经来临，这时学生的美感经验开始与感觉经验和情感萌动紧密相连，大师作品的独幅欣赏已经不能满足学生的需要，学生更愿意接触组群作品、流派作品乃至进行中外美术文化之间的比较研究，于是，美术课程“从达·芬奇看开去——文艺复兴时期美术作品赏析”又开始了……

美感的唤醒与积累的另一条路径就是欣赏东、西方民间艺术，因为它能培养学生的审美鉴赏力。它将教会学生以什么样的姿态对待自己的民族文化，该继承什么，该遗弃什么；引导学生思考以什么样的姿态对待世界文化，该拿来什么，该回避什么。

无论是中国的，还是西方的，但凡在千年历史的洗涤下仍然光彩照人的、具有永恒生命力的作品，必定就在于它是美的化身，保存了人类最多、最丰富的关于美、真、善、爱的创造，保存了人类最多、最丰富的关于美、真、善、爱的价值，是人类价值体系承上启下的最坚实、最完善与最可信赖的纽带，对人类的生存与发展起着永恒的价值导向作用。

二、强调发展学生情理互生的审美意识

审美意识是主体对客观形象的美学属性的能动反映，包括人的审美感觉、情趣、经验、观点和理想等。美术教育的目的就是通过训练和实践，培育、强化与发展学生的审美意识，从而逐渐内化为学生稳固的习惯乃至品质。

1. 审美意识与人的成长

学生在美术学习中可以体验审美的愉悦。美术教育在发展学生的理性的同时，能够培育他们的感性。感性对于人的成长而言，并不比理性的发展来得次要，也并不应被轻视。只有通过审美来培养学生发现美的眼光，学生才能更好地发现自然之美，发现艺术之美，发现科学之美，发现衣食住行等生活之美。

2. 审美意识的发展与培育

发展和培育学生的审美意识，不应局限于引导学生欣赏和感受如颜色、线条、空间等美术表现形式，而应引导学生将理性的智的欣赏和感性的情的欣赏融为一体，建立个性化的欣赏标准，这将决定学生对待美的态度，也将决定他对一般事物的态度，那就是以审美的眼光看待世界，欣赏生活。美，是世界观的一部分。

三、强调激发并保持学生与生俱来的创造能力

创造，是无中生有，是首创。美，是创造的源泉。只有美，才能引起学生的审美共

鸣，才能激发学生的想象力和学习兴趣，使创造性活动变成一种激动人心的智力探索，一种愉快的审美享受，一种怀着希望的思想之旅。美术方面的创造能力通常包括丰富的想象能力、敏锐的观察能力、多向的迁移能力、新颖的独创能力、流畅的表达能力等。

1. 创造能力与生俱来

人们通常认为创造能力可以在支持性的环境下，通过后天训练得以加强和完善，“培养”一词的广泛运用也许能说明这一问题。但我认为每一个人天生就有创造能力，有没有保持并提升则是培养创造能力的关键。这犹如人的大脑深处有无数个抽屉，创造能力就是其中一个抽屉中的储存物，随着人的诞生和思维发展一同被打开，由于创造能力的形象性，往往最早被发现继而受到重视与开发。但随着人的心智水平的不断发展，语言能力、逻辑能力、数学能力等慢慢被强化，换言之，其他抽屉不断被打开，并且越来越大，而创造能力则被弱化，甚至被遗忘，认为这个抽屉从没有被打开过，或者根本就没有这个抽屉的存在。在这一思想的暗示下，很多人慢慢地中断了创作活动，这就是很多人在成年以后丧失了上苍赋予人类最为宝贵的财富——创造能力的原因所在。

《我与凡·高试比高》
袁吉同学

2. 创造能力的保持与提升

《我与凡·高试比高》
包佳乐同学

学生天生就有抽象的创造性思维，它存在于学生思维发展的每一个阶段，但通常会被忽略。因为它不是依靠装载得以充实，而是依靠不断的流动来激活，流动的快慢与激活的程度成正比。这种流动的、抽象的创造性思维不是教出来的，而是玩出来的。因为当一个学生在轻松的环境中玩耍时，他的思维是灵活的、主动的、发散的，同时也是最活跃的。为了顺利地玩，他会不自觉地将以往的经验应用到玩耍中；为了玩得更好，他会主动探索未知的世界；为了玩得与以往不同，他会积极地创造出前所未有的新经验。通过这些活动，他建立起了自己的体验和认知体系，这就是创造性思维的引发。

美术教学活动“玩转色彩”，就是请学生在准备好的一些方形纸片上涂抹自己最喜欢的颜色，随心所欲地组合、创造自己认为合理的、美丽的图画。在这一过程中，学生还会寻找一定的参照对象如同伴的作品，或者请教老师，以不断调整自己的想法来组合成各种不尽相同的“怪异”画面，直到他们认为达到最满意的效果。在这一过程中，他们的思想和动作很灵活，他们不在乎配色的合理性，这些

"怪异"的组合对学生来说是完美的、具有创造性的作品。这也是创造能力和逆向思维的典型表现。因此，思维因为没有知识的干扰而显得异常活跃和开放，创造性因为没有受到固定规范的限制而保留了。美术教学活动"我与凡·高试比高"，我们在教室里准备了很大一束的向日葵，插在一只"凡·高式"的陶罐里，请学生们创作一幅属于自己的《向日葵》。仅仅十分钟，学生们的作品便跃于纸上。通过分析、比较自己的作品和凡·高的作品，学生们最后的结论是："是我学大师？还是大师在学我？"这是一个有趣而且值得深入探讨的问题。所以，成功的美术教学的关键在于帮助学生在儿童期的游戏状态和成人期的智慧自觉中找到平衡点，进而愿意继续进行自己的创造性活动。

美术教学活动"畅想春天"是基于学生对色彩与印象的理解，围绕自然美和艺术美共同的美感和不同的表现方式展开。在这样的活动中，学生的许多生活经验和个人情感及爱好都能被激活，使之获得再创造的能力，顺应了他们身心发展的需要。在"道边残雪护颓墙，城外柔丝露浅黄。春色虽微已堪惜，轻寒休近柳梢旁"的诗句中，他们发现了春天；在波提切利的《春》中，他们看到了西方画家形色交融的造型艺术；在对中外画家作品的比较中，他们看到了，也懂得了中国画家与西方画家在表现技法上的不同，中国画家含蓄、委婉，西方画家直接、明了，这与民族性格、文化传统息息相关……

大自然是万物之始，是一切创造活动的原型，如植物的根、茎、叶等包含着无数审美法则：树叶的对生与杂生包含着对称与均衡美，树叶的阴阳向背包含着色彩的变化与统一的美，藤蔓缠绕中又蕴含着节奏与韵律的美，树叶的造型不一、色彩多变以及变幻莫测的叶脉纹理，或似牛羊，或如瓜果，或藏人形……细看叶脉，不由得使人们相信：大自然偏爱树叶，将众多审美法则置于树叶一身，让它美妙绝伦。曾有一段时间，学生常徜徉在树叶带来的无限愉悦中，将课余时间收集的形状各异、色彩斑斓的树叶夹在书中，然后根据树叶的外形、色泽、纹理，大胆构思，追求形式和内容的多样化，见智见仁，迁得妙想。看似简简单单的摆弄，这摆弄中却蕴含着丰富的审美知识，学生在此过程中学会了合理构图，懂得了形象的主次安排，掌握了造型的概括、简约、夸张、变形的技巧，了解了配色原理，能自如地在同种色配色、对比色配色中累积有关色彩的知识。更重要的是，学生从中获得了源于自然的启示和感悟，获得了人类最宝贵的财富——奇思妙想。

爱因斯坦说："想象力比知识更重要。"生活中皆是知识，放眼都是求知的途径。但是，如果想象力丧失了，就永远找不回来了。因此，重要的不是获得知识，而是发展思维能力，美术教育是发展学生想象力的重要途径。教师与学生在萨尔瓦多·达利的《记忆的永恒》等作品中学习改变事物正常的逻辑关系，尝试用大头针、铆钉、长尾夹、调羹甚至大头贴来创作祖国的地图。教师与学生一起讨论美国城市雕塑家克莱斯·奥尔伯格的雕塑《衣夹》等，学习通过改变事物的正常比例来获得幽默、奇异的审美感受，一起为校园设计了"流动"的钟表，并利用投影技术投放到学生想要的任何一个地方——校园大楼的墙面上、操场的草坪上，甚至是小河里。教师与学生在毕加索用旧自行车座和车把手创作的《公牛头》中寻找灵感，也让自己的双手充满点石成金般的魔力：倒置的食用油桶配合几粒纽扣，便是活灵活现的人物；几棵生姜摆一摆，就是当街对弈的老爷爷。此时教师可以自豪地告诉学生："你真是太棒了，因为你的行为正在向所有人证明，你有着别人无法比拟的创造力，并正在通过你的行动点燃创意的火花，真希望你能认认真真地对待你的创意，这样它也许会燃烧成创意的熊熊火光。"所以，作为教师，请不要忽视每一次教学，也许一次创意教学会让学生萌生出无数个富有创意的点子。

有人说："什么是素质？素质是一个人在若干年以后，将学校里学来的知识忘得一干二净以后，所剩下的东西。"如果套用这句话来说明美术教育的作用，那就是一个人在若干年以后，将学校里学来的美术技能忘得一干二净以后，剩下的有关美的意识、态度、经验、理想。它既包含生活层面的，又包含精神层面的，它不是一门简单的教授技术然后附带一些道德情感教育的课程，而是肩负着使学生成长为生活完满、身心健康的人所必需的道德价值判断、创造能力、审美经验和态度等素养培育的重要责任。即通过美术教育，人们在这个丰富多彩的价值世界里学会选择，学会创造，进而学会艺术化地生活。

第三章　美术课程重构的操作与实施

第一节　美术课程重构的基本内容

基于审美人生教育的美术课程重构，是指在培养“全面发展的人”的理念指导下，审视物型文化、德育文化、学科教学等，围绕提升学生审美素养这一目标，以美术教育教学为基础和主线，统整课程内容，引导学生通过选择性学习和自主建构，通过课程内涵、课程结构、课程资源和课程形式的重构，提升审美素养，为他们一生成长奠基。其基本特征有：在内容上，以教材为基础，依据学生心智成长规律，与其他学科整合，与生活整合，聚焦对生活美的感知能力和创造能力，彰显聚能性；在方式上，统整和重组教学内容，进行主题化教学，彰显简约性；在功效上，关注核心素养和关键能力的培育，彰显生长性；在目标上，以美育人，以文化人。

一、课程内涵重构

审美教育的主要途径是艺术教育，美术教育又是艺术教育的重要组成部分，虽然三者的内涵和外延不一致，但其根本性质、目的和任务则完全一致，都是指向学生审美素养的提升。学生的审美素养包括六项基本内涵：

第一，主动的审美意识。学生愿意参与审美活动，明确学习活动的目标，接受自然物象的色彩、形状、肌理所传达出来的审美特征，如清澈、秀丽、壮观、优雅、洁净等，从中感受到美，并且愿意以这种感受来创造美好的生活。

第二，积极的审美体验。学生积极投入学习，通过对物象的观察，体验它的造型美、色彩美、细节美，并将这种体验转化为情感、想象、联想等心理因素，继而学会审视、体味与理解物象，犹如刘勰所说的“登山则情满于山，观海则意溢于海”，也像杜甫所说的“感时花溅泪，恨别鸟惊心”，继而获得丰富的生活体验和感情积累。

第三，扎实的审美知识。学生通过系统学习，在掌握一般性美术常识和美学知识的基础上，了解和学习某一美术门类的专业基础知识和基础美术史。事实上，离开了必要知识的审美活动是盲目和低水平的。

第四，完整的审美能力。学生通过美术学习，挖掘物象的秩序美、均衡美、节奏美，表现它的变化美、力度美、稚拙美，继而归纳出美的规律和法则并进一步内化，成为一种审美标准，在将来自觉或者不自觉地按照这一审美标准去生活。

第五，系统的审美思维。学生在学习过程中，逐步学会观察方法，获得形象思维；用个性化的美术语言表达对物象的认识、理解，形成理性思维；调用形式美感原理等进行创作，逐步向逻辑思维靠近；学会留白等方式表现意境，以增强艺术效果，形成哲理思维。

第六，2～3项美术爱好。如果说审美知识是普适性知识，那么美术爱好则是专业性知识，可以为学生深度研习及创造美好生活提供有力支撑。

二、课程结构重构

1. 指向“供需矛盾”的课程结构重组

要想培育能够欣赏美、创造美、感受美的学生，必须通过课程找到美的形态与学生心智成长之间的关系，解决与学生渴求美之间的“供需矛盾”的问题，让拓宽了的美术课程为学生提供足够的选择空间和发挥空间。因此，美术课程应在以管理为切入口的国家课程、拓展课程、特色课程的基础上，遵循教育目标，进行课程结构调整与重组。

（1）国家课程

国家课程是以国家教育方针为方向的教育教学实施指南，也是培养国家栋梁的基础工程。基于审美人生教育的美术课程重构，必须以国家课程为主，既包括绘画、雕塑、建筑、工艺美术、书法等传统课程，也包括摄影、影视、动漫、环境设计、3D绘画等新兴视觉艺术门类和形式。基于审美人生教育的美术课程重构应紧跟时代发展的需求，既夯实学生的审美基础，又拓宽学生的审美视野；既实现美术技能与现代科技的勾连，又实现学生学习兴趣激发与审美感知能力的融合。

（2）拓展课程

这是在国家课程基础上拓展和延伸的课程。对国家课程进行有效补充是必要的，也是必需的，这与国家课程的特点有关：一是前述性，国家课程融聚了人类文明的文化结晶以及对未来的展望，但当下社会经济文化的跨越式发展往往超越了国家课程的预设范畴，所以需要及时迭代和更新；二是全融性，国家课程面向的是全国各地的学生，所以必须兼容各地区、各民族的所有文化，优点是全面和普及，但也让地方文化失去了传播、传承的最佳途径和机会，所以需要根据地方需求进行补充和完善。美术课程的拓展方向包括美术语言、表现方式、审美形式、文化情境、综合表达等，以此构建丰富又有趣的美术教学内容，在充满审美意蕴的美术学习中，帮助学生获得观察、理解、创造美的思维方式和能力。

（3）特色课程

如果说拓展课程面向的是社会、时代、民族，那么特色课程面向的则是学生个体的需求和发展，旨在体现“面向全体学生”“培养全面发展的学生”的教育目标，所以特色课程是自主开发、服务学生个性化发展需求的课程。对于美术而言，特色课程包括以下三个方面：一是直接指向学生个体成长所需的课程；二是基于教师的特长和爱好设置的课程；三是以学校和社会特色发展为基本任务的课程，其主要目的是传承特色文化。

2. 指向“素养提升”的课程结构重组

审美素养，是观察、思维、表达协调一致的心理活动的综合体现。培养具有审美素养的未来公民，已经成为国家重要的教育战略和教育方针。培养具有审美能力的人，既是美术教育的任务，又是美术教学的抓手。以“素养提升”为指向的美术课程结构重组是根据学生心智发展水平，根据国家课程标准，对学科教学、学校德育、物型文化建设等进行梳理、整合，具体实施路径包括以下三条：一是通过博物馆课程、智慧欣赏课程，唤醒审美之眼；二是通过跨界融通课程、生活主题课程，开发审美之脑；三是通过实践体验课程、学校文化建设参与课程，练就审美之手。三大路径互为基础，相互推动，形成螺旋上升的结构状态，培养学生的审美感知能力，提升学生的审美判断，增强学生的审美创造，提升学生的审美素养。

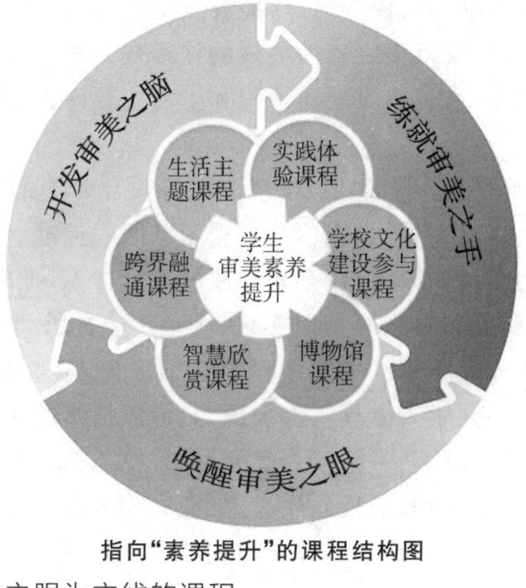

指向“素养提升”的课程结构图

（1）以唤醒审美之眼为主线的课程

审美素养的提升，首先要唤醒学生审美的眼睛。以唤醒审美之眼为主线的课程，是在国家课程、拓展课程、特色课程的基础上，构建的博物馆课程和智慧欣赏课程等，目标是帮助学生感知生活之美、艺术之美。

博物馆课程是指在博物馆内进行的，利用博物馆实物和知识体系开展的综合探究课程，旨在培育学生的审美感知能力，既立足当下，又面向未来。博物馆课程的开展依靠的是地方文化，所以学校要与地方博物馆、美术馆建立良好的合作机制，充分利用场馆中的“教学部”进行现场情境沉浸式教学，如博物馆的每个场馆每隔一段时间就会设置主题展或特色展。学生通过观摩学习这些展览，能在大量精美的实物和完善的专业知识体系学习中，获得审美知识，萌发审美兴趣，提升审美动力。地方美术文化欣赏课程是借助于展示地方文化特色的场馆，进行本地美术文化的学习，帮助学生探索、发现地方美术文化的特色和审美意蕴，感知生活之美。

智慧欣赏课程，是借助移动终端进行的欣赏课程，旨在帮助学生在欣赏古今中外经典艺术作品的过程中，培育图像识读能力和文化理解能力，提升审美能力。如欣赏名家名作，学校通过开设“百幅名画欣赏课程”“博物馆课程”等智慧欣赏课程，帮助学生了解世界经典美术作品，涵养审美情趣，提升审美品位。又如比较欣赏中西美术文化，学校通过探寻古今中外经典美术作品的异同点，开发相应课程，帮助学生掌握审美方法，提升审美品鉴能力和水平。

（2）以开发审美之脑为主线的课程

根据脑科学理论，脑潜能的开发需要借助丰富的审美活动，因为丰富的审美活动能够解放学生的手、口、眼、耳，帮助学生在各种活动中最大限度地解放感官。此外，丰富的活动形式能为左脑和右脑的协调沟通、潜能开发提供多种多样的刺激信息，从而为学生的创造赋能。因此，以开发审美之脑为主线的课程在开发并提升学生脑潜能的同时，能顺应学生的天性和兴趣，通过跨界融通课程和生活主题课程，提升学生的审美表达能力和创造能力。

跨界融通课程，就是打通学科壁垒，与其他学科联合开展的课程，主要包括学科联合课程、艺术与心理课程。学科联合课程是依据国家课程标准，分析教材，寻找与语文、音乐、历史、生物等其他学科的联系，以多元开放的教学样态，把问题以课程的形式进行串联，为学生提供一种稳定和熟悉的物型文化，满足学生的好奇心，整体提升学生的审美品质。艺术与心理课程在当下的学习课程中必不可少，学生的心理健康已经成为不容忽视的重要教育问题。艺术天生具备舒缓压力、释放情绪的作用，根据学生身心健康的特点，以有序的、有指向性的艺术活动为媒介，充分挖掘艺术的节奏、韵律、色彩、意蕴等形式美，对学生开展情绪管理、心理品质、思维能力等方面的积极性心理干预，让艺术的形式美成为学生的“心灵按摩师”，引导学生追求真、善、美，进而培育其良善的心理，形成美好的人性。

生活主题课程是指在国家课程标准的指引下，根据教材分析、学情分析，创设一个贴近学生生活的主题，围绕这个主题组织课程内容展开学习，其优势是解决因课程内容碎片化而导致的重复投入、高耗低效等问题，最大限度地串联起审美素养提升所必备的知识和技能，激发学生的学习兴趣。

（3）以练就审美之手为主线的课程

审美素养的提升是创造美好生活的前提和归宿。构建实践体验课程和学校文化建设参与课程旨在培养学生体验美好幸福感受的能力和素养。

实践体验课程重在与生活紧密联系，学生通过身临其境的操作、体验和感受，感知美的丰富和微妙，继而产生独特的领悟和认识，在积极的情感体验中提升想象力和创造力，提高审美意识和审美能力。例如 DIY（亲自动手做）课程具有丰富的课程形式，如陶艺艺术课程、摄影艺术课程和沙画艺术课程。陶艺艺术课程旨在引导学生体验艺术品产生的过程，收获对美的感悟和认知。摄影作为最快捷的艺术作品呈现形式，越来越受到学生欢迎。摄影艺术课程旨在帮助学生发现生活中的亮点，培养学生审美的眼光，在构图、色彩等美术技法的支撑下，创造美的生活。沙画艺术课程旨在帮助学生借助沙子这一特殊的材料，表达中国画的灵动、油画的厚重，既体现东方艺术的神韵，又展现现代艺术的风采。

学校文化建设参与课程是指在学校的物型文化和精神文化构建的过程中，引导学生积极参与，主动作为，学以致用，激活创造力，端正审美情趣，树立正确的审美观、价值观，提高审美能力。例如校园物型文化课程，学生通过策划与设计学校中的雕塑、植物说明牌等地标文化，书画长廊等走廊文化，教室内外等墙面文化，学习审美气氛营造的方法。再如图文创意设计课程，学生通过调用摄影、文学、艺术设计等知识，参与学校中的艺术节、书香节、民俗节等节日活动以及综合实践活动的海报、标识、展示等图文创意设计，表达创意，展示成果，美化生活，全面提升审美能力。

三、课程资源重构

吴刚平认为："课程资源有广义与狭义之分。广义的课程资源指有利于实现课程目标的各种因素，狭义的课程资源仅指形成课程的直接因素来源。"[①]因此，从课程目标实现的角度来看，凡是对实现课程目标有利的因素都应该归属于课程资源，具体地说应该包括学习资源和教学资源。"学习资源是指支持学习的资源，它包括支持系统、教学材料与环境"[②]。教学资源是指那些可以提供给学习者使用，能帮助和促进他们学习的信息、技术和环境。由此可以将美术课程资源理解为是有利于美术课程目标实现的，在课程设计、编制、实施和评价等整个美术课程发展过程和学生学习过程中可以利用的一切人力、物力以及自然资源的总和。

还有一种比较普遍的分类方法，就是将课程资源分为校内资源和校外资源。校内

① 钟启泉，崔允漷，张华，等．为了中华民族的复兴 为了每位学生的发展：《基础教育课程改革纲要（试行）》解读［M］．上海：华东师范大学出版社，2001：402．

② ［美］巴巴拉・西尔斯，丽塔・里齐．教学技术：领域的定义和范畴［M］．北京：中央广播电视大学出版社，1999：34．

资源是在学校环境内展现并运用的资源，主要有文本资源、实物资源、活动资源和信息资源。文本资源主要是指教材及相关文字资料。教材记录着人类的思想，蕴涵着人类的智慧，保存着人类的文化，延续着人类的文明，从古到今，它一直是最重要的课程资源，但绝不是唯一的课程资源，除教材之外，名家的作品集等也是重要的美术文本类课程资源。实物资源包括自然物质（如动植物、山川等）、人类创造出来的物质（如建筑、服饰、工艺作品等）和为教学活动专门制作的物品（如范作、标本、挂图等），实物形式的课程资源具有直观、形象、具体的特点，是美术综合教学活动中最常用的课程资源。活动资源是美术课程资源中常见的一种，它包括学生社团活动、美术展览、社会调查和实践活动等。信息资源也可以称为前网络时代课程资源，包括美术资料、影视作品、历史知识资料、地理风貌图片、民间传说资料等。校外资源是在校外的、需要通过协调所得到的资源，包括美术馆、图书馆、公共博物馆、私人博物馆、艺术家工作室和艺术作坊等。

无论是校内资源还是校外资源，都并不等于课程本身，只有那些真正进入课程，与教学活动联系起来的资源，才是现实的课程资源。因此，要发挥课程资源的教育价值，就需要对课程资源进行合理而科学地开发和加工，更为重要的是进行课程资源的重构。

基于审美人生教育的美术课程资源重构，旨在以学生为本、以核心素养为本，探寻一切能促使美术教学活动顺利、有效开展的资源并使之发挥最大的价值，最大限度地作用于美术教学活动，使美术教学活动场地从室内迁移到室外，教学内容从技能技法扩展到美术文化领域，使美术教学活动具有更深、更广的教育内涵。

1. 从接受到开发，实现理念重构

教学的先行者往往极为重视对资源的利用。例如，著名儿童教育家、情境教育创始人李吉林老师无数次带着学生走进乡村田野，去感知春种秋收、月圆月缺、花开花落，自然天地就是她的课程资源。她上公开课的时候故意迟到，学生为她担心不已，她姗姗来迟后请学生将各种担心、对听课者的观察和揣摩等写下来，构成了充满生活气息又生动无比的作文，社会生活就是她的课程资源。一切可为教学服务的，都是李老师取之不尽、用之不竭的课程资源。但是很长一段时间里，许多教师没有课程资源的概念，即便有，那也是较为固化的，它几乎等同于教材，最多拓展到教学参考资料。此外，长期以来，教师认为资源的建设者是专家和学者，作为教师的责任是用好、用足资源，而非建设资源，因此始终处在被动地等待和接受的状态中。基于审美人生教育的美术课程重构，追求的是从接受到开发的理念。

从接受到开发，是主动获取资源。这个前提条件是资源已经存在，教师可以根据需要搜寻和抓取。例如地方美术资源，它最具魅力的地方就在于真实与亲切所带来的身临其境的感觉，这远比画册、影像资料更具有强烈的视觉冲击，而且地方美术资源往往丰富多彩，各具特色。以南通为例，特定的地理、历史环境造就了南通美术文化的久远性、兼容性、互补性、开放性，有狼山及其建筑群，如皋定慧寺，海安新石器时代的青墩文化名胜古迹；有“空中交响乐”之誉的南通哨口风筝，被评为国家非物质文化遗产的蓝印花布，南通沈绣，跳马夫服饰，如东农民画，通派盆景等民间艺术珍品；有南通博物苑、南通纺织博物馆、南通蓝印花布艺术馆、张謇纪念馆、南通民间艺术馆、南通个簃艺术馆、沈寿艺术馆、南通体育博物馆等博物馆群；有李方膺、王个簃、袁运生、袁运甫、范曾等著名的书画家人文资源。这些资源能够帮助学生认识家乡南通，理解南通传统文化思想，体会南通劳动人民辛勤的劳动和高度的智慧，在感受南通艺术之美的同时传承和创新。当然，教师也可以到网络中去寻找资源，当下发达的网络为课程提供了最前沿的资讯，为美术教学提供了极大的便利，发挥着无可比拟的作用。教师可以把一切可以利用的资源收入“美育行囊”之中，建立自给自足的资料库，当面对不同的教学内容时，就能淡定自若，并有效提高教学品质。

从接收到开发，是主动建设资源。这部分资源是原先没有的，是教师根据教和学的需求进行重新建构的。它有一些基本的特点：一是针对性，就是根据教学需要、学生需要、美术技能学习需要而建构。二是便捷性，它往往短小精悍，大多数都是为其中的某一个知识点而建构。三是多样性，建构者的角色不同，建构的工具不一样，效果也就不一样。当下的微课制作就是其中一个主要建构的资源类型，它的形式是自主学习，目的是获取最佳的教学效果，形式是流媒体，内容是某个知识点或教学环节，时间是简短的，本质是完整的教学活动。

2. 从教材到生活，实现内涵重构

课程资源不等同于教材，教材是课程资源的一部分。以往的美术教学常偏重于对美术教材、技能技法、实物、活动等显性的、便捷的课程资源的利用，忽视对学生的能力与素质、环境、师生关系等潜在、隐性的课程资源的利用，导致课程内容往往远离学生的生活，阻碍了学生对美术的认识和理解。因此，课程资源要从教材到生活进行重构，以丰富课程资源的内涵。

一是追寻广度。生活中蕴含着丰富的教育资源，既有文本资源，又有实物资源，既有活动资源，又有信息资源……教师应把这些资源形式有机地与教学相结合，以实现教学内容的多样，教学形式的生动，教学效果的有效。比如南通哨口风筝，其课程资源就不仅仅是教材上的几张图片，而是有诸多类型：有实物资源，风筝博物馆中大量的风筝实物，在实景的映衬下，充满了强烈的视觉冲击；有影像资源、文字资源，能够帮助学生了解南通哨口风筝的历史、文化和特色；有名家资源，南通郭氏风筝的传承人热心公益教学，直接指导学生进行风筝的扎制、描绘，当活动结束时，学生放飞自己扎制、描绘的风筝，那种快乐不言而喻，教学得以充分延展。

二是力求深度。教学的深度源于多重维度的有效综合，有思想的解读，有文化的挖掘，有思维的拓展等，这些都离不开对课程资源的深度挖掘。以“雕塑欣赏”为例，各个历史时期的中国雕塑艺术特色各异，除了了解各时期的雕塑艺术特点外，还要了解形成这些特色的历史、经济、军事背景以及当时人们的世界观、自然观和价值观等文化成因。同时，还要与西方雕塑进行比较研究，这样才能让学生在世界文化的发展范畴内，了解作品与时代背景、艺术特色、呈现方式之间的相互依存又相互促进的关系。

3. 从教师到学生，实现主体重构

李吉林老师在总结情境教育经验的时候说："我深切地感受到老师们不仅仅是在运用情境教育，而且是在充分施展才能、运用智慧，自觉地开发着富有特色的情境课程，进而甚至带动了学生们都投入课程开发的热潮中。"①她在强调教师是课程资源开发的主体的基础上，又特别提到"带动学生"一起进行课程资源的开发，也就是说，课程资源开发的主体既是教师，也是学生。我赞同李老师的观点，原因有二：一是课程资源开发的主体必然有教师，因为教师能鉴别、开发、积累和利用课程资源，但教学的主体是学生，课程资源使用的对象也是学生，只有学生参与资源的开发，才能更加贴近学生。二是学生本身也是课程资源不可缺少的一部分，学生主动地、有创造性地利用一切可利用的资源，为自身学习、实践、探究服务；学生的兴趣也是一种资源，教学必须与学生的兴趣结合起来；学生之间的差异也是一种资源，如果在教学中引导得当，学生可以共享差异，在差异中丰富和拓展自己。因此，基于审美人生教育的美术课程重构注重从教师的课程资源开发向学生的共同参与转变，以实现课程资源开发主体的重构，主要途径有以下三条：

一是引导学生基于同伴素养的角度开发课程资源。由于所处的地区不同、就读的学校不同，学生的美术素养、知识迁移的能力、接受和理解美术课程资源的能力也不同。在开发课程资源的过程中，教师应引导学生思考如何兼顾同伴的学习状态去开发资源，在解决学习问题的同时，努力靠近共同的最近发展区，这不仅影响到课程资源的内容选择，还直接关系到课程资源开发的深度和广度。

二是引导学生基于自身素质的角度开发课程资源。为了提升学生的美术素养，教师不但需要了解全体学生的共性知识，还要兼顾他们之间的个体差异，开发能激发学生个体潜能的课程资源，进而因材施教。这一理念也同样适用于学生自主开发课程资源。

三是引导学生基于群体兴趣的角度开发课程资源。着眼于学生自己的兴趣爱好进行课程资源的开发，从某种程度上说是最适合学生的，学生也最愿意参与进来。因此，开发美术课程资源要充分利用美术课程广纳博收的特点，帮助学生发现自己的兴趣，以建设儿童化、综合化的课程资源。这些课程资源是学生自己开发的，而不是简单地把教师眼中的课程资源倒到学生的"知识容器"里。这也是一种教学方式，而这种教学方式本身也是重要的课程资源。

4. 从校内到校外，实现空间重构

以往，美术教学仅仅局限于课堂，课堂是课程资源最重要的载体，存在美术教学专

① 李吉林. 为儿童的学习：情境课程的实验与建构[M]. 北京：外语教学与研究出版社，2008：457.

用教室利用率低，缺少相应的图书馆和参观场所等问题，美术课程的研究性学习、实践活动等难以开展，学生的综合能力难以提高。事实上，从课程资源的来源来看，美术课程资源十分丰富，既有校内课程资源，也有校外课程资源。

校内课程资源包括：校内的各种场所和设施，如校园环境、美术教室、图书馆、电脑房等；校内的人文资源，如有专业特长的教师群体、学生美术团体等；与美术教育教学密切相关的各种活动，如美术欣赏讲座、学生美术作品展览、美术兴趣小组活动等；与美术学习相关的学科知识、课外知识等。校内课程资源是实现美术课程目标，促进学生全面发展的最基本、最便利的资源。

校外课程资源包括家庭、社区乃至整个社会中可用于美术教学活动的资源以及丰富的自然资源。家庭中的图书、报刊以及家长都是不可忽视的课程资源。美术馆是美术课程资源的重要来源之一，它对开阔学生视野，加深学生对美术的理解有极大的帮助。此外，乡土资源在美术教学活动中也极为重要，主要是指学校所在社区的自然生态和文化生态方面的资源，包括乡土历史、民风习俗、传统文化等。

值得注意的是，教师首先要着眼于校内课程资源的开发，没有校内课程资源的开发，校外课程资源的建设就成为奢谈。

5. 从学校到社会，实现区域重构

校园是学生学习、生活的主要场所，教师应合理地利用户外、教室等场地，创设多彩的校园文化，以促进学生审美能力的提升。例如学校的开放书吧和图书馆，有极为丰富的资料，包括美术理论书籍、美术作品集、美术杂志、艺术家传记等，这就是学生随手即得的课程资源。又如校园中展示美术作品的场所，既可以美化校园，营造艺术气氛，丰富校园文化，也有助于提高学生学习美术的兴趣与鉴赏艺术的能力……这些就是李吉林老师笔下记载的“丰富而又热烈的课程资源群像”。

校外资源早已融入学校的美术课程资源之中，在丰富学校课程资源的同时，开拓着学生的视野，帮助学生自觉走进社区，走进场馆，欣赏艺术美和生活美，主要包括三种类型：

一是公共文化设施。主要包括各地众多的美术馆、公共图书馆、博物馆等。在这些公共文化设施中有大量的美术作品、文物、美术文献资料以及美术讲座等美术活动，为学校美术教育提供了丰富的物质资源和精神资源。各地的青少年宫、文化宫也为学校美术教育提供了多样的活动场所与活动类型。因此，中小学应与美术馆、博物馆、青少年宫等携手，开展多种形式的美术教学活动。

二是文物资源和自然环境。主要包括各地的文化遗产，如宗教建筑、园林、名宅等；城市的环境艺术，如公共雕塑、建筑等。此外，自然景观、自然材料等也是美术课程的重要资源。教师可以根据美术课程的需要，与社区携手，充分利用当地的文物和自然环境资源，尤其是当地的世界文化与自然遗产，开发教学内容，设计教学过程，开展教学活动。

三是艺术家工作室和传统艺术作坊。学生参观艺术家工作室，可以了解艺术家的思想、生活以及艺术作品诞生的过程；访问传统艺术作坊，可以了解传统艺术制作的过程以及蕴含在其中的历史、文化背景。这些都是值得开发的美术课程资源。

四、课程形式重构

课程形式是指为实现育人目标而设置的课程的基本样态，传统课程形式是“一室一班一课”制，也就是在一个固定的空间(教室)中，一群固定的学生(班级)，在学习同一项课程内容。随着“互联网＋”时代的开启，“云平台”“大数据”等为美术教学的课程形式带来了多种可能性，于是课程形式发生了诸多变化，重构的理念随之而来。

课程形式重构的基本理念是基于学生个性化学习的需要。学生有必须掌握的美术知识和技能，如基本概念、分类、历史以及相应的美术表现方法，所以有必要开展共性知识和技能的学习。同时，学生又是个性化的生命体，需要个性化地开展学习，不仅可以掌控自己学习的时间和节奏，根据自己的特长、爱好选择在不同的课堂学习自己所需要的课程内容，也可以通过网络满足自己特别的学习需求。

1. 基于“互联网＋”的课程形式

“互联网＋”环境下的课程教学已经成为教育共识，许多学校正在建设智慧教室、智慧课堂，将课程资源与网络教学平台对接，构建线上学习和线下学习的混合课程教学形式，以实现教师为主导、学生为主体的自主学习模式，满足学生多层次、多类型的学习需求。

一是在线课程。在线课程已经成为教师和学生普遍接受的课程形式。如“智慧树”在线教育平台，它是全球知名的学分课程服务平台，拥有海量的大学高品质课程，支持在线跨校授课，让世界各地的学生在家就能享受世界顶级大学的顶级专家、学者开设的课程，以获得更多优质的学习资源。现在，这一理念也已经渗透到中小学，当下最流行的 SaaS 型平台的“钉钉开课”，流量型平台的“腾讯课堂”“网易云课堂”“荔枝微课”“喜马拉雅 FM”也颇受欢迎。在线课程的优势是接受群体广，只要有账号，就能登录平台，挑选自己心仪的教师、课程进行学习。同时，它还可以回看、录屏，进行无限次学习，帮助学生充分掌握知识。但是，在线课程形式也给教师带来了巨大的挑战：有知识挑战，不能有任何错误，否则一旦被抓取，便会通过网络被无限放大；有备课挑战，在线教学因为无法预知学生的学习基础和学习状态，也就无法有的放矢地进行反复讲解或者提问等常规教学，对备课提出了更高的要求；有精神挑战，在线课程连接着的双方在信息透明程度上并不对等，教师方的信息完全透明，但是学生方的信息看似透明，实际上隐藏着诸多不确定因素，教师永远不知道自己讲课的时候，网络那端听课、与自己互动的究竟是学生一个人还是一家人，抑或是一群高学历、高智商的“旁听生”。这些因素足以让教师如履薄冰、步步惊心。同时，在线课程也给学生带来巨大的考验，主要是学习自觉性方面，因为在线学习主要依靠学生自觉，学生要克服惰性以及游戏、零食等外在因素的干扰，而这何尝不是在经历成长呢？

二是微课。微课顾名思义是微型的课。微课的基本形式是视频，它的特点非常鲜明：一是着力点微小但作用巨大，它是为解决课程内容中的某个关键问题或者教学难点而设计的；二是时间短但针对性强，短小精练，精准发力，直击问题核心；三是能够弥补传统课堂的不足，微课的产生或是因为教学设施繁杂而不能在教学现场准备齐全，或是因为教学现场不能诠释和演绎情境，或是因为完成作品的时间过长而不能当堂演示，于是教师通过录制、剪辑、配音等方式，在课前提前录制，现场教学的时候播放给学生观摩，以实现教学目标。当前，微课已经由课程形式转变为课程内容，为学生自主学习提供了强有力的保障。例如，我带领名师工作室成员共同完成的与图书《百幅名画欣赏》配套的微课课程，一百二十六期微课介绍了一百二十六幅世界名画，每期五至九分钟，学生利用等地铁、坐公交的时间可以欣赏一幅经典艺术作品，从中获得丰富的人文、自然知识，涵养人文精神和情怀，并在欣赏这些名画的过程中，学会欣赏美术作品的方法和程序，形成较高的审美品位和艺术趣味，“在整体上构成了一种强大的‘教育性’和‘学习性’”①。朱永新评价说：“这是一个颇具特色的课程，这是一个颇为实用的课程，这是一个颇为丰富的课程。”②

2. 基于“学科＋”的课程形式

这是当下悄然兴起的一种美术课程形式，它类似一种大课，是在较大的空间里，由一名或者数名教师对一批学生进行集体教学。这样的课程形式主要是为了帮助这批学生共同学习一个知识要点，通常是以一门学科为主、其他学科为辅而进行的“学科＋”教学。这一课程形式适合走班教学，尤其是在美术教学中更受欢迎，因为美术学习专业性比较强，学生选课时，往往会根据自身的特长和爱好来选择，这就导致某些专业性强的课程选择的人数少，而普识性课程选择的人数多，例如美术鉴赏课程被选择的概率很大，那么教学时就可以采用这一形式。教师可提前将课件等资料发放到班级中，为学生提前了解学习流程和充分学习做好准备。

3. 基于“个性＋”的课程形式

如果说“学科＋”的课程形式是为了共性知识而进行的教学，那么“个性＋”的课程形式则是为个别学生专门开设的教学。它针对性极强，是根据个别学生的需求而量身定制的课程，这也是审美人生教育提倡并实践的课程形式，因为学生都是极富个性的生命体，尤其对美术的理解和认识更具个性色彩。例如谈洋同学，她特别喜欢用五彩斑斓

① 陈铁梅．百幅名画欣赏［M］．太原：山西教育出版社，2018：6.

② 陈铁梅．百幅名画欣赏［M］．太原：山西教育出版社，2018：3.

的颜料营造一个色彩的世界，于是教师利用社团为她打造了一个“色彩学习王国”，为她私人定制了关于色彩学习的课程，与她一起观察日落时校园的色彩变化等，帮助她尝试由“大色块表达”转为“小色点表达”，以浓烈的色彩表达畅快的情感，引导她扩展表现范畴，继而学会知识的选择、比较、编码、重组。

《唐三彩》 谈洋同学

“个性＋”课程在守护学生美术创作的同时，更是在守护学生的心灵世界。我的名师工作室有位成员就曾为一名学生专门定制了“个性＋”课程。小丹是个聋哑儿童，随着青春期的到来，她逐渐知晓身体缺陷对自己未来的影响，于是极为悲观，几度自杀，幸好都被教师及时发现，才避免了惨剧的发生。面对教师、父母的关心与询问，她都以号啕大哭作为回应。就在大家焦虑万分的时候，心理教师和美术教师的提议让大家豁然开朗：“她非常喜欢美术，这也许是一个突破口。”因为心理学中就有绘画疗法，这也许能拯救小丹。走进小丹的内心世界是第一步，根据小丹的情况，“房—树—人”主题绘画是最佳的心理测试选项。画面表明，小丹有着良好的绘画基础，但通过绘画展现出的她的内心世界令人担忧：两间房子都没有烟囱，说明她缺乏安全感；一群小朋友看似欢声笑语，却都是背影，而且处在画纸的下端，说明她情绪低落、悲观、压抑，以及充满对外界的抗拒。很显然，常规劝导已经行不通，于是两位教师决定换个方式试一试，将表现平和、主题积极的名画作为生日礼物送给她。小丹收到礼物时并没有表现出激动与兴奋，而是木然地转身走了，这不免让两位教师有些失落。但两位教师不放弃、不抛弃，将一张又一张的名画送给小丹。慢慢地，小丹开始笑了，终于有一天她主动地跟教师说：“我喜欢《岸边》，红色、金色很温暖。”这让两位教师欣喜不已，之后的交流越来越顺利。经过半年多的努力，小丹慢慢走出阴霾，生理缺陷这一心结也慢慢地被解开。上帝为她关上一扇门，也必定为她打开一扇窗，打开这扇窗的无疑是“个性＋”课程。

4. 基于“项目＋”的课程形式

在美术学习中，个性化学习的课程形式还有“项目＋”，也就是一个教师和几个学生为了解决实际问题、实现具体目标，一起联合组建项目组。对于美术学习而言，这是发挥学生主观能动性的重要课程形式，因为学生在美术表达方面往往极具个性，有的对线描、色彩、版画、国画等某一美术形式有偏好，有的联想能力和想象力极为丰富，有的喜欢精致而富有美感的手工创造，不同特长爱好和个性十足的学生联合行动，能充分发挥各自的优势，以己之长补他人之短，在完成项目的同时，发展自己的潜能，促进自身的成长。

一是“专业项目＋”的课程形式，学生共同进行美术创作活动，从表现的主题选择、

新加坡德明政府中学的梦想教室

内容确定、方式探讨，到分工协作、创意表达，都充满了思维的碰撞。最受学生欢迎的是布面涂鸦和墙壁涂鸦，摆脱了纸张的约束之后，学生的艺术思维也随之得到释放。在审美人生教育理念的引领下，我所在的学校经常组织布面涂鸦的活动。例如围绕“新中国成立七十周年”这一主题，学校组织了一场满含爱国激情和艺术才情的展示活动，学生埋首画布间，或坐或伏，或跪或趴，有的在调色板上斟酌着色调，有的在画布上发挥着想象，壮观雄伟的天安门、蜿蜒巍峨的万里长城、充满科技感的未来世界、怀揣梦想的少年……学生以书画献礼，用色彩抒情，以一种自由的形式走向艺术。墙壁涂鸦以更为自由开放的形式已经成为艺术家展示艺术想象力的方式，成为社区文化的重要形式，也成为学生自由创作的新方向。早在 2012 年，新加坡德明政府中学就以此激发学生的艺术创作激情：“你可曾在一个充满四季风景的教室上过课？你有试过被卷在一张报纸内读书吗？你是否曾在波涛汹涌的巨浪中写过字？你看过老师站在一间开放式的厕所教学生数学吗？你想试试在当今的热门电影《纳尼亚传奇》中的冰雕城堡内朗读课文吗？”新加坡德明政府中学二年级的学生陈思帆记录了学校将教室墙面全面开放，以帮助学生完成艺术梦想的过程。在学生们的共同努力下，“抽水马桶内”“彩条布”“面包世界”“蚂蚁王国”“可口可乐泡”“遍地繁花丛”“热带风暴区”等场景出现在了新加坡德明政府中学的教室里。“让每一间课室成为学生最喜爱、最向往的地方”，正是基于这样的理念，“新加坡学校和教师通过美术教育的完美实施，引领学生在追美求真的道路上日趋完善，不断获得美的感受，体验美的情怀，进入美的境界。”①

二是“综合项目＋”的课程形式，因为跨学科综合能为学生建构起一座“知识宫殿”，所以以集合为指向的“项目＋”课程形式逐渐受到学校的追捧。它往往不聚焦一个学科，而是融聚多个学科。美术综合教学包含音乐、美术、戏剧、舞蹈、语言等学科内容。例如儿童剧、课本剧就是“项目＋”的课程形式，即一个班级的全体学生在一个学期内共同完成一部儿童剧，在任务驱动下，音乐和美术教师引导学生分工合作，制作演出道具，创编角色进行表演，以综合性、情境性、游戏化的方式，发展儿童的语言、运动、交往、沟通等能力，帮助儿童认识世界、放开心灵、和谐生长。

5. 基于“实景＋”的课程形式

“实景＋”课程形式与教师在教室里对着图片讲解的课程形式相比，散发着独特的魅力，能够激发学生追寻知识的兴趣，边学边玩，在学中玩，在玩中学，从听学转向研学，

① 陈铁梅. 新加坡德明政府中学美术教育印象(下)[J]. 中国美术教育，2014(1)：92.

学生在这样的课堂里，能找到“我是探索的主人”的感觉。许多国家都建有博物馆、美术馆等，它们是实施“实景＋”的最佳场所，为学生学习历史、美术等学科提供了真实的学习场景。例如来到甘肃省博物馆，学生一定会被它的镇馆之宝——雕塑“马踏飞燕”所吸引：它是哪个年代的作品？是什么材质铸成的？青铜是铜吗？马踏飞燕的含义是什么呢？马蹄下踏着的是燕子吗？它是怎么保持重心的呢？它的主人是谁呢？跟汉成帝的妃子赵飞燕有关系吗？它有哪些价值呢……从造型到制作工艺，从美感到社会价值，如果不是在这实景中，这一雕塑恐怕没有如此巨大的魅力，引发学生从表层到深处的追问以及立即寻求解答的冲动。

第二节　美术课程重构的操作要义

教育，是行动的哲学，关键是“做”。行动的哲学不是盲目地开展，而是有思想地行动，带着思想去实践，在实践之中萌发思想。美术教育的努力方向是唤醒学生的美感经验，激发学生的创造潜能，能自觉地用美术表达情感，以此萌发对生活的热爱并心领神会地享受其中。这一方向是美术教学行动的指南，需要一步一个脚印，让行动的哲学具体化，内化于心、外化于行、固化于制、成化于果，让“思”与“做”结合，编织一张有意义之网，一张为了学生健康成长的网。

一、以儿童成长为愿景

人是教育的终极指向和最高价值，教育的一切努力都是为人的成长，所以乌申斯基早就说过“人是教育的对象”。作为基础教育的美术教学，其对象就是儿童。

1. 指向儿童人格成长

研究儿童，必定离不开研究美术：一方面，美术是儿童的一种游戏，儿童总是充满激情地投身于美术活动中，乐此不疲；另一方面，儿童的美术活动会留下图形、色彩等直观材料，这就为研究儿童提供了诸多实证性的素材。

日本著名儿童教育专家、画家鸟居昭美有一本经典著作《培养孩子从画画开始》，他通过积累了五十余年的典型案例告诉我们，绘画是儿童自我滋养和自我释放的方式，儿童用绘画将内心的世界与周围世界进行连接，以此开启一条通往心灵深处的道路。鸟居昭美甚至直接强调，不要教儿童画形象，应该尊重儿童个性情感的表达，这才是对儿童成长最大的尊重。同样地，在对美术学科的图像识读、美术表现、审美态度、创新能力、文化理解等五个核心素养的表述中，尹少淳也强化了审美态度、创新能力和文化理解作为人的基本素养的重要性。联合国教科文组织出版的《从现在到2000年教育内容发展的全球展望》一书中，提到了教育目标的新的三级层次，把“知识—实用技术—态度和技能"调整为"态度和技能—实用技术—知识"。当然,将"知识"放置末位并不是说知识不重要,而是体现了当前人们对现代教育目标的认识发生了变化。那么,这一教育重心的转移说明了什么?那就是培养有创新精神、批判精神和团结精神,善于思辨,善于改革,有责任心和担当,有思想、有情怀的人,这样的人更符合当今社会的人才培养目标,这是"态度和技能"所包含和强调的内容。这些基本的人生态度、学习态度和工作态度,都是通过美术学习所能获得和掌握的。因此,基于审美人生教育的美术课程重构旨在以儿童的美术成长为愿景,帮助儿童走出狭小的教室,走进广阔的天地,呼吸自由的空气,领略大千世界的异彩纷呈,拓展视野,开阔胸怀,丰富精神生活,壮大生命力量。

2. 指向儿童心智成长

美国当代著名美术教育家、心理学家罗恩菲德关于儿童创造与心智成长的理论研究表明,儿童的美术发展是其心智成长的一个反映,在儿童美术发展的过程中能观察到儿童在感情、智慧、生理、知觉、社会性、美感及创造性等七个方面的心智的成长。他将儿童的美术发展分为了涂鸦期、样式化前期、样式化期、党群期、推理期、决定期和青春期,每个成长阶段在美术方面都有其标志性的成长特征。

美术作为儿童生命活动最初的本能,记录着儿童的生命从早期的软弱无力逐渐变得强大、成熟的过程。杜威认为,"未成熟状态这词的前缀'未'却有某种积极的意义,不仅仅是一无所有或缺乏的意思。"[①]不成熟是儿童生命的必然状态,这也是教育的意义所在。从课程重构的视角看来,儿童生命早期的不成熟性同时也意味着开放性、创造性,由此可以看到儿童的世界充满无限的可能性。因此,儿童的美术教育不仅是窥视儿童心智成长的一种方式,更是推动和促进儿童心智成长的重要途径。以下从基于审美人生教育的美术课程重构付诸实践的主要阶段——中小学阶段中择取二例进行分析。

在罗恩菲德的研究中,七至九岁是样式化期,这一阶段的儿童脱离了纯粹的游戏阶段并进入学校,开启系统知识学习的旅程,同学成了亲密的伙伴,老师成了重要的导师,书本成了认识世界主要的载体,而学校类目繁多的活动成了实践和探索必需的媒介,他们的世界发生了根本性的改变,并在他们的美术表达中直接体现出来。右图中,七岁的吴新蕾非常开心地用粉笔在水泥地上创作《门前的苹果树》。在这幅作品中,吴新蕾展示着她明确的物象概念样式,通过组合大小不同的长方形、三角形、圆形等图形来表现房屋、窗户、苹果树的造型。这种图形组合形式是她在样式化前期长时间积累的经验的体现,并固化为特定的明确的概念。也就是

《门前的苹果树》
吴新蕾同学

① [美]约翰·杜威.民主主义与教育[M].王承绪,译.北京:人民教育出版社,1990:49.

说，她下次还会是以这样的样式画房子和树木，并且直到推理期才会发生改变。美术作品是儿童主观经验的表现，他们会夸张地表现他们认为真实的、重要的部分，就像吴新蕾作品中比例明显放大了的苹果那样，这是基于吴新蕾个人经验的情感化的处理方式，与成年人所谓的“比例失调”毫不相干。同时，在样式化期的儿童作品中几乎看不到透视、遮盖等前后关系的体现，这是因为这一时期的儿童往往会把他们认为重要的东西画出来，丝毫不考虑物体的位置关系。虽然吴新蕾的这幅作品上没有明确的基地线，但是显然房屋、树木都处在一个空间中，这是一个重要的心理信号，说明她已经非常明确这些物象之间是相互关联的，非常明确有空间概念的存在，也非常明确自己是这个环境的一部分，这是儿童心智成长的重要表现。此外，这幅作品还体现了鲜明的写实倾向，如绿色的树木和红色的大苹果，这种具象概念的出现是儿童经验探索的重要成果。面对儿童在样式化期的美术创造，基于审美人生教育的美术课程重构以期实现更高远的目标，那就是通过教师敏锐地觉察儿童在美术中成长的意义，帮助儿童感知获得新经验的欣喜，继而愿意继续投入美术的创作；通过教师敏锐地抓住儿童心理发展的关键期，耐心地聆听儿童经常性、重复性的追问，以帮助儿童建立自信，形成自我概念；通过教师敏锐地感知美术对于儿童心智成长的重要性，帮助儿童由此觉察世界的意义，主动积极地了解和探索世界的秘密，觉察自己在环境中的角色，了解环境等不同事物对自己的意义价值，明白自己是周围世界的一员。

《打碎前的花瓶》
倪博洋同学

十一至十三岁处在推理期的儿童，他的身体和心理都进入了快速生长期，他们不再仅仅停留在对周围世界的探索中，而是开始思索“我是谁”“我存在的价值是什么”“我如何实现自己的生命价值”等等问题。这一时期的儿童的心理发展特质从不自觉、无意识向自觉、有意识过渡，这一特征在美术作品中一览无遗。以倪博洋同学的作品《打碎前的花瓶》为例，这幅作品中的人物及其脸上的胡子、法令纹，格子花纹衣领的衬衫，具有一定遮挡关系的桌子和花瓶，都充分说明推理期的儿童已经具备了写实概念，观察后进行视觉表达是这个阶段儿童心智成长的重要标志之一。推理期的另一个重要标志，是画面中立体空间的出现，这也就意味着这一时期的儿童不仅能感知长、高、宽，而且能准确地进行表达。《打碎前的花瓶》中最突出的是桌子和花瓶的表现，画面中可以看到桌面和桌腿呈现近大远小的空间感，花瓶正好放在了桌面的中央位置。倪博洋对立体空间的表现，是基于经验进行的推理，他以其渐增的观察力，为心中想象的场景赋予了写实性的结构意义，这是一种深度觉察。在对美术课程进行重构的过程中，教师要敏锐地抓取和满足儿童对表现立体空间的需求，帮助他完成对透视的理解。丰子恺曾说:“童心是天真烂漫的,童趣常常包含孩子们的想象力和创造力,有时看来很荒唐,但也不能无端地加以禁止。”丰子恺的告诫值得每位教师谨记,因为假如不由分说地向儿童解释甚至传授“透视”知识,那么也就剥夺了儿童自行发现的机会,剥夺了儿童一项重要经验获得的权利。

还有一点值得关注,尤其需要美术教师重视和警惕,那就是为什么许多儿童在推理期中断了美术学习,这一问题在许多成人的回忆中也得到了证实。根据罗恩菲德的研究,从无意识的想象到批判式自觉的想象活动,是儿童进入青春期最重要的一项特征,他以铅笔为例进行说明。一名儿童上下移动铅笔,并且模仿飞机的声音,显然这名儿童把铅笔想象成了飞机,假如旁边还有其他同龄儿童,他们一定会非常认同这种想象,甚至会加入游戏,但是站在旁边的成人则会觉得这种想象活动非常幼稚。同样是将铅笔想象为飞机,假如一个成人也将铅笔上下飞舞,嘴里也模仿飞机的声音,那么这个成人一定会被认为很不正常,因为在成人看来,铅笔是书写、绘画的工具,仅此而已。所以,罗恩菲德认为:“儿童的想象活动是无意识的,而成人的想象活动的效果是严加控制的。”①由此可以说明,儿童的想象是无意识的,而成人的想象是有意识的。处在推理期的儿童,还保留了无意识想象的惯性,但随着学习和社会经验的积累,儿童逐渐开启了有意识想象的大门,他会关注他人的看法,然后在无意识想象和他人看法中寻找平衡点,继而形成批判式自觉。事实上,儿童常常感觉自己的创造活动是“孩子气的”“荒谬的”“拿不出手的”,这是儿童在成长过程中因意识觉醒而带来的巨大困惑。因此,推理期的儿童处在了无意识想象和批判式自觉相互不断博弈的阶段,他的美术表达是两者不断平衡之后的结果,但是平衡点很难马上找到,于是就会出现一边画一边擦的现象,或者好不容易画完了他还是觉得不满意,不愿意给别人看甚至撕掉了重画。如果儿童一直找不到平衡点,就会表现得极不自信,继而否定自我,以至于认为自己“没有美术天分”,这就是许多儿童在这一时期中断美术学习的重要原因。基于审美人生教育的美术课程重构期待帮助儿童克服批判式自觉带来的情感压抑,保持其丰富的创造力,唤醒儿童心中潜伏着的对自我肯定的需要,尽可能地通过渐进的方式和手段弥合儿童与成人之间的鸿沟,越是渐进的,就越不会对儿童产生冲击,也就越能保证儿童成长的自信。其中,采用多种材料就是一种有效手段。倪博洋同学的作品《打碎前的花瓶》是一幅版画作品,材料是家庭装修用的五夹板,工具是木刻刀,他专注于对材料的探索,而不觉得自己“画得不像是很丢人的事情”,有效地将缺乏控制力的想象活动变为有意识的想象活动。同时,因为版画的拓印具有很强的肌理效果,儿童能在自己的作品中感受到美感,从而增强自信心。因此,这一时期的艺术刺激对儿童人格发展能产生深刻影响,对儿童心智成长具有特殊意义。

---

① [美] 罗恩菲德.创造与心智的成长[M].王德育,译.长沙:湖南美术出版社,1993:212.

3. 指向儿童精神成长

儿童是一个独特的存在，承认童年的存在，就必须承认儿童有自己的文化体系，这种文化体系不是成人文化体系的“幼稚版”，而是有其独特的内涵。儿童文化体系是儿童心智成长的摇篮，每个儿童都从中获得知识经验、增进智力发展、形成自我意识，并从中获得安全感和归属感等。也就是说，儿童文化体系如同一个发源地，为儿童提供了精神的家园。“在一个所有事物早已被标准化的世界里，艺术让孩子们保有独特的自我。”[①]确实如此，艺术有足够的力量让儿童保有独特性，并促进其精神成长。

美术教育如何帮助儿童保有独特的自我？“第 56 号教室”的缔造者雷夫·艾斯奎斯老师给予了示范，他构造了“五项不容错过的美术作业”，并亲自教授这些内容，即使他原本并不精通这些艺术表现形式，但也不妨碍他最终成为热爱创作的“艺术家”。有这样的老师，何愁没有享受艺术并将艺术发扬光大的学生呢？一名合格的美术教师应不遗余力地为儿童提供美术学习和创作作品的宽松环境，放手让儿童自己去尝试，去享受整个过程。

培养儿童独特的思维方式，这也是美术教育重要的价值之一。“整体永远比局部更重要，远观和近瞧必须相辅相成，换一个角度也许更好，美就在身边，细节铸就成功，好作品需要耐心……”这不是口头的说教，而是美术教育时时刻刻付诸实施的行动纲领。儿童在一步步完成作品的过程中品味着、亲身体验和实践着这些真理。听过的，过眼云烟；看过的，历历在目；做过的，铭记在心。经过长久的实践操作，真理便会内化至儿童的心灵深处。

丰子恺说：“我的心为四事所占据了：天上的神明与星辰，人间的艺术与儿童。”[②]他画一双飞燕、一双兔儿、一弯新月、一个赏月的背影，还有一群儿童欢腾生活的景象，那一幅幅玩耍嬉戏的生活短片仿佛一片片落樱滋润着儿童世界。可以说，每一张绘画作品都传达着丰子恺对儿童成长的关怀和尊重，他把自己的童心全部付诸画面上了。所以，一位优秀的美术教师要保持一颗童心，走向儿童的世界，这是进行课程重构的理念之一，即善待儿童的情感世界，善待儿童的创造力和想象力，善待儿童的心智成长，总之，就是善待儿童本身。唯有如此，才有儿童之幸。

二、以美术思维为核心

审美素养是人的综合素养的重要组成部分，是人与美的事物之间发生关联、进行对话的主要通道，它体现在对审美对象的鉴别与判断、接收与欣赏的能力，对审美情趣的感知与传达的能力，以及对审美现象、审美文化的表现能力和创造能力，培育并促进这

① [美] 雷夫·艾斯奎斯.第 56 号教室的奇迹：让孩子变成爱学习的天使[M].卞娜娜，译.北京：中国城市出版社，2009：116.

② 丰子恺.丰子恺散文选集[M].上海：上海文艺出版社，1981：18.

些能力提升的关键因素则是思维。

思维是人在探索与发现事物内部本质联系和规律的认识活动，是以感知为基础而又超越感知的高级认识过程。在审美素养提升的主要路径——美术活动中，“想象与联想，灵感与直觉，理智与情感，意识与无意识，形象思维与抽象思维经过复杂的辩证关系构成了思维方式”①，它们彼此激活生发，相互渗透，共同构成了一种对美的观察、理解、释放和创造的脑力活动的方式与过程，这种方式与过程存在于每个人的大脑深处，而且因人而异。这些关于美术的认知架构的搭建、认知技巧的学习、思维能力的训练、智能的拓展，是儿童成长阶段中美术教学最应该关注的关键所在。

1. 美术思维的基本表象

美术是建立在视觉形象基础上的艺术。作为艺术思维的一个方面，美术思维以形象思维为主体，由以下基本表象构成。

（1）直觉与知觉洞察

人对美的认识有一定的直觉，尤其在儿童时期的绘画作品中有显著的表现。从谈天同学的绘画作品《和爸爸妈妈跳舞》中可以看出，幼儿在画画的时候，都是不假思索地直接在纸上落笔，这是儿童对周围世界的感受和认识的自然流露，是他凭借着以内心的情感、体验为特征的直觉进行的最初的创造。这种直觉行动与成年人深思熟虑之后进行的绘画行动有着本质的区别，因为幼儿的思维过程离不开直接的感知和操作，他们用单纯的眼光和纯净的心灵感知世界，依靠直觉和潜能去观察、想象、创造，以此表达专属于他们的视觉语言。因此，儿童的绘画表现为幼稚、单纯、粗糙，但也正是因为这些鲜明的特点，才让他们的作品比成年人的更加生动、真诚和纯朴，也更具有强烈的视觉冲击力。

《和爸爸妈妈跳舞》

谈天同学

与直觉不一样的，是知觉洞察能力。知觉洞察能力是建立在对周围环境事物的识别能力之上的一种思维能力。在美术表现上，儿童会在直觉行动思维的基础上，慢慢积累一些概括性的经验。例如《和爸爸妈妈跳舞》中，谈天用简单的线条勾画“火柴人”，这是他对“人”的基本认识，如果他通过有针对性的练习等，他的表现形式和技法会得到有效提升，“火柴人”就会开始演变，变得愈加成熟、细腻。从谈天的作品《我是奥特曼》到《人物写生》再到《画室》，就能证明这一过程。

美的全部意义就是对事物形式的形象直觉。美术教学通过培养、训练，帮助学生保持对美的直觉，并积极发展他的知觉洞察力。树叶是绿色的，每个视觉正常的人都能感

① 严向红，毛红军．用艺术思维学美术——对一则 IB 课程美术单元教学案例的分析与思考[J]．中国美术教育，2017(6)：5.

知到，如果儿童直接把树叶画成绿色，那么说明他还只是停留在熟悉材料、获得感知的涂鸦阶段，也就是说，从严格意义上说他还不是在“画画”。然而，在经过了事物形式的感知、视觉艺术的学习以及进行一些对色彩辨别有帮助的训练后，他能看出树叶的不同绿之间的微妙差别，甚至能发现树叶的有些部分是紫色的，这时他才进入了视觉艺术的世界，拥有了知觉洞察力，他的视知觉才能得到真正的发展。

《我是奥特曼》 谈天同学

《人物写生》 谈天同学

《画室》 谈天同学

（2）发散与迁移回溯

发散思维以放射、扩散的形态呈现。例如“由一个圆可以想到什么?”这一问题的答案极为丰富：番茄、太阳、大饼、瓶盖、篮球、眼镜片、数字“0”、奥迪标志、奥运会五环标志……如果说第一层的发散思维的形态是直接的，那么第二层的发散思维的形态则是突破概念的无限想象：番茄能发散为番茄酱、茄子、番茄炒蛋、酸、红色、万绿丛中一点红……形象已经跳离视觉范畴，生发出更多充满美感意味的形式，继而生成充满创意的作品。所以，在美术教学活动中，发散性思维是一种极其重要的思维方法，也是创造力的源泉。

迁移是从一个地方到另一个地方，运用到学习中则指一种学习对另一种学习的影响，或习得的经验对完成其他活动的影响，这是一种有意识的逻辑演绎的能力，由此及彼、由一至广。还是以上述“番茄”为例，学生画了一株番茄，感受到红色与绿色的色彩对比能有效吸引人的注意，于是将此对比色迁移到海报设计中，使得海报更醒目，这就是思维的拓展和延伸。

如果说发散思维是一种不断向外寻求联系的过程，那么迁移能力则是一种有意向内回溯的过程，前者努力寻找不同点，后者努力勾连相同点，只有两者寻找到结合点，才能让创意有意义。

（3）个体与整体并置

随着知觉、发散、迁移等美术思维不断发展，儿童的视知觉不断得到提升，他对周围世界的认知能力越来越强，能辨析许多细节，但这不是美术学习的全部，还需要有将个体与整体统一并置的能力。儿童在美术创作的时候，常常从细节开始，如关注眼睛、鼻子、嘴怎么画才美，而事实上这些五官只是头部的局部，想要将五官表现得美，首先要关注头部的结构、比例等，只有整体完整，五官才有适合的地方安放，只有五官的明暗色调服从于整体的明暗色调，画面才能和谐。关于局部服从整体最经典的案例，就是广为流传的雕塑家罗丹在完成雕塑作品《巴尔扎克像》时发生的疯狂而有趣的故事——罗丹最善于通过手来表现人物的特点，他有大量表现“手”的雕塑作品，“巴尔扎克”雕像就有一双灵巧的手。雕塑完成以后，罗丹在征求他的学生的意见时，学生忍不住赞美道：“这双手雕得太好了！”罗丹听后，突然拿起锤子把“巴尔扎克”雕像上的手砸掉了，因为他怕这双手过分突出而让人忽略了雕像的整体。从整体与全局着眼，寻求最佳效果，这是美术乃至一切事物的铁律。

因此，美术教学的职责之一，就是帮助学生学会如何敏锐地感觉到整体与局部之间错综复杂的形式关系，并且思考如何在整体考虑的基础上，将局部有机地凝聚在一起，这就是个体与整体和谐并置的思维方式。缺乏和谐并置思维的人，在同一时间只会集中注意于一种形式。关于这点，中央美术学院蒋艳教授曾举例说明：有一件事大家可能都经历过，比如装饰房间的困惑，无论是在商场还是在网上购买的家具，单看感觉都不错，可放到家里就是不好看；还有为自己选择衣服，每一件单看都好看，但整体穿起来就是不搭。其实某个物品很难说好看或者难看，最多只是个人偏好，圆桌好看还是方桌好看？单色桌布好看还是花桌布好看？红色上衣好看还是绿色上衣好看？只有将之放在一个整体的环境中来看才能判断，这就是视觉艺术即美术教师所重视的搭配的能力，也是一种在整体中将各部分和谐并置的能力。

（4）甄别与实验取舍

对于一项美术活动，比如创作一件作品，无论是为了表达自己的观念而进行的个人创作，还是基于解决问题的设计创作，从开始构思直至制作完成的整个过程，是一个从无到有的整体的思维过程。如果说构思阶段是思维能力的集中体现，应该没人反对。通常，人们普遍认为在制作阶段，技艺占主导地位。事实上，经历过美术创作的人都知道，这个阶段更需要智慧，只是很少有艺术家去谈论这个话题，因为他们相信一个事实，那就是“行胜于言”。

在艺术创作的整个过程中，选用什么样的材料合适，为了达到预想的效果，又要进行哪些技艺的协调，这些都需要艺术家不断进行甄别和取舍，即使创作已经进入具体制作阶段，艺术家还经常会对效果与预想之间的差距进行调整，因此意外、惊喜、纠结与挫折常相伴出现。以毕加索的创作为例，他时不时在传统绘画和现代绘画中切换，他在创作人物头像作品时的经历就是如此。他在写实性绘画中发现人体结构的真实存在，便基于这些基本常识探索如何在平面上表现三维深度，但一段时间之后，他又从这有趣的实验中“脱身”，回归对坚实、可信、动人的形象的研究，他“时刻准备着改变他的方法……毕加索想弄清楚用最不可能用的材料和形状去构成一个头像这种想法到底能够走到哪一步……哪一种方法，哪一种技术，都不能使他满意。”[①]所以，他对自己的评价就是我不仅探索，而且要发现。那么，怎样的艺术表现形式能够使他感到特别满意呢？那就是使人联想到农民或儿童作品的时候。毕加索有一次在参观儿童画展时说：“像他们那么大的时候，我就可以像拉斐尔那样画画了，但学会像他们那样画画，却花费了我毕生的时间。”[②]这体现了毕加索对儿童人格的尊重以及对儿童美术思维特点的真正理解。事实上，几乎所有艺术创作者都经历过这样不断打磨作品的过程，当然，也毫无例外地包括儿童。

2. 美术思维的反应模型

严向红老师和毛红军老师认为，艺术（美术）思维“无疑是人类进化过程中一种成功的综合思维模式……融合了抽象逻辑思维和辩证思维”[③]。所以，其承载的载体——美术作品也融聚了人类文明的结晶。美术作品创作的过程，是美术思维各种表征形态不断突显、过滤、筛选、组合的过程，这里以蔡沈楠同学的《细菌大作战》作业群为例作分析。

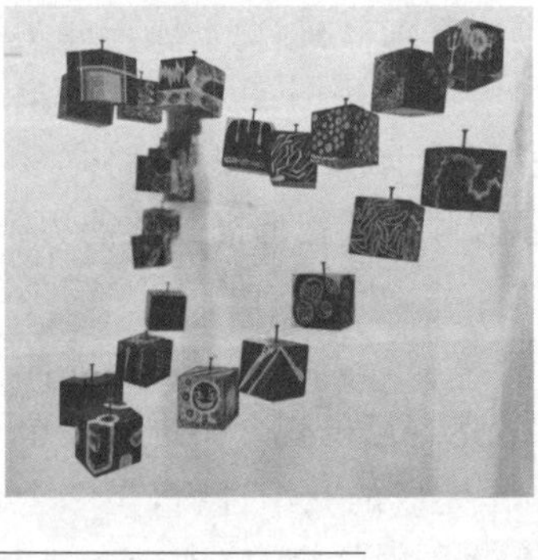

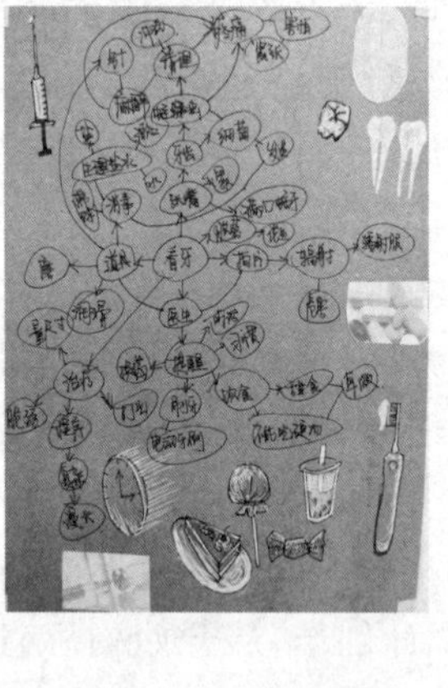

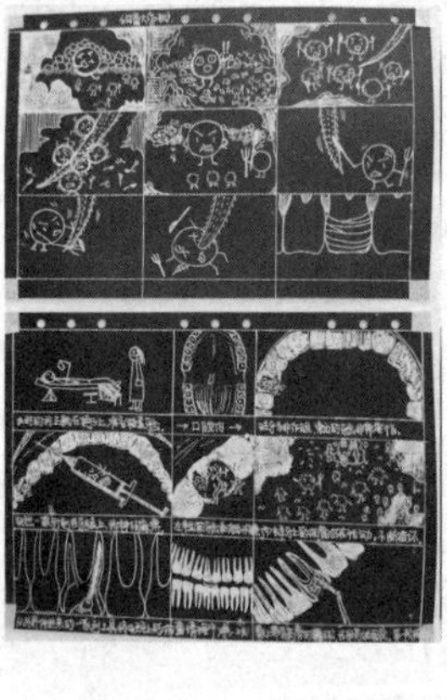

① ［英］贡布里希. 艺术发展史［M］. 范景中，译. 林夕，校. 天津：天津人民美术出版社，1998：32.

② 耿素丽. 毕加索：现代绘画之父的情欲世界［M］. 北京：中国民族摄影艺术出版，1999：1.

③ 严向红，毛红军. 用艺术思维学美术——对一则 IB 课程美术单元教学案例的分析与思考［J］. 中国美术教育，2017(6)：5.

 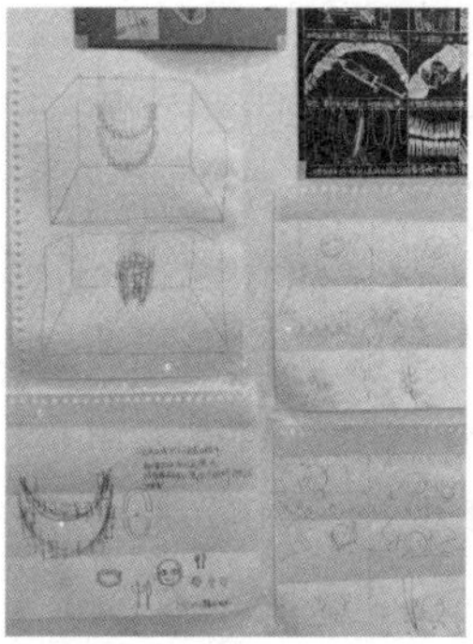

《细菌大作战》作业群 蔡沈楠同学

（1）客观事物与主观心像的整合加工

美术作品的表现形态无论是具象的，还是抽象的，都是对客观事物的具体反映。《细菌大作战》作业群由一组大小相同的黑色小木块构成，每个小木块上的图案不一样，如果没有这组作业群的整体展示以及文字说明，可能没有人能猜出蔡沈楠同学描绘的是自己的亲身经历——补牙。所以，她的作品展出时的排列形式看起来就像一张张开的嘴，一个个小木块就是一颗颗牙齿，木块上的图案就是导致她牙疼而不得不去补牙的细菌，之所以选用黑色，是为了体现牙齿被细菌“攻占”的结果……所以，美术思维的起点，就是对客观事物的感知，是在直觉基础上洞察的结果。

艺术来源于生活。牙疼的切身体验，给蔡沈楠同学提供了丰富的创作源泉，她的思维被充分激发，将自己所经历的过程，以“补牙”为中心对象，融入观察、思考、分析，做了清晰的路径描述。在她记录的路径导图中，不仅有接触的人、事、物以及结论、事实，还有猜想、反思。有趣的是，她还用图形记录了导致蛀牙的原因：吃糖和甜点、喝奶茶、忘记刷牙、熬夜……这些都是对客观事件的真实记载。

艺术也来源于想象，想象的基础是客观事物，是对大脑所储存的表象等客观事物进行加工，继而形成新的形象。蔡沈楠同学在对客观事物进行记录的时候，大脑所存储的影像还有超越客观存在的主观信息，例如补牙工具发出的恐怖的“呲呲”声，消毒水那并不诱人的气味，麻药时间过后的疼痛，以及长时间治疗的等待、焦虑乃至害怕。这些主观信息左右着蔡沈楠同学对客观事物的提取、筛选，最终让作品超越了对客观事物的记载，她使用线条、黑白等美术表现元素，塑造了手持利器、张牙舞爪、横冲直撞的细菌的形象，并通过疏密对比有致的线条，丰富多样的构图，组合成了独特的、充满了个人情感色彩的画面，并串联起丰富的视觉艺术形象。

美术思维的过程，是艺术家对客观事物的表象进行描绘以及主观心像的整合加工的过程。表象描绘是客观事物给艺术家的直观印象，是自然作用于人的精神世界，具有共性特征；而主观心像则充满了个人情感，是具体的、个性化的，是人的精神世界作用于自然，具有鲜明的个性特征。艺术作品必须经过两者的相互作用、相互加工，才能获得审美形象的完整和统一。

（2）感性思维与理性思维的辩证统一

人认识外部世界的方法有两种，一种是通过感性，另一种是通过理性。美术作为客观事件的具体反映，也同样融合了感性和理性。

感性思维在美术创作中起着重要作用。“补牙”作为客观事件，从林林总总的生活事件中被提取出来作为表现对象，其本身就充满了感性色彩，是蔡沈楠同学对这件事情的深刻记忆的直接反应，而其表现形式——线描的选择，也是感性思维推动下的艺术行动。

美术表现形式极为丰富，线描画、油画棒画、水彩画、版画等，都呈现出不一样的艺术效果。之所以选择线描，是因为蔡沈楠同学对线条有着极强的敏感性。她喜欢画线条，是因为她已经能比较娴熟地使用线条表现自己的所思所想，比如在细菌的造型、动势、构图等具体表达上，她能准确调用美术学习中习得的技巧。她在前期的学习过程中，不断被要求以最快的速度用线条表现各种具体的事物，例如将一张 A4 纸折叠为九宫格，然后一分钟内画出九种不同的情绪，因为时间紧迫，所以她无暇顾及具体细节，只能直接用线条进行表达。于是她在学习训练中掌握了用线条表现不同的情绪的方法，这种表现力在她的作品中得以充分展现。

与感性思维同时起作用的，还有理性思维。例如蔡沈楠同学在经过不断尝试之后，发现通过多种对比能突显思想和情感，于是她有意识地强化了对比，包括构图的疏密对比，色彩的黑白对比，造型的方圆对比，线条的长短对比等。事实上，这种理性思维几乎伴随着她所有的创作过程：为了强化黑白色彩对比，她对必备工具——笔的要求就不再停留在能够记录和书写上，而是要能与黑色的底色形成最大的反差且便于绘画，所以在多次实验取舍后，她选用了银色油漆笔。再如，为了实现早期的构想——将作品悬挂起来，她需要寻找适当的材料，既方便涂上黑色的颜料，又能方便打孔，还要尽可能轻便。这一过程是逻辑分析或者说是抽象的类比综合，即理性思维的有效推演。

3. 美术思维对儿童发展的意义

朱永新认为，艺术的思维方式能为万事万物建立起非理性的联系，从而刺激人的综合成长。这些综合成长包含着人的价值塑造、素养提高、品位提升，以及生命的丰满。从狭义来看，这是美术思维带来的儿童的审美素养的提升。

第一，有助于儿童了解事物的内在联系。世间万物并非独立存在，相互之间有着千丝万缕的联系。因此，儿童学习美术不仅仅是在学习知识和技能，而是经由美术学习，收获多向的、多元的、跳跃的、富有感性张力的美术思维，激活自身直觉和内在感知力，了解事物之间内在的联系性，继而统领和把握世界。经年累月之后，这种和谐建构的思维方式和能力系统终将帮助儿童更加完整地认识世界、理解世界和创造世界。

第二，有助于帮助儿童建立起审美自觉。审美是美术教育的应有之义。儿童通过美术教育，能在平凡的事物中发现蕴含其中的美，剔除多余和杂乱，强化形式美感，以节奏、韵律、和谐建立美的空间、美的秩序，发现生活的美好，继而欣赏它、创造它、热爱它，自觉成为日常美感的言说者，这正是美术教育的目标和追求。

第三，有助于帮助儿童建立起大美的概念。儿童学习美术的过程，是观察力、创造力和审美力提升的过程，也是大美概念建立的过程。儿童在每一次的精准表达中成长为更精致的人，在收集素材、整合认知、选择对象、解决问题的过程中成长为懂得运用工作方法的人，在整体与局部的关系中明察秋毫，成为有全局观的人。这种在人生中永无止境地追求更高的境界、更宽的视野、更大的胸怀的精神品质，何尝不是美术教育追求的精与微、广与大。

三、以周围世界为源泉

特别热爱和亲近儿童的丰子恺充满激情地说："我发现了一个和成人世界完全不同的儿童世界。在这里可以随心所欲地提出一切愿望和要求：房子的屋顶可以要求拆去，以便看飞机；眠床里可以要求生花草，飞蝴蝶，以便游玩；凳子的脚可以给穿鞋子；房间里可以筑铁路和火车站；亲兄妹可以做新官人和新娘子；天上的月亮可以要它下来……"每一个儿童的心里，都住着一个有趣的灵魂，尤其是面对美术的时候，更是如此。他会孜孜不倦地切一块橡皮，只为用不同形状和色彩的橡皮块拼成一个图案，他那有趣的灵魂活跃着，他是在体会肌理效果所赋予的独特的美感；他会在数学课上偷偷做美术作业，只为能尽快看看自己的版画会呈现出怎样与众不同的效果，他那有趣的灵魂活跃着，他是在体验美术创作带来的成就感和巨大的乐趣；他会盼着大雾天快点到来，只为能蹲守在荷塘边、青草地拍一张天地氤氲的摄影作品，他那有趣的灵魂活跃着，他是在感怀大自然的神奇以及充满着的蓬勃生命力。卢梭在《爱弥儿》一书中明确指出："儿童是有他特有的看法、想法和感情的；如果想用我们的看法、想法和感情去代替他们的看法、想法和感情，那简直是最愚蠢的事情……"[①]李吉林老师也一直在研究并呼吁"用孩子的眼睛去看"，继而实现对儿童世界的再发现。古往今来，诸多的思想家、教育家都在不停地探索和努力着，他们让越来越多的教师、家长充分认识到儿童有着不同于成人的独特生命体验，而儿童的世界是成年人无法预设的，这势必导致成年人无法看透和把握每个儿童，这既是教育之难，但同时也是教育的魅力所在，当然也是美术课程重构的魅力所在。

儿童、世界、美术三者之间并非是相互独立的，而是相互包容，继而构成儿童美术的大世界。

儿童观察世界，世界丰富美术，美术成就儿童。世界为儿童提供创作对象，儿童用

---

① ［法］卢梭.爱弥儿[M].北京：商务印书馆，1996：91.

美术建设新的世界，新的世界为儿童提供新的创作对象。儿童、世界、美术三者之间相互推动、相辅相成。由此，美术课程及其教学实践走向了一个更为开阔、更加开放、更富挑战的崭新历程。

1. 美术产生于周围世界

人类生活在丰富多彩的周围世界里，在交流与交往、表达感情的过程中，为了留存经验，人类创造了符号，尝试使用不同工具在不同地方记录思想和历程，于是，就有了远古的岩画以及后来的彩陶纹样、甲骨文、青铜纹样、帛画和壁画等。这些符号都具有同一作用，那就是人类将自身的经历和经验传递给他人的时候，以图形作为首选符号来记录、描绘世界。从这个角度上来说，没有对世界的探索与实践，就没有美术的出现与发展，当然也就不可能出现美术课程以及美术教育。所以，美术实际上是人类对世界的一种认识和表达。

2. 世界处处有美术

美术无处不在，它是云蒸霞蔚的清晨，是虫鸣鸟叫的草地，是惊鸿一瞥的偶遇，是雄伟壮丽的山川，是心如止水的禅境……一草一木，一丘一壑，只要抬眼处，你就可以看到周围世界的曼妙多彩，不必刻意寻觅，每一处、每一时都能觅得美术的踪迹。

大自然中有美术。风和日暖，"一片竹影凌乱"映照在窗户纸上，于是就有了郑板桥的《竹石》；暴风骤雨，苍茫混沌，于是有了傅抱石的《巴山夜雨》；海港朦胧，光影迷离，于是有了莫奈的《日出·印象》……自然万象包罗，天地万物、星空海洋、宇宙苍穹，无一不是令人欣赏不尽的画卷。艺术家随手择取一角，加上自身的感悟和情思，便将熟视的寻常变成了令人神往的画境，将平庸的凡尘变成了美妙的轴卷。

现实生活中有美术。现实生活往往夹杂着琐碎、繁杂、无趣，但正是这些日常，裹卷着色彩斑斓的美术。街头人头攒动，屋宇错落……喧闹的市井生活极为平常，但被北宋画家张择端收进画卷中，成就了《清明上河图》。即使是一个人坐在那里，怀着深深的忧思凝望前方这个最简单的生活情境，也能被美术凝聚成永恒的瞬间。梵高把他的一位满怀伟大理想的友人画了下来："我希望把我对这个人的感觉和爱慕之心画进作品里。我夸张了他的头发的金黄色，在头像后面我不画小屋的普通墙壁，而用我调配得极为丰富、极为强烈的蓝色涂出无限深远的背景。由于这种单纯的配合，使金黄色头发的头部，在这丰富的蓝色背景上发光，像星星嵌在深沉的碧空中。"于是梵高成就了《加歇医生》……现实中的点点滴滴，一人一事，都是美术取之不尽、用之不竭的母题。艺术家采撷一朵芬芳，将琐碎的日常变成了值得收藏的记忆，将过往的日子变成了永恒的经典。

精神世界中有美术。人之所以为人，是因为有丰富的精神世界。精神世界是指在社会实践活动中人的所有意识活动的总和。完整的人的精神世界丰盈且美好，包括心理层面、思维层面、伦理层面和精神层面。其中，心理层面是人与动物共有的，是没有自我意识的精神领域，是人的一种本能。而精神层面及其相应的审美领域、信念领域、信仰领域和理想领域，则构成精神世界的精神境界部分。如果体现在个体身上，即内心拥有自己的信念和精神追求，不会随波逐流，有自己的思维判断和情感言说，其表达方式也颇为丰富，美术是其中之一。一株葡萄藤，叶片繁盛，果实悬挂，珠圆玉润，鲜嫩欲滴，原本丰硕美好的自然景物，在明代书画家徐渭的眼里，却是“半生落魄已成翁，独立书斋啸晚风。笔底明珠无处卖，闲抛闲掷野藤中”。他虽满腹才华，但一生失意潦倒、穷困落魄，所有的愤懑、抑郁、孤独、凄凉，都只能在笔端呈现出来，于是成就了《墨葡萄图》；气候变化、全球变暖、生物多样性丧失、能源危机……面对人与自然、人与环境之间的关系的思考，面对着生命圈将彻底被破坏的可能性，全球十八个国家与地区的三十四位艺术家将大自然“搬进”了美术馆，从呈现当下这个完全被物质包裹的社会到思索物质社会与自然环境的共生关系，以探讨人类之责任，再将出发点立足于新材料、新能源，畅想多样的未来生态。艺术家们以艺术为媒介，讨论参与自然环境议题，以废弃物、垃圾等为材料，提供一种诗意化的“行动”，用不同形式的作品丰富民众的感官体验，继而引发思考与讨论，呼吁“人类文明始终无法置身于自然之外”，于是三十四位艺术家成就了北京山水美术馆的“环保可持续艺术跨界展”……精神世界涵盖了太多太多，包括爱与被爱，对科学与真理的追求，对艺术与人文的感怀，对美和善的情感涌动，都将一切冷漠、恐惧、忧愁、沮丧、孤独和焦虑化为正直、坚强、无畏、忠诚和爱，成就一个豁达、平和的具有大格局的人。

3. 与儿童共同拥抱周围世界

美术产生于周围世界，蕴含于周围世界；周围世界丰富着美术，也创造着美术。从这个角度来说，美术课程就“不应该让书本成为学生的全部世界，而应让世界成为儿童的必读‘书本’”[①]，应当突破教室的藩篱，推翻横亘于学校与社会之间的壁垒，让学生走进自然，走进生活，走进社会，走进五彩缤纷、绚丽多姿的世界。

事实上，研究古今中外教育发展史便不难看出，突破“书本”的局限，走向广阔天地的教育早已有之。孔子带着弟子周游列国，让众多弟子在体察社会、考察民情、亲历实践中收获真理。老子在《道德经》中直接指出：“人法地，地法天，天法道，道法自然。”他用了一气贯通的手法，将天、地、人乃至整个宇宙的生命规律精辟地涵括、阐述出来，指出古今中外所有大智慧者，都是以大自然为师。

这一理念，在美术领域得到了充分彰显。唐代画家张璪提出了“外师造化，中得心源”的观点，成为中国美学史上最具代表性的美术理论，“造化”即大自然，“心源”即作者内心的感悟。这一观点强调了大自然对美术创作的重要性，对人的成长的重要性，强调了主体与客体、再现与表现高度统一的重要性。十九世纪六十年代兴起的印象派，将“光”“色彩”作为绘画追求的主要目的，他们倡导走出画室描绘自然景物，由此推动世界

① 陈杰.人格语文论纲[M].南京：江苏凤凰教育出版社，2015：123.

艺术往前跨越了一大步。

在美术教育界，徐悲鸿向中央美术学院的师生提出了“师法造化”，提出艺术之源有二：一曰造化，二曰生活。徐悲鸿一直推崇以自然为师，将写实主义引进中国的美术课堂，大力展开对写实主义的教学实践，为中国培养了一大批优秀的美术人才，是新中国美术及其教育的奠基人。儿童的美术成长不能拘囿于教室里，要为儿童提供一个最佳的学习环境，不能照本宣科，而是要让儿童到大自然里汲取美的阳光雨露，到社会上接受美的精神滋养，到周围世界中感知美的无限形态，到天下“无字书”里学习美术、参悟美术，继而构建属于自己的美术世界。

四、以情感唤醒为原点

人非草木，孰能无情？万物皆有情，人是这个世界上情感最丰富的动物，爱、恨、愁、悲、乐、恐惧、思念、孤独、自豪等等，每时每刻都影响着人的认知、行为以及社会组织等各个方面的发展。从社会学角度来看，情感的管理与控制不仅仅是个体交往意义上的，它还可能影响到社会控制与社会整合。美国理论社会学家乔纳森·特纳研究认为，人类最独具特色的生物特征就是能够产生和运用各种情感去建构社会关系和构造社会结构，人类的情感不是简单的、个体的生理机体现象，会受诸如文化传统、制度规范、社会结构等宏观因素的制约。同时，情感是隐藏在对他人的社会承诺背后的力量，不仅如此，情感也是决定社会结构形成的力量，有时甚至是摧毁社会结构和变革社会文化的集体活动的动力来源，所以乔纳森·特纳说：“倘若人类没有情感能力，人类文化和社会结构将不复存在。”①从心理学角度来看，情感是人对客观事物是否满足自己的需要而产生的态度体验。这种心理体验在美国理论心理学家罗伯特·利珀看来是一种动机，他认为情绪性动机在指导行为上的效果可以同有生理基础的动机一样，但它们不依赖于生物组织的需要，而可由更细致、复杂的社会信号所激发，它们受刺激物的过去或者现在的意义所制约，由此罗伯特·利珀和扬·汤姆金斯等心理学家将情感和动机相提并论，提出了情感的动机唤醒理论，明确提出：情感是唤醒、激活动机的一种持续状态。例如，喜欢亲近小植物是儿童心理依赖的一种具体体现，但往往不长久。如果请每个儿童认领并照顾一棵小植物一段时间，他的内心会发生变化，会产生强烈的情感，会主动地给它浇水、施肥，不能让别人触碰，蔫了会气恼，这就是情感唤醒。

教育是一种唤醒，情感唤醒是教育唤醒的重要组成部分，它以足够强大的力量激发儿童的学习能量，诸多教育家都在教育研究与实践中证实了这一点，他们将情感唤醒作用于课堂教学，作用于教育活动，作用于儿童成长。现代美育研究者就非常重视情感教

① ［美］乔纳森·特纳．人类情感：社会学的理论［M］．孙俊才，文军，译．北京：东方出版社，2009：192．

育，如蔡元培提出“陶养感情”[①]，王国维提出“使人人感情发达，以达完美之域”[②]，梁启超提出“情感本身虽神圣，却美善并存，好恶互见，因此必须对情感进行陶养，而情感陶养的重要途径就是情感教育”。梁启超强调，情感教育的目的不外乎将情感善的美的方面尽量发挥，把那恶的丑的方面渐渐压伏、淘汰下去，由此指出知、情、意是人性的三大根本要素，情感教育对人具有独特的价值，有时比知识与道德更具深刻的意义，因为情感发自内心，是生命中最深沉、最本质的东西。情感教育的“工夫做得一分，便是人类一分的进步”[③]。有关情感教育的路径，梁启超明确指出：“情感教育最大的利器，就是艺术。”[④]美术教学一旦离开了情感唤醒，那儿童的美术思维将会枯竭，美术之光将会暗淡，创造的美术作品也就失去了灵魂，失去了令人心动的召唤力。

因此，基于审美人生教育的美术课程重构必须坚守的信念是：让情感唤醒儿童的审美感受力，让审美感受力滋养儿童的情感。

1. 美术源自情感唤醒

从某种意义上来说，人类的美术发展是情感唤醒的结果。为了传递经验，人类发明了各种符号系统。经过人类长期坚持不懈地探索、发展和总结，一部分符号演变为独立的视觉表达系统，形象直观且生动丰富，于是人类以此反映情感需求。为了表达对大自然、对生命的高度敬畏，山顶洞人染红穿戴、撒抹红粉进行巫术仪式，这是人类赋予色彩的最初意义。为了传递对氏族子孙满满的爱，为了表达对瓜瓞绵绵的深情期盼，仰韶半坡彩陶的纹样多为人面鱼纹图案。新石器时代的鱼、蛙、漩涡、三角形等形象被赋予了某种神秘的力量，具有特定的意义指向。位于西班牙的旧石器时代的阿尔塔米拉洞窟岩画上，各种动物千姿百态、写实逼真、栩栩如生，在绘画表现手法上，用笔粗犷豪放，还有明暗向背的粗细浓淡变化，与色彩渲染紧密结合，感情细腻丰富，所以鲁迅在研究了阿尔塔米拉洞窟艺术后作过论述，他认为原始人作画“为的是关于野牛，或者是猎取野牛、禁咒野牛的事”[⑤]，也就是说，原始人作画的目的是为了识别动物或者是进行一种狩猎仪式，可能原始人认为，只要画出所要猎获的动物，真实的动物就会屈服于他们的威力……因此，原始人视绘画为魔力。因此，美术在本质上就是人类情感唤醒的视觉表达。

2. 情感唤醒成就美术

情感是一种抽象的存在，可言说，可意会，但无形无状，无色无味。谁能描绘兴奋、激动、高兴是什么样的形状？愤怒、恐惧、悲伤是什么样的颜色？冷漠、惆怅、忧愁是什

① 蔡元培．蔡元培美学文选[M]．北京：北京大学出版社，1983：174．

② 王国维．王国维哲学美学论文辑佚[M]．佛雏，校辑．上海：华东师范大学出版社，1993：252．

③ 梁启超．梁启超学术论著集[M]．上海：华东师范大学出版社，1998：172．

④ 梁启超．梁启超学术论著集[M]．上海：华东师范大学出版社，1998：206．

⑤ 鲁迅．鲁迅全集：第六卷[M]．北京：人民文学出版社，1981：68－69．

么样的滋味？似乎说不清道不明，但是美术能生动地表达出来。美术能通过美术语言将联想而至的艺术通感与具体的艺术形象连接起来，让情感和思想可视可见，继而让观赏者感同身受。可以这样说——伟大的美术作品让人的诸多情感被看见。

白居易说："感人心者，莫先乎情。"绘画艺术的生命是人内在情感的体现，情感唤醒得越多，作品就越伟大。艺术家只有饱含情感，才能成就情感饱和的美术作品。也就是说，一个艺术家首先要自己被描绘的对象所感动，才能用自己的作品去感染别人，所以说绘画作品是画家内心情感的真实写照。二十世纪一直活跃在巴黎的俄裔画家夏加尔经常梦回故乡，于是他创作了大量梦幻般的具有俄国风情的绘画作品，《我和村庄》以浪漫、抒情的粉红色铺就了夏加尔梦中的归乡之路，交叉重叠的构图展现了他的故乡的真实景象。事实上，夏加尔一辈子都没能真正"离开"那个令他魂牵梦绕的小城，他说："绘画和所有的诗一样，是组构神圣的世界、神性的一部分……当我向黑暗的天空凝视时，我体会到诗……它如此深刻地感动着我，使我的眼睛充满泪水。"①夏加尔用重叠、交叉、穿透的物象，释放心中被压抑的情感，以诗一样的语言、诗一样的色彩表达着对童年的追忆，对故乡的深情，对生活的热爱。夏加尔是一位杰出的画家，他娴熟地调用美术技法表达内心的精神需求，巧妙地运用了超现实表现方法，突破时空限制，让多种形象同时出现并重新排列成视觉片段。但要知道，如果夏加尔没有对家乡强烈的眷恋，便成就不了这幅杰作，因为任何技术和技巧都不能也不可能等同于艺术，更替代不了艺术。所以，情感和思想内涵是区别艺术和技术、技巧的重要因素。

3. 情感唤醒推动学习

马克思曾一针见血地指出，现代工业文明产生了一个感觉贫乏、情感异化的世界，人的情感不再是一种感性生命力的爆发，而是对抽象的商品价值的追求，或沦为动物式的欲望。马克思的论述是在对新的社会提出希望，那就是要建立全新的感性。因此，在美术教学中进行审美的情感唤醒是多么重要。基于审美人生教育的美术课程重构就是在探索如何在教学实践活动中强化情感唤醒，通过悟情、动情、移情等实现审美的情感教育，促进儿童的学习认知发展。

（1）悟情

悟情的基础是感受。大千世界，美的形态多样丰富，有的人能为之而感动，有的人却熟视无睹，这就是感受能力有无和强弱的差别。美术教育的职责就是培养儿童对美的感受能力，这是儿童能否感知幸福的重要因素。席勒早就意味深长地说过："感受能力的培养是时代最急迫的需要，这不仅因为它是一种改善对人生洞察力的手段，更因为它本身就会唤起对洞察力的改善。"②所以，对儿童的情感唤醒，所改善的绝不仅仅是感

① 李泾婷．梦与爱——马克·夏加尔艺术作品的诗性解读[J]．大众文艺，2010(23)：140－141.

② ［德］席勒．美育书简[M]．徐恒醇，译．北京：中国文联出版社，1984：60.

知力，更是儿童的整个生命活动的质量，它可以帮助儿童建立起对人生、对世界、对宇宙的诗意的、审美的观照态度和洞悉能力。

徐复观说："文学欣赏的过程，乃是一种'追体验'的过程。"①美的欣赏过程，何尝不是如此呢？爱美是人的天性，美术教育应当唤醒这种天性，培养儿童对美的检索能力，使儿童身心和谐，使儿童的感受更加细腻敏锐，使儿童更加健康活泼和富有想象力。为此，美术教学应当重视对学生美术审美感受力的培育，将感受贯穿教学始终，以感受为基础，以感受为目的，使儿童在看、想、画、创等活动中获得"能感受形式美的眼睛"。

当然，情感不是独立存在的，情感唤醒需要美术技能的支撑，形式美感、表现技法、造型、色彩、构图等都是促成情感唤醒的重要因素。梁启超就一直认为艺术在情感表现上具有丰富而独到的技能，艺术作品具有强烈的感染力，他把艺术审美的具体过程视为艺术功能发挥的基本过程，即"力"与"移人"的过程，由此实现育人。董希文创作的经典绘画作品《开国大典》，表现的是一九四九年十月一日毛主席在北京天安门城楼上代表亿万中国人民向全世界庄严宣告中华人民共和国成立的历史瞬间。当学生欣赏这一作品时，教师如何唤醒儿童心中的爱国情感呢？在教学过程中，教师与学生一同研究"画家为什么大面积使用红色"。有的学生认为，如果中国有颜色，那么一定是红色，中国历来将红色视为幸福和吉祥、喜庆和热闹，所以画面上近景中的红色灯笼、红色地毯，中景中的红色门柱、观礼领导人胸前佩戴的红花，远景中三十万民众手中高举的红色旗帜，都承载着沉甸甸的爱国情怀。有的学生认为，之所以选择红色，主要因为现实场景就是如此，是画家对历史的真实再现。有的学生提出，画家运用大红、金黄、碧蓝三色作为主基调，又用棕色和绿色调和，从而表现出阳光明媚、热烈肃穆的场面与气氛。还有的学生在前面同学研究的基础上，从另一个角度提出了自己的看法，他们认为这幅作品不是完完全全的历史真实再现，而是作者因满怀强烈的爱国情感，所以在构图的时候将前景中可能存在的人和物进行空置处理，加大了毛主席前后的红色地毯面积。这一处理方式不仅突显了毛主席宣布中华人民共和国成立的庄严与神圣，也更加突出了地毯的红色，使红色成为画面的主体色调。简而言之，作品的艺术语言像是一面镜子，折射出画家的内心情感和思想内涵，是画家自身艺术修养和经历的浓缩的写照。从以上学生的研究结论中可以看出，他们的情感已经被唤醒，由此理解了作品的每一个形、每一种色都不是独立存在的，而是具有精神倾向和感情倾向的内在价值。

《文心雕龙》里说："夫缀文者情动而辞发，观文者披文以入情，沿波讨源，虽幽必显。"②欣赏者看到的、感受到的一切外在的情感首先来自画家的内在的情感，然后经由欣赏者个性化的解读，综合成为一种新的情感，继而形成对作品的认知和理解。

① 徐复观．中国文学精神[M]．上海：上海书店出版社，2004：75．

② 刘勰．文心雕龙[M]．戚良德，辑校．上海：上海古籍出版社，2015：277．

（2）动情

动情是指人内心的触动，是直击灵魂的情感涌动。如果美术教学能将情感融入趣味盎然的学习内容中，那么儿童对美术的理解会更有张力。

动漫是很多学生的最爱。优秀动漫作品表达了人类的普遍情感，洋溢着友情、爱情、亲情以及对故乡的感恩之情等，还蕴含着创作者的悲悯之心和对痛苦的反思。动漫创作者是时代的亲历者、理想的构造者、真诚的记录者，他们的价值不在于技巧，而在于赤子之心。动漫的这些特质吸引着学生，当教师宣布下周的学习内容是动漫时，学生的脸上立马出现惊喜的表情，随即相约进行资料收集。上课时，学生展示了他们前期研究的丰硕成果，最多的是动漫影片和图片，其次是与动漫有关的历史文字资料。据不完全统计，四十位学生带了不下百部的动漫影片，搜集的图片五花八门，有卡通贴纸，有印在包、手表、铅笔盒、衣服、鞋子、帽子、护腕等物品上的图片，还有动漫书签、挂件、发卡等等。每一个同学都向周边同学展示了自己的成果，甚至还作了交换，以拓展、丰富自己的成果。课前预习环节波及面之广、罗列材料之多，学生的学习热情之高前所未有。

接着，学生一起探讨动漫的过程是情感被点燃的过程。第一个环节是邀请学生将自己喜欢的动漫作品写在黑板上，并列出该作品的出品国家，这一环节是自由开放的，因为情感勃发需要轻松的学习环境。第二个学习环节是邀请学生分组统计黑板上所列动漫作品的出品国家，“中国 11 部，日本 23 部，美国 13 部，澳大利亚 1 部……”立马有学生从这组数据中发现问题：“为什么日本的动漫产业那么发达？”“为什么中国不如日本和美国？”与其为学生设置问题，不如设置情景帮助学生自己发现问题，这是教学“最后一公里”的加速器。教师继续追问：“中国是一直不如日本和美国吗？”如果说前两问是情感唤醒的感性连接，那么第三问则是情感唤醒的理性刺激，学生的讨论和研究逐步从研究外显数据走向深层分析。有一组学生从众多资料中归纳出中国动漫的发展历程：1927 年《大闹画室》上映，轰动上海；1942 年中国首部动画长片《铁扇公主》上映；1926 到 1949 年的 24 年里，一共诞生了 28 部动画片；1950 年上海美术电影制片厂美术片组成立；1960 年中国独创的水墨动画《小蝌蚪找妈妈》出品，最终这部动画获得六项世界大奖，法国《世界报》刊发评论，赞其意境悠远，美国学者也惊叹“这是属于中国人的动画”；1961 年至 1964 年上海美术电影制片厂又创作《大闹天宫》，这部动画片因为它独特的东方美学而焕发出夺目的光彩，成为中国动画艺术作品的巅峰之作，当年一上映就在国内外引起轰动，发行到 44 个国家，引来赞誉无数，获多项大奖，被认为是中国动画史上的一座丰碑，有外媒评论说“这是真正的杰作”……这组资料数据翔实，极大地震撼了所有学生的心灵世界，学生感到由衷的自豪，爱国这一深层的情感被充分唤醒。

在此学习过程中，学生对动漫的理解是在逐渐递增的情感唤醒的基础上建立起来的，同时，他们又在动情的情况下加深了理性理解，如果割断了情感的唤醒与理解的有机联系，那么学生的美术素养很难得到真正的提高。事实上，学生经由这样的情感唤醒绝不仅仅是增强了一些感受美的能力，更重要的是心灵得到了前所未有的震撼，并获得前所未有的感悟。

（3）移情

任何艺术都不是独立于时代而存在，而是伴随着时代发展而发展。教育是否有价值，关键在于它能否融入时代。因此，美术教育要帮助学生以自己的方式接入现实、介入时代，这会为学生学习美术带来力量。“中国的动漫艺术曾经达到很高的艺术成就，但现在有些落后，为什么?”有的学生说：“科技不发达，以前动漫是手绘的，现在是电脑合成的，当下中国的计算机技术还没有跟上国际水平。”“我们国家对动漫的投资也少，我看过一份资料，我国的人均国内生产总值水平低，所以投资到动漫发展的就更少了。”“还有动漫的教育也存在问题！主要是创新力不够，没有创意，动漫就没有生命力。”从这些解读上可以看出，学生的爱国情感在延续，他们在反思动漫的绘制、创作、投资、教育等问题。学生对中国动漫先盛后衰情况的讨论，对创意的强调，对中国动漫曾经的辉煌的赞美，无不反映了他们情感的唤醒。于是，情感唤醒水到渠成，学习自然而然地形成了。

五、以创造实践为灵魂

创造力培养是美术教育的灵魂。在人类发展的历史长河中，创造力始终贯穿其中，它推动着社会发展和文明进程。基于审美人生教育的美术课程重构，旨在将学生培养成具有审美眼光和美术能力的人，具有乐观、自信、敏锐、健康的态度的人，使创造力成为学生一项既基本又特殊的本领，为学生通往未来美好、多姿的世界提供生生不息的能量。

1. 创造力是生命最美的礼物

当奇思妙想付诸笔尖成为一件造型别致的产品，当异想天开化作一张别出心裁的设计稿，当天马行空的想象出现在一部动画片中……开启极其美妙而幸福时刻的，是丰富的创造力。创造力让人预见最美好的未来，创造力是生命最美的礼物。

创造力是人在具体行动目标和任务压力下产生的一种独特的、新颖的、具有一定价值的思维，它往往来自非逻辑思维，具有很强的跳跃性甚至偶然性，其心理因素包括直觉、灵感、联想、想象等，所以创造力能“使心灵空其所有，拓展产生新观念的最佳心理环境”[①]。但是，创造力也并非由非逻辑思维独立形成，它还依赖基于逻辑思维的推演、梳理和加工，所以创造力是非逻辑思维和逻辑思维的结合体。

就美术而言，直觉和灵感是创造力最为重要的、最难能可贵的表现形式，它们作为人的一种心理现象及大脑机能，贯穿于创造活动的所有领域。同样重要的，还有想象

---

① 李伯黍，燕国材．教育心理学[M]．上海：华东师范大学出版社，2010：350.

力，它是创造力的本质属性，“可视为创造力的源泉之一”[①]。观察、迁移、表达等能力为创造活动提供了丰富的表象材料。还有一点值得注意的是，美术表达具有强烈的个性色彩，可以说没有一名美术家的表现语言、方式和成果是一样的，即使是同一名美术家表现同一主题，作品也会呈现不一样的效果，当然以惟妙惟肖、以假乱真为目的的高模仿性临摹则另当别论。之所以会出现这一现象，其背后的主导因素是创造力的另外一个极为重要的特性，那就是创造力的个体性，这种个体性的表现也极为鲜明：有清晰的目标，有不受外部因素干扰、不为紧张情绪左右的独立思考的决断能力，有突破常规思维模型、另辟蹊径、挑战权威的勇气，有求新求变、积极探索、不满足于既定结论的冒险精神，有迷恋探索过程、不达目的不罢休、极为专注的定力，有喜欢幻想、追求与众不同和不确定内容的浪漫主义色彩。

2. 创造力是儿童与生俱来的天赋

创造力及其特质对于儿童而言又意味着什么呢？笔者在研究美术课程重构的过程中，对随机抽取的43名初二年级的学生进行问卷调查，学生对创造力作了以下的解释：是异于常规的思维，奇特而富有想象，一直保持着像孩童一样天马行空的想象力；是能在常见的事物中洞察到新事物的能力；是指突破传统的观念，创造出有个性、不随大流的东西，具备强烈的好奇心和丰富的想象力是前提……他们认为艺术家中的凡·高、达·芬奇、毕加索、罗丹、贝多芬、莫扎特，科学家中的牛顿、爱因斯坦、爱迪生、伽利略、霍金等具有高超的创造能力。有41名学生认为自己有创造力，其中7名学生认为自己有很强的创造力；有9名学生认为自己有时有创造力，有时没有创造力；有2名学生认为“每一个人都有创造力，因为每一个人对同一个问题有独特的见解”“每一个人天生就有创造力，关键在于有没有被‘引爆’出来”。这一观点与美国“创作教母”朱莉娅·卡梅伦的观点是一致的。朱莉娅·卡梅伦有一句著名的论断：“所有生命都有潜在的创造力。”[②]她认为，生命是一种能量，具有一种纯粹的创造之能。关于这个论断，可以从以下的两个案例获得证实。

美国ABC新闻网曾经做过一期节目，他们请来几位著名的艺术家，让他们在节目现场鉴别一组画，这组画里有几幅是现代艺术大师的杰作，还有几幅是4岁儿童的涂鸦作品，节目组就是想看看，这些艺术家究竟能不能区分出大师和儿童的作品，但结果出乎人们的意料，几位艺术家都没有完全正确地判断。这一案例给人以启示：儿童天生具有美术才能，只要给他们机会，便可以创造一个令人赞叹、与艺术家作品难分伯仲的艺术世界。

3. 创造力培养对儿童成长具有积极意义

艺术家在进行美术创作活动的时候常常有非常清晰的思维线索，那就是“累积—孵

① 俞国良.创造力心理学[M].杭州：浙江人民出版社，1996：45.

② [美]朱莉娅·卡梅伦.创意，是一笔灵魂交易[M].庄云路，译.北京：中国人民大学出版社，2012：13.

化—顿悟—验证”，这对儿童的成长有着重要意义。这里以谈天的作品《历史》的创意设计为例。

（1）累积

累积是一切创造活动的基础，也是美术创意表达的基础，唯有存储大量的知识，才能厚积薄发。累积包含两个最基本的层面：一是知识累积，主要包括美术知识和学科知识两大类。美术知识是美术创造活动的根基，是创意能够清晰表达的基础，如知道如何运用透视表现三维立体空间，懂得如何调用不同的线条表现物象的不同形状，知晓如何使用肌理效果表现各种质地，等等。同时，学科知识背景的丰富程度将决定所表达内容的思想深刻程度。知识累积来源于各个学科，有历史典故，有自然科学，有文学艺术，有社会发展，相关的、不相关的，都在夯实人文底蕴。二是目标累积。儿童在学习过程中，常以完成每一个短期的学习目标为阶梯，努力调动内、外部因素，循序渐进，逐步达到中长期的成就目标。在实现目标的过程中，儿童会付出艰辛的劳动，有新奇，有迷茫，有兴奋，也有颓废，多变性伴随着他的成长。教师的作用就是帮助儿童确定短期学习目标和中长期成就目标。短期学习目标是儿童在一节课或者一周内的学习目标。中长期成就目标以短期学习目标为基础，是在一个月或者更长时间内所要达成的目标。谈天希望自己能用美术语言来阐释他对历史的理解，并给自己规定了量和质方面的目标，为此他还做了具体的策划方案督促自己一一落实，由此可见谈天具有成就目标。成就目标是前进道路中的指路航标，没有它，也就谈不上解决策略，更谈不上成功，因此，它是创造表达的先决条件。

《历史》创意设计草图　谈天同学

（2）孵化

孵化具有非常鲜明的动态特征，它是在前面所述的知识、经验、目标等基础上进行的理性思考与探索的过程，只有经过深思熟虑才能为创造力勃发找到突破口。谈天在孵化的过程中有以下表现：心理方面，谈天在创作的这段时间里，常表现出焦虑、心烦气躁、抑郁等负面情绪，这与平时开朗、活泼的他大相径庭。行为方面，谈天常不满意自己的创意和草图设计稿，常在画了一半的时候结束自己的绘画行为，甚至撕毁设计稿。表现方式方面，谈天在这段时间里不断改变自己的表现方式，表现在内容的选择和主题确定，块面造型与线条勾勒，色彩度的浓与淡，明亮度对比的强烈与柔和等方面。

从以上三方面的迹象可以断定，谈天处于创造力勃发的临界状态。孔子曰：“不愤不启、不悱不发。”教师的工作此时尤为重要，那就是及时把握机会，精准点拨，为谈天创造力的勃发寻找突破口。

（3）顿悟

如果说孵化是理性思维推演的过程，那么顿悟则是非理性思维升腾的过程，理性思维和非理性思维的完美结合才能缔造创造力。顿悟的过程往往是找到解决问题的方法的过程，这个思维加工过程的结果最富有创意，是创造性思维活动最具代表性的阶段。

顿悟一词来自佛教，是指顿然破除妄念，觉悟真理，后来被引入心理学。格式塔学派认为顿悟是一种特殊的加工过程，是指“用与常规思维不同的方式突然理解了一个问题，或理解了一条有助于该问题解决的策略”[①]。从时间上看，顿悟与马斯洛总结的高峰体验，与发明家讲的灵光闪现，与俗语中的“开窍”一样，都存在于一念之间，都是刹那间的思维灵动，它常促进事物发展，以达到事半功倍的效果。因此，在美术教学过程中，教师及时捕捉、把握学生思维的动态，促进学生思维顿悟，巩固顿悟的结果就显得尤为重要。

美术创作中不乏此类例证。例如，已功成名就的毕加索对德军入侵他国的行径义愤填膺，当格尔尼卡小镇被德国侵略者残忍摧毁后，这位正义的画家决心用自己的画笔揭露法西斯的暴行。某一天，他像前两天一样研究着已能倒背如流的报道时，突发灵感，满腔愤怒地挥笔创作出了举世震惊的《格尔尼卡》。再如，德国画家康定斯基在一幅无意中放倒的画中看到了以前一直不曾注意到的迷人色彩，茅塞顿开，创作了色彩丰富的《海战》等一系列惊人之作。

谈天在创意设计作品《历史》的时候，也因为好几天找不到灵感而苦恼。这完全属于正常现象，因为他在以常规思维模式进行思考，也就是试图在已有的知识经验的基础上进行理智且有逻辑地解决问题，“历史”这一主题很容易陷入“地图”“人物”等常规形象的选择中，因而很难产生新意。促使这个问题得以解决的，居然是电视剧。谈天因为一直不满意自己的设计，便想看电视剧放松一下，结果剧中奔驰而过的马车让他灵光一现，于是有了“以车的演变史”为主题进行创作的想法。这一想法的出现是谈天思维短路以后的豁然开朗，即在百思不得其解中茅塞顿开，这种特殊的思维加工过程的结果往往富有创意，使人耳目一新，正所谓“得之在俄顷，积之在平日”。

（4）验证

英国心理学家戈登认为：“非理性心理为新观念的产生作了准备，而最后的决策要依靠逻辑的力量。”[②]思路的确立并非意味着问题已经得到解决，还需要将解决方案具体化，这是成就佳作必经的过程。所以，谈天有了“以车的演变史”进行表现的思路后，就需要调动理性思维将这一想法具体落实。

一是调整心理状态。首先，教师应创设亲和、宽松的支持型环境帮助谈天调节情

① 钱文，刘明．顿悟研究及顿悟与智力超常的关系[J]．心理科学，2001(1)：112.

② 李伯黍，燕国材．教育心理学[M]．上海：华东师范大学出版社，2010：350.

绪，例如与谈天聊天，改变其受挫的心境，在交谈中有意识地讲解有关直觉与顿悟的心理知识，使谈天明确自己的行为属于顿悟前的思维短路，是“黎明前的黑暗”而已。其次，教师应及时调整教学策略，适时提醒谈天关于“车”的表现方式，如现代车与古代车的造型表现、衔接样式等，使他学会自我管理创意设计的进程，不断自我调整与反思。只有当精神状态调整到紧张与松弛之间、理性与非理性共存的状态时，创意才会出现。

二是切换采集视角。固定的参模样式在学习中起示范、引导的作用，但时间稍长就会禁锢学生的思维，所以，教师要把握时机，改变参模样式，并且寻求适合不同学生、不同时段的参模样式才能快速提升学生的顿悟水平。谈天在创意设计的过程中，相当长的一段时间内，他的参模样式是以线条勾画古今地图和人物等草图，在他屡屡改变表现方式失败后，教师给他提供了大量国内外图形设计类图书，让他的眼界更广阔些，使他的思维在无意识的跳跃中寻求有意的结果。

三是打破固有联系。当顿悟来临时，打破事物之间的固有联系就很有必要。例如，谈天在平时设计的时候常用的工具是铅笔和水彩笔，而这次教师特意准备了马克笔，让变化丰富的马克笔成为他充分表现的最佳助手。《历史》的创意设计图稿中，谈天将古代的马车和现代的跑车进行了“嫁接”，突破了常规思维。

四是稳定表现模式。经过几次尝试之后，谈天能顺利地运用马克笔表现他的所思所想。当创意设计完成之后，非常规问题会变成常规问题，心理加工过程会回归正常化，思维推理过程恢复通畅，作品的表现样式会保持相对的稳定，而这些过程的实现需要教师的敦促。

综上所述，创造力能帮助儿童解决非常规问题，促进儿童美术方面的发展；而当儿童美术方面的发展达到一定程度的时候，丰富的知识积累有助于儿童创造力的勃发。所以，创造力与儿童的美术发展之间是相辅相成的互助关系。同时，美术学习离不开教师的指导，经过教师精心指导的学生与有很好的绘画天赋但未经过指导的学生，在技能掌握程度、表现熟练程度、意境表达或创意水平等方面具有本质区别，前者的水平明显高于后者。儿童美术方面的发展又反作用于教师的指导工作，它对教师的指导能力提出了更高的要求。此外，教师的指导为儿童的创造力的形成提供了心理、行为方面的指导，这是必不可少的，可以提升儿童顿悟的质量和速度。值得注意的是，教师的指导不能使儿童直接获得创造力。儿童美术方面的发展为教师进行教学反思提供了空间，也为教师教学水平的提高带来了动力。从这个意义上来说，创造力的培育不仅对儿童生命成长起着关键性的作用，对教师的成长也起着无法估量的意义和价值。

第三节 美术课程重构的实施策略

“教育是人的灵魂的教育，而非理智和认识的堆集。”①基于审美人生教育的美术课程重构虽然涉及人生观、世界观，但它绝非抽象的思想说教，而是将这些教育融入具体的审美学习和感受过程之中。基于审美人生教育的美术课程重构不只是追求生动活泼、情意盎然的形式，更重要的是追求生动活泼、情意盎然本身，以及为之所采取的行动，继而两相助力，帮助学生成长为具有审美情趣的人。

一、生活导向策略

生活是人生的中心，学会审美，就是学会生活。

生活永远是最生动、最丰富的美术学习宝库，也是美术教育生命力的无尽源泉。因此，《全日制义务教育美术课程标准（实验稿）》的基本理念就明确提出：“注重美术课程内容与学生生活经验紧密关联，使学生在积极的情感体验中提高想象力和创造力……发展创造美好生活的愿望与能力。”这充分说明美术教育首先是生活的美术教育，它根植于生活，表现于生活，赞美于生活，运用于生活，并给生活以导向和启迪。

生活在当下的学生，对美术学习是为创造美好生活这一理念有着无尽的追求：

我们希望美术室的所有墙面上都挂着我们的画，这是我们自己画的、布置的。

我希望我们的老师和父母衣着高雅，他们也教会我们怎样选择日常衣着。

老师会教我们做既美观又实用的玩具，这些玩具能装饰我的房间或者我们的教室。

希望通过美术学习，我们能自觉走进美术馆、博物馆，去欣赏美术作品。

我希望将来能以美术为生。

我希望我能成为一个会欣赏的人，能欣赏生活中一切美的事物。

…………

“欣赏生活中一切美的事物”，好高的要求！如果没有健全的、为生活而构建的美术教育，怕是实现不了如此高的目标。

正如梁启超在《美术与生活》一文中指出的那样：“爱美本能，是我们人人都有的。但感觉器官不常用或不会用，久而久之麻木了。一个人麻木，那人便成了没趣的人；一个民族麻木，那民族便成了没趣的民族。美术的功能，在把这种麻木状态恢复过来，令

① [德] 卡尔·雅斯贝尔斯．什么是教育[M]．童可依，译．北京：生活·读书·新知三联书店，1991：3.

没趣变成有趣。”在实际教学工作中不难发现，学生学习的美术知识与生活实际联系不够紧密，所谓生活美育，也只是停留在完成美术作业上，学生只是把学到的知识变成绘画作品呈现在美术作业当中，不能体会美术独特的实用价值。由此，学生仅仅把美术课当成一种必修课，当作是课堂上需要学习的一种知识。美术学习与生活实践的脱离，导致许多学生产生这样的错觉，认为美术课就是美术课，生活就是生活，两者之间没有任何联系。长此以往，学生缺乏将美术知识与生活紧密联系的习惯和思维方式，更谈不上去美化生活，创造生活。

针对这一问题，基于审美人生的美术课程重构一直在倡导并树立“让美术成为生活本身”的教育理念，使源于生活的美术学习能够应用于生活，回归生活，帮助学生在创造美的过程中，更好地感受生活，提高学生学习美术的兴趣，并在美术的应用和创造活动中认识美术学习的价值，继而热爱生活，享受生活。

1. 学习主题从生活中来

为了加强美术学习与生活之间的联系，进行课程内容整合，构建与生活相关的主题就成了常态。开学第一课，教师可与学生一起对国家课程的内容进行研究与讨论，将与生活有关的内容进行整合，围绕人与自然、人与人、人与社会的主题组织课程内容，帮助学生以艺术的方式观察事物、认识事物，发现生活中处处都有美，为美的创造、表现奠定基础，继而让美之有形，美之有物。

《静·畅想》　保其言同学

（1）人与自然的主题

大自然是美术教育取之不尽、用之不竭的源泉。

自然美景主题：一望无际的大海中晚归的渔舟，云蒸霞蔚的浓夏清晨，暮色苍茫的七月傍晚……这些都是美术学习的绝好题材。围绕这些主题，学生保其言创作了《静·畅想》等作品，既经历着感知美、表达美的历程，又体验着内心情感的起伏。

田园风光主题：田野中的油菜、小麦、玉米各具风韵，它们的形状、色彩、生长过程又各具特点，这时带领学生看一看，画一画，一幅幅美丽的画作便在学生的笔下诞生了……这样的活动不但使学生兴趣盎然，领略了大自然的美，更激发了学生对家乡的热爱之情。

日常生活主题：在城市化进程不断加速的今天，现代工业社会中整齐、规律的建筑彰显着秩序美；雕塑景观穿插其中，呈现出个性张扬的节奏美；即使生活忙碌繁杂，但是一座山、一间房等，处处展现着美，如施贝艺同学创作的《狼山》……凡此种种，都是学生领悟日常生活美感的重要部分。

此时，教师的重要职责就是成为学生日常生活美感发现的引领者，开“源”建“库”，帮助学生走向自然、走进生活，嗅出生活的清新与芬芳，看出生活的美丽与别致，品尝出生活的愉悦与舒适，用真情实感去表现生活、创造生活。

（2）人与人的主题

人是曼妙生活的实施者和建构者，人与人之间的交往构成了动人的生活。所以，美术作品既是作者表达思想的窗口，更是人与人之间心灵沟通的产物。

《狼山》 施贝艺同学

认识自身的相关主题：人始终对自身充满了好奇，从外在的相貌特征到内在的个性情绪，希望能通过各种路径进行探索与研究，美术学习就是一种发现美、探索美的方式，能够对此进行揭示和呈现。例如，主题“一样的我们和不一样的我”，旨在帮助学生了解人的头部的基本比例结构，掌握写生时表现“我”与他人在眉宇间呈现出的不一样的特征的方法；主题“在校园中快乐成长”，旨在帮助学生了解人体最基本的结构比例，以及站姿、坐姿等不同形态中呈现出的透视与结构变化……在此类主题的学习过程中，学生以一种有趣的形式探索着人体生命的奥秘，发现着生活的多姿多彩。

理解他人的相关主题：教师曾做过这样一个教学实验，为了帮助学生理解“人能通过美术表达情感，且能被他人识读”这一观点，教师请学生将一张 A4 纸折叠成十六格，然后报出“兴奋”“平和”“愤怒”等十六个词语，由学生在各个格子中用线条画出词语的情绪特征。因为这一过程由师生双方快速完成，所以学生的反应和表达都真实有效。当五六十位学生的实验作品同时展示的时候，我们就能发现表达的一致性，几乎所有的学生都用水平的、舒缓的线条表示“平和”，用猛烈的、交叉的线条表示“愤怒”……由此学生归纳：“你是别人的镜子，别人也是你的镜子！”此外，以线描学习为基础的主题“你、我、他”，以色彩学习为基础的主题“我们的全家福”，以平面设计学习为基础的主题“快乐元宵节”等，都是在帮助学生在掌握美术技能的基础上，由己及人，学会理解他人、尊重他人，学会信任。

对人与人之间关系表达的相关主题：人是社会的一分子，教育的目的之一就是帮助学生成为合格的社会公民。美术课程中有大量的相关主题，如关于亲情的主题“母爱”，关于友情的主题“我的好朋友”，以及“江山如此多娇”等表达家国情怀、公民博爱等的主题。

（3）人与社会的主题

美术是视觉的艺术，学生通过眼睛来观察生活的千姿百态，通过感悟及运用美术语言来表现社会生活的缩影，展现社会生活的趣味。

节日文化主题：节日文化具有其独特的魅力，富有强劲的生命力。国庆节、春节、端午节、中秋节、元宵节等节日各有不同的风俗，如清明节家家户户吃艾糕，端午节赛龙舟，元宵节逛灯会等。教师根据节日进行主题教学，既整合了知识，又帮助学生了解民俗、走进生活。

家乡变迁主题：新农村建设给乡土文化增添了无限生机，一幢幢别墅拔地而起，一条条宽阔的大道四通八达，渔业围养区、蔬菜种植区……都是现代新农村的亮丽风景线。教师可以家乡变迁为主题，引导学生观察家园，描绘农家美，激起学生爱家乡之情。

生活是艺术创造的源泉。美术教学的任务之一是激发学生对生活的无限热爱，帮助他们体验生活，认识生活，关心身边的人和事，并学会捕捉生活中最美、最具表现力的瞬间，运用美术语言表现生活。

2. 学习情境在生活中构建

美术是基于基础知识和技能之上的人文学科。学生经历艺术修炼，成为懂得欣赏美的人。“经历”，就需要构筑文化情境，帮助学生在文化情境中提升审美感知能力。在课堂教学中，文化情境通常包括模拟生活情境和利用真实生活场景两种基本模式。

（1）模拟生活情境

美术作为视觉的艺术，需要与之相关的大量的视觉符号作为支撑。但事实上，作为课堂教学，大多数情境只能依靠模拟想象来开展。在《窗边的小豆豆》一书中，小林校长让巴学园的学生在吃饭过程中不由自主地喜欢上“山的味道，海的味道”。同样地，美术课程要根据教学内容重构情境，通过师生共同创设实际或模拟的生活情境，让学生在亲身经历和快乐参与中获得美的体验和启迪，建构美术知识，感受到“生活的味道，美术的味道”。在美术课堂中模拟生活情境，主要包括想象模拟、视觉模拟、场域模拟三种形式。

一是想象模拟。这是最常规的模拟形式，一般依靠影视、音乐、图片等课程资源以及教师生动有趣的语言来引导学生开展丰富的想象，感知与教学内容相关的文化现象。

二是视觉模拟。这种模拟形式是利用与教学内容相关的实物营造一个视觉空间，帮助学生充分调用视觉、听觉等感官系统直接感知课程内容呈现的独特魅力。例如，在开展有关“蓝印花布”的相关课程时，教室的墙壁上挂的、课桌上铺的、教师身上穿的都是蓝印花布。学生通过摸一摸，感知蓝印花布的原料和质地；通过看一看，认识蓝印花布的图案及其设计方法；通过辩一辩，理解蓝印花布图案的寓意。教师在教学内容中挖掘审美元素，在教学过程中追求审美推演，在教学拓展中关注审美文化的认同，帮助学生走近美术，感受美术文化的博大与精深，受到璀璨文明的滋养与陶冶，帮助学生接受美的召唤，较理性地认识蓝印花布作为生活的艺术、精神的艺术的存在价值。

三是场域模拟。这种模拟形式充分利用教室空间、实物或者模拟实物布置一个类似实景的场域，帮助学生在“身临其境”中学习、探索。例如，在教学活动“秦兵马俑”中，我将课桌椅按照秦兵马俑三个主要俑坑的方位、大小进行排列和布置，在三个“俑坑”里放置了我从西安带回来的“兵马俑”“兵器”等仿制品，如此学生就座后就成了“俑坑”的

“研究员”。教学过程始终围绕“俑坑”的场景进行，我提问：“有没有哪位学生有幸到过考古现场？”“没有”的回答很正常，因为考古这一行业不是一般人能触及的，正因为神秘，所以更能引发学生的兴趣。“现在我们一起经历一次考古之旅，任务是在最短的时间里编制一本旅游册，向慕名而来的中外游客们介绍各俑坑的情况。”事实上，本活动的场域模拟是一种“仿博物馆”的形式，重构出这样的场域，是在帮助学生体悟那“有温度的雕塑”。

（2）利用真实生活场景

美术课程中利用真实的生活场景开展教学活动也很常见，特别是利用简单、便捷的场景。例如，写生课程中，随处可见的树木、花草成为师生的最爱。“教育即生活，生活即教育”，将日常生活融入课堂，让学生观察到日常生活中的美，这才是美术课程应关注的重点。假期，学生与家人住进深山农家，一早便迎着晨雾登山远眺，见证袅袅炊烟把小山村从睡梦中唤醒，找一凉亭的石阶坐下，听着鸟鸣啾啾和泉水潺潺，喝着山泉泡的茶，用画笔记录下村民忙碌的身影，以及围着家人嬉戏的孩童，活色生香的生活就这样装进了心里。不经意间，一家人在小山村里欣赏风景，一家人也成了小山村风景的一部分，美美相生，美美与共……

事实上，每个人都生活在自己的作品里，正如朱光潜先生所说的那样，“这种作品可以是艺术的，也可以不是艺术的，正犹如同是一种顽石，这个人能把它雕成一座伟大的雕像，而另一个人却不能使它‘成器’，分别全在性分与修养。知道生活的人就是艺术家，他的生活就是艺术作品”[①]。所以，即使在学校里，教师同样可以帮助学生将现实场景作为美术课程的生发处。

3. 将学习成果运用到生活中去

生活需要美来填补遗憾、缺陷和不完满，它帮助人们“使生命变得完美”，以实现“对生命的肯定和祝福，使生命神性化”[②]。学生基于生活创造出绚丽多彩的美术作品，这种将生活经验和知识相联系，通过联想和想象等完成的审美活动，不仅能净化心灵，还能在很大程度上完善自己。

（1）美化生活

基于审美人生教育的美术课程重构，有意识地根据学生的年龄特点和生活体验，让课程学习成果回归生活，从而让学生体会到生活与美术的联系，感受到美术在实际生活中的价值，继而理解美术作品“源于生活，寓于生活，用于生活”的理念。

直接美化生活是指将美术作品布置在环境中，为生活增加一抹亮色。例如，教师请学生设计班级中的“学习园地”，设计并布置自己的房间，让学生把从美术课上学到的知

① 朱光潜．谈美[M]．北京：北京大学出版社，2008：166．

② [德]弗里德里希·尼采．权力意志[M]．张念东，凌素心，译．北京：商务印书馆，1996：37．

识、技能运用到生活中，以美化生活。又如，教师将学生在教学活动“面具”中完成的作品作为班级课本剧的道具，在教学活动“节日盛典”中完成的作品作为班级期末庆典的邀请函，在教学活动中制作的“会说话的石头”作为装点教室的饰品……充分利用这些课程的学习成果，既激发了学生学习的积极性，也增强了学生对美术知识的理解、掌握与运用的能力，从而帮助学生在心灵深处升腾起一种热爱——对美术及其学习的热爱。

间接美化生活是指将所学美术知识运用于生活，使生活变得更加美好。例如，学校建造“阅读吧”时向学生广泛征集主色调的意见，学生推荐了黄色作为主色调。通过学习，学生认为在色彩系列中，黄色属中间色，与冷色调在一起，它会萌生暖意；而一旦靠近暖色调，则又会生发冷意，让灼热消停。所以，黄色是安全色彩。于是，学校采纳了学生的建议，以黄色作为“阅读吧”的主色调，T 字形的空间中陈列着淡黄色的书柜，迎面的墙边排列着淡黄色系的沙发和茶几，一张藤蔓秋千和几张红、黑相间的别致的玻璃桌椅点缀其中。就这样，“阅读吧”安宁、安定、安全的气息迎面扑来。

（2）创造生活

令人心情愉悦的生活，可以长久地使人保持良好的精神状态。我家后排一楼租住着一家三口，父亲给人打零工，母亲在家做缝纫，小女孩蓉蓉上幼儿园。一家人很温和，平日偶尔见到，都会打个招呼。相熟之后，我知道他们家非常清苦，但从来没见他们忧愁过，反而整天乐呵呵的。我常在思考他们的快乐源自哪里，直到有一天清晨无意间撞见了他们的生活。

正在地面作画的小女孩蓉蓉

因前夜的一场雨，水泥地上布满了大大小小的水洼。蓉蓉在草坪边漱口，被一处水洼吸引。只见她思量片刻，便在水泥地上跑了起来，她以杯为笔，以水为墨，不一会儿，扎着两个小辫的“笑脸女孩”就这样诞生了——我相信，这是她自我意识的觉醒和再现，因为“笑脸女孩”与她是如此相像。

就在我以为要结束的时候，蓉蓉又急速地往后退了几步，继续在“笑脸女孩”周边创作着，周边的水洼已经成为“笑脸女孩”的衣裙和手中盛开的玫瑰——我相信，她已经完成了审美想象的唯美诠释。更令人惊喜的一幕接踵而至，蓉蓉的妈妈和爸爸从屋里走了出来，一个推车出门，一个端着碗吃饭，夫妻俩看着女儿的创作爽朗地笑着，给了女儿一个大大的拥抱，这是对蓉蓉最热烈的褒奖——我相信，夫妻俩都是有着审美情怀的“审美人”，即使他们只是普通的工人和家庭主妇。审美与身份、地位、工作无关，只与生活态度和人生态度等审美态度有关。

回到屋内的蓉蓉不一会儿背着小书包和妈妈出门了，母女俩径直踩着刚完成的作品走了过去，显然她们已经忘记了那场畅快淋漓的创作，也忘记了那灵动有趣的作品了，但是她们非常快乐——我相信，这是一场真正意义上的审美活动，没有任何功利性的牵绊和束缚。这不就像大地艺术家克里斯托所说的:"美是'自由的尖叫',它只关乎欢乐与美感。"

原来,这一家人快乐的源泉,是用善良、乐观、勤劳去创造并享受生活。以积极的生活态度生活着的,就是生活"艺术家",他们的"作品"即为生活。

二、美学渗透策略

这里所述的美学,是指与美术学习相关的形式美等美学基础。

学生经常会追问:什么是美的? 为什么是美的? 怎样更美? 美有标准吗? 如何才能达到美? 美的境界究竟是怎样的? 这些问题既是美术的问题,也是美学的问题。

如果将学生的这些问题理解为"美的指向性解读",那么就要从美学的角度去研究审美关系和审美意识以及美的创造、发展及其规律,去解读柏拉图的观点"美是美本身",尝试与德国哲学家、美学家鲍姆加登探讨:美学为什么是关于感性认识的科学,是以美的方式去思考的艺术?

如果从技术的角度去理解学生的问题,那么就要思考美术的概念及其内涵。通常来说,美术是指创作占有一定平面或空间且具有可视性的艺术,一般包括四大门类——绘画、雕塑、设计、建筑。随着时代的发展,美术涵盖的范围不断扩大,包括书法、摄影、电脑美术等。

此外,美学与美术学有着重要区别,美学将"美"本身作为研究对象,而美术学还同时涉及不少新的边缘学科与交叉学科的知识与方法。但是,美术学与美学之间并非泾渭分明,而是相互关联,甚至存在着最为直接而密切的关系。美学为美术学提供价值取向,任何美术活动所涉及的行为和作品的呈现,都与美学理念紧密地联系在一起。而美术学为美学提供了研究参考,实现器与道的共同提升,因为对于美术来说,技术水平的高低并不是全部,精神的表现才是核心,才是道。

所以,学生的追问不仅关乎构图、色彩、肌理、光影等美术表现方法,还关乎对称与均衡、对比与和谐、节奏与韵律等基本的形式美的法则,更关乎历史发展进程中,不同国家和民族的哲学观念、文化传统、宗教态度、性格气质、艺术趣味和自然观等因素。因此,基于审美人生教育重构美术课程,不能离开美学来谈美术,而是要渗透美学的基本知识和基础理念,以帮助学生更好地理解美术,继而感知、体验、分析、提炼、表达,以完成美学活动。

1. 形式美的形态的渗透

世间万物形态各异,它们以各自的形式存在着,多样且复杂。如何从美术的角度引导学生感知、判断、甄别、欣赏,汲取美的要素,感怀生活,感恩生命,是基于审美人生教育重构美术课程的重要指向和目标。

（1）自然美的学习与渗透

大自然气象万千，变幻莫测。春去秋来间，有“红入桃花嫩，青归柳叶新”的盎然与欣喜，也有“况属高风晚，山山黄叶飞”的沉静与感怀；风云雨雾中，有“白云如有意，万里望孤舟”的惬意与舒畅，也有“随风潜入夜，润物细无声”的美好与欢喜；江湖海潮里，有“大江东去，浪淘尽”的磅礴和豪迈，也有“争渡，争渡，惊起一滩鸥鹭”的优雅和浪漫……这是大自然给予人类最美妙的礼物。自古以来，人们都热爱大自然，咏唱大自然，迷恋大自然。一到节假日，各类景区永远人头攒动，人们已经自觉地将欣赏自然美景列为享受美好人生的途径，这是时代进步的象征。然而，面对大自然美景，“到此一游”者大有人在。虽然走马观花、浅尝辄止未尝不可，但我们是否可以有更高的追求呢？我们究竟应当欣赏什么、怎么欣赏呢？

中国人与自然山水相融合自古有之，自然山水早已成为人们心灵的慰藉和相濡以沫的生活旅伴。中国文化中将欣赏自然美划分为三个阶段，即致用、比德、畅神。也就是说，只有拥有欣赏自然美的基本素养，才能够畅快舒怡地感受并享受自然美，才能作用于人的感性和理性，唤醒人的审美愉悦，继而建立起人与自然之间最为直接和亲密的联系，这是适用地、功利地欣赏自然，这是基础境界的“致用”；只有拥有欣赏自然美的基本素养，才有足够的智慧从自然特征、现象中进行比附，以此来象征人的道德情操，并让自然成为生活环境的一部分，即为高层境界的“比德”；只有拥有欣赏自然美的基本素养，才能够在欣赏自然美景的时候，让身心沉醉其中，心旷神怡，继而达到“望秋云，神飞扬；临春风，思浩荡”的精神境界，让自然美成为生命活动中不可缺少的重要组成部分，这种无功利、无目的的审美情感，带着浓烈的美学内涵和美的精神向度，构成了欣赏自然美三个阶段的最高境界，那就是“畅神”。

无论是基础境界的“致用”，还是高层境界的“比德”、最高境界的“畅神”，前提都要读懂自然美。所以，懂得欣赏自然美，掌握基本的欣赏方法，学会挖掘自然美外在的和内在的意蕴，是基于审美人生教育进行美术课程重构的重要内容，即帮助学生通过美术课程学会看、想、悟和做。

一看。美术是视觉艺术，帮助学生学会看，是对眼睛功能的唤醒。要帮助学生看什么呢？包括看色美、形美、光美、影美，看时间美、角度美、距离美。

自然美品目繁多，它们作为审美客体几乎每一天都出现在学生的生活中。“生活即教育”，教师可将自然中的美景与教材内容相联系，建构丰富的课程内容，以提升学生的审美意识和审美能力。例如，学校有一池“百荷塘”，常引得学生驻足欣赏，那么它自然就成了美术重要的课程资源，课堂也自然而然地从教室迁移到了这里。下面结合这个案例展开说明。

看色美。在大片荷叶的映衬下，学生第一眼看到的是色彩各异的荷花，红的、粉的、黄的、白的……鲜艳欲滴，着实可人。学生利用课笺，自行绘制表格，将不同品种的荷花按颜色、形状进行归类，通过对比发现荷花色彩的美感不仅仅来自花朵本身，还来自墨绿色荷叶对它的衬托，花蕾与花瓣之间色彩的对比以及花瓣本身纹理的渐变。因此，色彩美是综合因素的大集成。学生在看的过程中分析光色的变化及其原理，不仅是简单地接受，更是主动地探寻。

看形美。学生一起围着荷塘寻找荷花的品种，看谁找到的品种多，并把不同品种的荷花的形状一一记录下来。学生发现荷花有很多不同的形状：有碟状的，这种荷花花态规整，盛开时花瓣平展如碟；有碗状的，这种荷花花态也比较规整，盛开时花瓣稍微合抱成碗的形状；有杯状的，这种荷花的花瓣较长，盛开的时候花瓣直立犹如一只杯子；有球状的，这种荷花盛开的时候犹如一只滚圆的球；有飞舞状的，这种荷花盛开时，花瓣有的斜上，有的下垂，飘逸潇洒，就像蝴蝶翻飞，婀娜多姿……学生在一一辨认、寻找不同形状的荷花过程中，通过查阅资料，认识了小舞妃、粉霞、龙飞、红台、玉蝶、黄舞飞等品种。同时，学生欣喜地发现，荷花的形美不限于此，还在于一根根墨绿的、长着小刺的荷梗托着荷花和荷叶高高地挺立在湖面上。于是，微风徐来，荷花摇曳多姿的原因被找到了。荷花的形式美是它的主要特征，学生通过看找到了这一特征。

看光美。没有光，就没有美。阳光下，荷花亭亭玉立，荷叶风姿绰约。教师带领学生席地而坐，迎着阳光望去，荷花的花瓣粉嫩精致，一条条花茎清晰可见，荷叶上的露水在阳光的照射下晶莹剔透，"像黑珍珠""像不锈钢珠"，学生这样比喻。光让许多细节呈现出完全不一样的样貌，通过看，学生的感知系统获得了发展。

看影美。有光就有影，光和影是一对"孪生姐妹"。学生在看的过程中发现，平静的水面让荷花呈现出完美的倒影，形成对称的构图形式，让平凡的风景变得恍若仙境一般。此时正好有红色金鱼来凑热闹，于是绝对对称的构图瞬间演变为相对对称。原本停留在书本上的构图知识随着时间、地点和教学方式的变化有了生动的演绎。

看时间美。时间是欣赏自然的一个关键的要素。一天不同的时段中，自然风景也呈现出不一样的姿态，早晨"红莲披早露，玉貌映朝霞"，到了傍晚时分就成了"开缄日映晚霞色，满幅风生秋水纹"。一年四季中的同一片山林，春天姹紫嫣红，夏天苍翠欲滴，秋季满山枫红，冬天银装素裹。正因为自然之景会随着时间而变换，人们才更热衷于在不同季节出游，以欣赏自然的多姿多彩。所以，学生即使已经非常熟悉荷塘，也会多次去欣赏，感知自然四季不同的美妙。

看角度美。正所谓"横看成岭侧成峰，远近高低各不同"，从不同的角度欣赏自然美景能发现它不同的韵味。荷叶，俯视如圆盘，侧视又像扇子，而仰视的时候则是一柄天然的雨伞。不同的角度塑造了不同的风景，平凡无奇的景色在俯仰之间就成了大自然鬼斧神工之作。在欣赏"百荷塘"的过程中，学生学会了从不同的角度去欣赏自然美。

看距离美。"距离产生美"是美学中一个著名的命题，说的是人们在欣赏自然美、社会美和艺术美等过程中，必须保持特定的、适当的距离，如时间距离、空间距离和心理距离，否则就会影响和削弱审美效果。就以空间距离来说，教师鼓励学生靠近欣赏，这样才能领略“小荷才露尖尖角，早有蜻蜓立上头”的灵动，也建议学生在父母的带领下泛舟于荷塘中，体会一下王昌龄的“荷叶罗裙一色裁，芙蓉向脸两边开”的雅趣，这是对事物细节美的欣赏。当然，远观才会有“湖里荷花百顷田，湿香如雾绿如天”的迷人景色，那又是一种别样的体验，这是对事物整体美的欣赏。由此，教师开展审美活动时，应注意引导学生从不同的距离欣赏事物，以产生不同的审美体验。

二想。“看”是直观的、功利的，是满足视觉和心理最初的需求，而“想”则是在“看”的基础上的审美判断，需要建立一定的关于美术形式美的基本概念。在教学中，教师应帮助学生在看的基础上想些什么？即想对比美、节奏美。我所在的学校每年暑期都会组织学生到国内外进行研学活动，在行前会议上，教师都会引导学生边走边想。下面以“游丝路，赏自然，悟人文”这个研学活动为例展开说明。

想对比美。因为有了对比，眼睛才能吸收大量关于物象的信息，让大脑迅速分析出物象之间的差别，继而能对焦并捕捉到想要看到的东西。大自然随处都有对比，教师应引导学生在大自然中感知色彩对比、形状对比、疏密对比、明暗对比、虚实对比。例如，倪蕴祥同学在游学中充分感知到了自然界的色彩之美，他在日记中写道：

> 甘肃的美在自然。天然矿物质的颜色将沙丘渲染成一幅幅美丽的画卷，不禁让人赞叹大自然就是天底下技艺最高超的画师。这些山丘不仅美在色彩，更美在独具一格的造型。看这边，你会联想到一个躺卧正熟睡的女子；看那边，你会想到在夕阳余晖下慢慢远航的帆船；转过身来，你则会看到绵延万里的长城。它们的雄浑、壮丽，无不归功于大自然的鬼斧神工，赐给了人们视觉的盛宴。

试想，如果没有看作为基础，倪蕴祥同学就不会对色彩美有如此深入的解读。

想节奏美。“节奏是事物内部结构或外部联系的和谐统一，是美的普遍规律，如果没有节奏，美会显得苍白无力。”[①]节奏是艺术作品的重要表现力，长短、轻重、停顿构成了和谐流动的美感，所以亚里士多德最早提出“节奏的本质是运动”。大自然从不缺少节奏美感，向日葵籽的螺旋排列，宝石花的花瓣由小到大的有序绽放，树叶的精准对生，都是节奏美。茫茫沙漠无边无际，阳光下的山脊棱角分明，颇有神韵与动感。一直生活在大海边的学生沉醉于沙漠的浩瀚无垠，因为行前会议的提醒，所以他们注意到了风吹过后，沙丘表面留下的一道道造型、深浅相似的纹理，在阳光的照射下，一面受光，一面背光，光影明暗相间，呈现出美妙的光影效果，沙浪的节奏感由此而呈现。屈俊宇同学在日记中就写道：“我在这浩渺的琴谱上骑着骆驼，一个纵队过去，犹如一个个琴键奏响着一首豪迈壮丽的沙漠赞歌。”

---

① 苏咏鸿．论纪录片叙事结构的节奏美[J]．许昌学院学报，2005(1)：75．

三悟。高尔基在论述自然美的时候说:"打动我的并非山野风景中所形成的一堆堆的东西,而是人类想象力赋予它们的壮观。"①余秋雨也在《文化苦旅》中写道,"我心底的山水并不完全是自然山水,而是一种'人文山水'。这是中国历史文化的悠久魅力和它对我的长期熏染造成的,要摆脱也摆脱不了。"②自然美景之所以让人流连,让人记忆,让人追捧,不只因为它是一处可看的风景,更因为它裹挟着浓厚的文化。那么,在看和想的基础上,还可以做什么?那就是悟。悟什么?即透过自然美走向更加深入的领悟,那就是悟历史美、地理美、人文美、意境美、和谐美。

悟历史美。看山看水,看天地,看人生。一眼千年,自然经过了历史的熬制,便有了味道。倪蕴祥同学在研学后写下:

> 甘肃美在历史。在风沙弥漫的大戈壁上,难以想象前人是如何在峭壁上留下痕迹的。莫高窟——这个历史悠久、庞大的洞窟群,是一个令人神往的佛教艺术殿堂……其中,最令我印象深刻的是一尊坐在九层塔中的弥勒佛像,这尊高35.6米的佛像与崖顶等高,巍峨壮观,令人心生敬畏,让人仿佛走进那佛教盛行的时代,静听那耳畔萦绕不断的佛经。

带着对厚重历史的景仰,学生感知到自然和文化的融合,感悟到文化对自然的塑造,也理解了自然与文化的天地契合。

悟地理美。例如,学生在本次研学中看到了丹霞地貌,在享受视觉美感的同时,了解了张掖那造型奇特、色彩斑斓、气势磅礴的丹霞地貌形成的原因,并感佩大自然给他们保存的距今约两亿年的壮丽礼物。许多学生通过研学喜欢上了地理,自发地研究究竟哪些地方还有丹霞地貌,除了丹霞地貌外还有哪些地貌类型,由此及彼,地理事物和现象的多样性也成了他们研究的对象。他们面对绚丽多姿的世界图景,无不为大自然的和谐美丽而震撼!"智者乐水,仁者乐山","性灵出万象,风骨超常伦",学生徜徉于山水间,尽享世界的和谐与美丽。

悟人文美。由古至今,文人墨客留下了大量赞美自然的诗篇。当学生诵读那些描写塞外大漠的诗句的时候,他们在不知不觉中从功利性地欣赏自然美景转为非功利地欣赏自然美景。例如,周晨曦同学的日记中记载了他对张掖丹霞地貌的感怀:

> 山水造就了世间美丽的生命。扔掉一切行囊,与晨光相伴,我们来到了七彩丹霞,车子缓缓地驶入了七彩丹霞中,一座座连绵不断的黄山映入眼帘,那是深邃的黄,有些山红黄相间。高大的山峦像一口井,此刻的我们就在这口巨大的井中。这些山让我想到了辛弃疾《江郎三和韵》中的诗句"三峰一一青如削,卓立千寻不可干",白居易《题天柱峰》中的诗句"天柱一峰擎日月,洞门千

---

① [苏]高尔基.苏联的文学[M].上海:新文艺出版社,1953:100-101.

② 余秋雨.文化苦旅[M].上海:东方出版中心,1992:2.

仞锁云雷”。

绚丽多变的自然风光让他的视觉、听觉处于高度敏感的状态，继而与古代诗人产生了强烈的情感共鸣，这就是审美人生教育的企盼所在。

悟意境美。意境是中国传统美学理论中最基础、最重要的审美范畴，也是欣赏自然美最富有中华民族特色的审美准则。王国维说：“境非独谓景物也，喜怒哀乐，亦人心中之一境界。故能写真景物、真感情者，谓之有境界。否则，谓之无境界。”[①]在他看来，意境强调的是人与自然的归一，将人之本性始于自然。所以，基于审美人生教育的美术课程重构要着力引导学生通过对自然景物的欣赏，融情于景、情景交融、天人合一。许朵同学写道：

> 去了敦煌才知道，这片黄沙下埋藏的是精绝古城，是丝路之魂，是千年的文化积淀。这是我第一次看到沙漠，广袤的大漠，死寂的沙海，仿佛大自然在这里把汹涌的波涛、排空的怒浪，刹那间凝固了起来，让它们永远静止不动。这是最原始的粗犷。这让我想起了李贺的《马诗二十三首·其五》中“大漠沙如雪，燕山月似钩”的壮阔。

梁启超说：“境者心造也。”随自然的咏叹，爱与恨，喜与怒，哀与乐，悲与欢都自觉与不自觉地渗透到欣赏的全过程，然后再以或图或文等形式将思想与情感的审美观点表达出来，这不正彰显着审美人的特质吗？

悟和谐美。古人有“天人合一”的观念，在一定的层面上包含着丰富的环境伦理和生命理性，它强调在人与人、人与其他生命之间建立起平等、公平的秩序，因而具有一定的伦理道德美。审美人生教育的目标是努力培养审美人，教育者需要清醒地认识到这一点，帮助学生通过欣赏自然，理解人与自然间的正确关系，理解人是自然的一部分，人类与自然是不可分割的整体，因此必须尊重自然，与自然和谐共处。有人预言：生态文化必将成为未来社会的主流文化，一场群众性的环保运动正在世界各地兴起。作为未来的公民，就应当成为主导这一主流文化的关键人群。

四做。作为美术教学内容的一部分，欣赏自然美的最高境界“畅神”的另一个表现形式就是做。做什么？即帮助学生欣赏自然美之后进行艺术转化。

艺术美的转化方式有很多，可以是以图绘景，可以是以文写景，可以是以摄影捕景，这是建立在美术专业技能之上的一种提炼和表达。例如，学生看到的浩瀚沙漠与天边落日交相辉映的画面，虽然画面上的景物不多，但是空间开阔，层次丰富，而且有线条、有色彩、有构图。从线条方面来看，一望无际的大漠上，纵的是烟，横的是河，圆的是落日，寥寥几笔，就用简约的线条勾勒出景物的基本形态，概括性极强；从色彩上看，色彩丰富，广阔无垠的大漠黄沙漫漫，黄昏橘红色的夕阳收敛了光辉，静静地居于天际，辉映

① 王国维.王国维文学论著三种[M].北京：商务印书馆，2001：30－31.

着波澜不惊的闪着银光的河水，沙漠上升起一缕白色的烽烟，直上高空，雄浑辽阔的边塞风光如在目前。这不就直接构成一幅颇有诗意的水墨画卷吗？所以，欣赏自然美之后进行艺术转化是审美人生教育正在倡导并践行的行动之一。

（2）社会美的感悟与渗透

社会美是美的形态之一，包括人类社会创造的事物的美以及人类精神、行为的美，这是一种积极的生活形象。学生是社会的一员，是社会未来的公民，培养其感悟社会美的能力，是美术教育义不容辞的责任。

首先是欣赏人的美。人的美是社会美的核心，包括人的外在的形象美和内在的心灵美。外在的形象美包括人的容貌、体态、服饰等综合因素表现出的和谐、均衡等美感特征，内在的心灵美包括人的个性品格、道德风貌等心理品质的美感特征。美术教学最主要的途径是依据教材，整合课程资源，引导学生对外在的形象美和内在的心灵美进行综合欣赏与评析，基于学生的日常生活重构美术课程，例如欣赏服饰的美。当下，许多学生所喜欢的汉服，不仅有着精美的刺绣，飘逸灵动，还传承和积淀了华夏文明璀璨的神韵和气质，它将内容和形式统一，再现了亘古不变的文质彬彬的中和之美。“霓裳”[①]一课就从认识汉服开始，教师通过欣赏与感悟激发学生对中国传统文化的兴趣，通过观察与体验帮助学生了解汉服的形制与特点以及蕴含的礼仪与文化，通过设计与应用帮助学生感受中国古代服饰特有的魅力。教师身穿汉服，与学生一起识读“霓裳”这个常常用来形容汉服的词语，随后一起研究汉服的历史背景。学生从中了解了延续五千年之久的汉服在不同历史背景下各具特色的款式。那么汉服到底有哪些特点呢？教师早已准备了一件最具代表性的秦汉时期的曲裾深衣让学生试穿。学生在试穿的过程中，了解曲裾深衣是深衣款的一种，特点是衣裳相连。对于第一次穿曲裾深衣的学生来说，他们遇到的第一个问题就是哪一边的领子该放在上面。学生通过查阅资料，明白了这种穿法叫“交领”，汉服一般以左前襟掩向右腋系带，将右襟掩覆于内，称为“右衽”。他们遇到的第二个问题是“没有扣子，该怎么办？”学生再次投入研究，发现了宽袖、系带的作用。他们遇到的第三个问题是穿完后不能大步迈开往前走，学生发现原来这是通过衣服约束人的脚步，以示礼仪。学生通过研究，发现了即使是穿衣这一早已司空见惯的日常活动，也包含着浓浓的中国传统文化。《左传·定公十年》就有“中国有礼仪之大，故称夏；有服章之美，谓之华”之说，服饰文化是华夏文明的重要组成部分，我们的穿衣已经不仅是为了遮羞、御寒、保暖，还有了礼仪、文化的要求。循着文化的脚步，学生在《捣练图》《簪花仕女图》等世界名画中追寻不同特点的汉服，探究款式、面料与色彩的特点，比较褙子与半臂褙子、比甲与云肩的差异，探寻汉、明两朝男款服饰的异同，发现不同时期的服饰的纹样特点。而后，全体学生组织了一场“我型我秀”的展示活动，学生带

---

① 本课获 2017 年江苏省初中美术优质课评比一等奖，执教者樊娟老师。

来了自己家中不同款式、颜色、风格的服装，聚集在一起，以小组为单位，根据随机抽取的“教师”“银行职员”“艺术家”“中学生”等不同角色，从众多服装中挑选组合服装，并分别从“美感度、舒适度、角色认同度”等方面说明挑选组合的理由，由此帮助学生理解服装与角色的关系，以及每一件服装背后的文化指向。正如郭沫若所说：“衣裳是文化的表征，衣裳是思想的形象。”这样的美术教学既是美术的，又是人文的，给学生带来的不仅仅是视觉性艺术，也是实践性艺术和愉悦性艺术。

其次是欣赏社会实践的美。社会美的根源是社会实践，它产生于人类的生产活动。人类为了生存、发展而从事生产劳动，在积累劳动经验及生产产品的过程中觉察到人的伟大的创造力、智慧和自由，从而产生欢愉的感受，从中逐步发展人的个性，因此人类的实践活动能够显示出社会实践美的光彩。美术从来不吝啬对社会实践美的表达和赞美。范宽，北宋华原人，他常年生活在陕西终南山、太华山的山林之中，访遍北方的山川奇峰，兼顾自然与亲身体悟，创作了赫赫有名的《溪山行旅图》。只要靠近这幅作品，一种气势雄伟的感觉便扑面而来，能带来这样感受的，首先应该归功于范宽对画面的空间布局：迎面耸立在画面中央的，是占据画面三分之二的主峰，它和两侧的次峰以及右侧的深谷瀑布构成远景，云雾缭绕之下，主山像鼎一样屹立在那里，显得格外稳定和高耸，这种中正、平衡的构图即为典型的“中峰鼎立”。画面中景，两座隔溪相对的山丘上，树叶繁茂，一座座寺庙建筑隐约可见，在左侧的树林后面，一位戴着斗笠、穿着僧衣、挑着扁担的人正缓缓走来。位于画面前景中的，是四头驮着沉甸甸货物的驴，两位行旅者一前一后，前面长着络腮胡子的带路人，一边拿着鞭子，一边回头看后面的驴。据说，范宽正是用这个人物形象来象征那些在尘世间放不下包袱，并且一直忙碌生活着的人们，这也无疑点出了画的主题——“行旅”二字。近景人物与远景主山的比例反差流露出范宽面对大自然谦卑恭敬的态度，这正是北宋山水画的精神所在，也表达了自然山川的壮丽。此外，我们透过徐悲鸿的《田横五百士》，能看到壮士们威武不屈的崇高的美；透过米勒的《拾穗者》，能感受到默默奉献的生产劳动者的淡泊朴素的美。崇高的美、壮丽的美、淡泊的美、朴素的美等等，都应当成为教育的重要内容。作为具有直观性这一独特优势的美术课程，理应发挥其积极作用，帮助学生感知社会实践的美，理解、认同社会实践的美，继而成为自己未来成长的指向和标准，这是具有现实意义的渗透着美学的教学。

再次是欣赏社会关系的美。社会关系的美属于社会美的一部分。例如，奉献、互助、和睦、团结、尊重、爱护等社会关系的美，体现了人类与自然的和谐共处，人与人的和睦相处。美术及其教育就是帮助学生通过学习，将这些社会关系的美注入心里，继而影响自己的行为。美术课程重构在实践过程中力求充分发挥课堂教学作为主渠道的作用，充分基于教材内容，在培养学生能力的同时，将积极的情感和正确的价值观自然融入课堂教学的全过程，以教材中的内容——詹建俊的作品《狼牙山五壮士》为例。这幅作品表现了1941年五位八路军战士为掩护部队转移，在狼牙山与日军血战，打尽弹药，砸毁枪支，纵身跳下悬崖的故事。在教学中，教师从四个方面进行有效渗透，将英雄气吞山河的英勇气概传递给学生。一是通过欣赏作品大气势的构图进行渗透。画面表现的是五位壮士跳崖前屹立在山巅的一瞬间，五位壮士的身影同狼牙山熔铸在一起的构图，就像是一座烈士与祖国山川同在的纪念碑，这一形象的表现升华了作品的主题思想。二是通过欣赏作品意象化的造型进行渗透。作者詹建俊只取大的形象，没有琐碎的细节描绘，没有细腻的写实刻画，整体的气势和神态却很逼真，充分表现了五位壮士那钢烧铁铸般的造型，姿势威武雄壮，气势严峻果敢。这种既保留写实的生动性，又根据心中的意象进行高度单纯化地处理，是詹建俊油画造型的特色。三是通过欣赏作品抒情诗般的意境进行渗透。画面上人连着人，人连着山，山连着山，人又连着山谷中腾起的雾气，连英雄脚下石上长的草，也像火焰在燃烧。比山峰高大、像山一般稳定的五位壮士的轮廓，参差起伏，节奏强劲，犹如一首豪放的抒情诗，感人至深。四是通过分享画家曲折的创作过程进行渗透。1958年初，一批优秀的画家为国庆献礼工程之一的中国革命博物馆、中国历史博物馆的开馆展览创作历史题材作品，27岁的詹建俊也在其中。他选定的题材是“狼牙山”，之后便开始酝酿、构思，并登上了五位壮士跳崖的地方。永恒的英雄精神冲击着他年轻的心，烈士忠魂化作刚健的群山，是他想表现的既深沉肃穆又雄健高贵的精神境界，于是草图渐渐清晰，但这一草图被否定了。詹建俊进行了修改，画成扔手榴弹、开枪或者冲出去……可总感觉没有原来的好，他深感痛苦。幸亏当时的中国美术家协会副主席蔡若虹坚决支持他，这一草图最终才得以过关，才有了今天这幅中国油画史上的传世之作。这幅作品既是中华儿女用血肉之躯舍身抗敌、宁死不屈的精神丰碑，也是中国近现代艺术史上感人至深的艺术丰碑。

2. 形式美的材质的渗透

纵观人类历史，中华民族可以说是最具有艺术感的民族之一，而中国的现代艺术教育却一直笼罩在西方语境之下。其实，我们作为一直使用象形文字的民族，对于视觉艺术概念的解释一直有着自己独到的方法。中央美术学院的蒋艳和王庚飞两位教授对此进行了专门研究，他们认为《荀子·正名》中的“形体、色、理，以目异”最能体现中国文化的视觉艺术特点，“形、色、体、理”既是四种视觉形式，代表对世间万物的分类方向，也是四个艺术创作的维度。这对美术教学有着借鉴意义，为中小学美术教学提出了一个新的教学思路。基于审美人生教育的美术课程重构可以此为路径，帮助学生进行形式美的材质的渗透，这种渗透是基于学生个人经验基础上的特性化呈现，而非千人一面的模式化的“给予”。下面以教学活动“窗前的绿植”为例。

第一，形。世间万物都有它独特的样貌，这在美术语言中表述为形。因为学生对形已有较广泛的认识，所以学生在对着绿植写生的时候，对形有非常明确的表达：叶脉清晰的叶子，像芋头一样发达且壮硕的根部，柔和的窗帘，木质地板，“收腰”形的花盆，等等。学生通过观察,描绘了他看到的、感觉到的物象的外貌特征。

《窗前的绿植》 黎雅哲同学

《窗前的绿植》 黄天益同学

《窗前的绿植》 施佳轶同学

《窗前的绿植》 徐天旸同学

第二,体。仔细观察学生所画的叶子,你就会发现很有意思的现象,那就是正面的叶子很多,这是为什么呢?因为正面的叶子最具特征性,即最像这种植物。这是视觉的最初印象,这是体的第一层含义,即最具代表性的形所形成的最初视觉印象。体的第二层含义,是指这最具代表性的形所具有的立体三维特性。例如,这种植物的叶子初看是平面的,实际上是三维立体的,它除了有宽度、高度以外,还有厚度,尤其在卷边的地方尤为明显。关于这一点,蒋艳教授和王庚飞教授进行了解释:"作为一个在三维世界的存在,物体在某些视觉角度呈现的是平面形,而不是立体形,即使是一个你再熟悉不过的物体,你也有可能不知道它是什么,这就要有'体'。关于'体'的视觉思维,除了对形状、角度的观察与思考外,还涉及空间中的大小、比例、质量,以及跟观察者的关系。美丽的蘑菇,在你看来是个小小的蘑菇,但对于蚂蚁,就是个遮风挡雨的亭子。"在教学过程中,通过教师的提醒,学生凑近仔细观察,终于发现体的存在,所以在接着表现的时候,体的概念不断得到加强。

第三,色。与形同时被表达出来的,是各个物象的颜色。因为本活动是再现性写生,所以学生真实地表达了他们所看到的物象的本有的颜色,即固有色,如绿色的叶、棕色的根、褐色的地板等。

第四,理。理即"肌理",是物象表面的偶发性的纹样效果,这也是物象的特征之一。再现性写生需要对肌理进行表现,这是材质美的重要方面。在本活动中,学生在理解的基础上采用各种手法对肌理进行了表现。例如,黎雅哲同学用点表现叶子表面突起的纹样，用断线的手法表现玩具熊表面的绒质纹样。

对“形、体、色、理”的认识和表现是美术学习中最基本的概念和语言，也是关于形式的材质美的最基本的认知。在重构美术课程的过程中，教师应不断通过各种方式帮助学生学会观察并表现世界万物。

3. 表现形式美的方式的渗透

美术表现是儿童与生俱来的能力，要使儿童对美感有敏锐的觉察力，并能欣赏生活中的美，就要学习表现形式美的方式。这些表现方式，蒋艳和王庚飞两位教授用“图、间、调、序”进行了概括。这里，以盛于同学创作的剪纸作品《老街记忆》为例作分析。

《老街记忆》 盛于同学

图是将物象在平面的纸上进行表现的结果，要依靠并使用美术最基本的表现语言进行概括并记录。通常地，美术表现语言指的是点、线、面，盛于同学在作品《老街记忆》中恰如其分地运用了点、线、面进行创作。点的形状各异，有圆点、方点、不规则点等，点是表现形式美最基本的方式，如作品《老街记忆》中，墙面下端的地基部分、屋檐以及桥下水面等皆以点的形式来呈现。许多的点串联起来，就组合成了形式美表现方法的另一种语言——线。不同方向的线给人不同的感觉，横向线带来平静、平稳的感觉，纵向线有坠落的意味，斜向的线能够使人产生纵深感。作品《老街记忆》中，交错的树枝、延展的屋脊、纵横的屋角，都是通过线表现的，线使物象具有明晰的轮廓。如若将线平移，就产生了面，面的大块构成，让画面形成美妙的层次与节奏的美感。

间，是在一个特定的空间内，各个体块以及区隔出的不同空间之间的组成关系。作品《老街记忆》画面中所表现的房子与房子之间、树木与小桥之间、石板与草丛之间，构成了一个个不同形状、不同大小的空间，这些空间与点、线、面等共同生成了画面的强弱对比的美感。

调，也就是美术中常说的“调子”，也是表现形式美的重要方式，是指各种色彩和谐地搭配在一起所产生的舒适的、愉悦的感觉。这在有色画面上很容易被看见、被感觉。《老街记忆》虽然为单色画面，但通过点、线、面等表现语言的有序排列、组合，也同样能使人产生和谐的感觉，所以调是一种广泛的形式美的表现手法。

序是指秩序、有序，是井井有条，有章有法，是对自然物象的高度提炼和归纳，它的整体的美往往具有震撼人心的作用，而这种条理化是人类最早使用的装饰自己生活的方法。

重构美术课程旨在通过具体教学培养学生的审美意识，使学生能够看到更多、更丰富的物象，并理解它们之间的整体关系，然后用美术语言表达出来，继而形成一种特定的思维方式，去欣赏世界万物，感知世界美好。

4. 表现形式美的方法的渗透

通常，大多数基础美术教学内容包括“图、间、调、序”这些表现形式美的方式的学习，因为这是最基本的美术语言，但这些方式关注的是表层的感知系统，还没有完全上升为艺术化的呈现。所谓艺术化的呈现，是指作者能敏锐地捕捉生活物象所传递出来的形式美感，熟练地调用美术表现语言，富有形式美地渲染直觉、情感和信念，通过丰富的表现技巧呈现。基于审美人生教育的美术课程重构希望在教学实践中追寻更高层次的艺术化的呈现，进行表现形式美的方法的渗透，根据蒋艳、王庚飞教授的观点，分为“造像、成器、表态、传达”这四个表现的方法。

造像。造像是指塑造物象的形象、形态，如何将三维世界真实地呈现在二维平面上，是古今中外的艺术家不断思考、探寻、努力解答的问题。蒋艳和王庚飞两位教授经过研究和梳理，认为在造像这个概念下，有五种不同的视觉思维方式，分别为“写实、写真、写意、抽象、影像”。两位教授对此进行了进一步的阐释：西方文艺复兴时期的艺术家们总结出了一套用“科学”的方法再现世界的描绘方法——“写实”，这是现今的艺术教学中普遍教授的一个类别；“写真”，就是“格物像形”，如何描绘、描绘什么才能画出世界之“真”，这是很东方、也很现代的思考方式；“写意”，是一种模糊但十分准确的描绘方法；“抽象”，也许很多人认为抽象与“象”无关，其实这是艺术家们努力寻找“象”的本质的结果，作为抽象符号的最高形式——汉字，是抽象思维最集中的体现；“影像”是最年轻化的一种视觉艺术形式，在人手一部手机的今天，这似乎是人们最易上手的一种形式，但如何利用影像表达，需要对影像这种视觉表达形式的方法有所了解。这给美术课程实施带来一个极大的启示，那就是在捕捉物象外形的基础上，要引导学生基于自己的理解进行塑造。塑造不等同于一模一样，而是理性认识基础上的感性发挥，也就是融入了情感的像。你觉得眼睛大很美，于是眼睛就可以更大更美，那么这种像就带着夸张的意味了，这就是塑造，就是造像。而究竟造像离真实的物象有多大的距离，那就看各人的理解和追求。基于这样的认识，美术课程重构所注重的不仅仅停留在对物象的描摹上，而是帮助学生关注情感元素，将心中的感知表达出来，以实现释放，使心情愉悦，继而追求心灵的自由。

成器。“成器”有多重解释。《易・系辞・上》中，“备物致用，立成器以为天下利，莫大乎圣人”，这里的成器指工具、器物。《礼记・王制》中，“锦文珠玉成器，不粥于市”，这里的成器指的是良器。《礼记・学记》中，“玉不琢，不成器”，这里的成器初义是指成为器具，后来比喻成为有用的人才。在美术的理解中，成器是指用尺度、比例、人与各类物象之间的关系组合成相互关联的艺术。这种艺术形象有两种方式，一是用于生活的使用和装饰的实用艺术，例如首饰、文房雅器等；二是用于文化的纯艺术，例如雕塑、绘画等。基础美术教学理应帮助学生学会调用资源、工具、材料进行造型成器，首先是打造成可用之器，然后融入对形式美的理解，加工成为好用的良器，乃至美器。

表态。态是一种势，是一种蕴藏的力量，是一种由心底生发的威力。如果说造像、成器是对物象的直接表达，那么表态就是借由造像、成器赋予物象一种特别的意味。例如，东山魁夷的作品《绿响》中，漫山遍野的绿树，传递着静谧、安详的态；华夏几千年的文化里，态始终是艺术的终极追求，长城看似由简单的平砖朴石垒成，却传递着巍峨、雄壮的态；怀素一挥而就的《自叙帖》，字字相连，普通人几乎认不出一个字，但人们从中能想象出他醉酒挥毫的过程，体会字里行间喷涌而出的如龙蛇竞走般的豪情，这便是态。美术学习就是对美术作品中态的寻觅、解读、理解和习得。

传达。美术是视觉的艺术，传达就是将艺术形式传递出去，让艺术被欣赏、被认同、被意会，所以传达应该是美术最初、也是最根本的意图。美术教学就是帮助学生通过理解形式美，将各类图形进行美的设计与表达，继而让他人看见。

5. 形式美的法则的渗透

人类在创造美的过程中，发现了一定的规则，根据这些规则所创作的作品被人们欣赏、喜欢、传颂，说明它们符合人类的审美心理，于是人们对其进行提炼、总结，逐步形成被广泛认同的审美准则，这就是艺术的形式美法则。从美术的角度来说，形式美法则包括统一与变化、对称与均衡、节奏与韵律、对比与和谐等，它们蕴藏在审美对象最平凡的外表和内涵中，因此容易被学生所忽略。基于审美人生教育的美术课程重构力求帮助学生透过现象看本质，学会利用形式美法则去感知美、欣赏美、创造美，继而转化为持续的审美意识，提升审美能力。

统一与变化。这是形式美法则中最为优先的法则。统一是指一种规整性，它能强化美术作品的整体感，但是过于统一则会给人单调、刻板的感觉。变化是一种改变，能让作品避免单调、刻板，使作品生动又活泼，但变化太多，又会显得杂乱无章，失去整体感。所以，把握统一与变化之间的度，就显得尤为重要。一般情况下，美术作品以统一为主导，变化为从属。比如吴冠中的作品《春如线》，画面充满了统一的美：线条方面，以外柔内刚的曲线为主；色彩方面，以浓淡相宜的墨色为主；形象方面，以大片流动的春柳为主；风格方面，以幽静舒雅为主；疏密方面，以不透风的繁密为主。这些方面构成了一种独特的整体感，也形成了专属于吴冠中的风格特点，能让人在众多作品中，一眼就分辨出来。当然，这幅画的画面上也充满了变化的美，比如在整体的统一性上，墨线中辅以色点，春柳中露出一座小桥，画面动静相宜，丰富而有层次感，构成了浪漫的、浓郁的中国文化风。事实上，优秀的画家能时刻关注统一与变化这一形式美感，让画面呈现出有序而多样的美。学生在美术创作时，往往不知如何有效地抓取和表现信息。如何帮助学生梳理有效信息，并能有意识地根据统一与变化的形式美法则，以其中某一点展开，使其成为画面的主体部分或者主要形式，成为作品呈现形式美感的“主宰”，是值得深入研究的重要课题。

对称与均衡。对称是指以中轴线为中心分成相等两部分的对应关系，如自然界中人的双眼、双耳或鸟虫的双翼、双翅。对称的形式给人以稳定、沉静、端庄、大方的感觉。中国是十分善于利用对称这一形式美的国度，以“故宫”为代表的建筑艺术，以“对马”为代表的民间剪纸艺术，以“中国结”为代表的民间手工艺，还有如龙门石窟的雕塑、敦煌莫高窟的壁画等各类艺术作品中，都不乏对称构图的形式，因为对称布局能够给人带来规律、理性、高贵、静穆的美感。但是绝对的对称又容易显得呆板。均衡是指视觉上呈现出一种自由生动的格局，并且达到内在的平衡，如一个人坐在凳子上，跷着二郎腿、托着下巴看书，这个动作看上去很不平衡、容易摔倒，他却能稳稳地坐着看很长时间的书，究其原因，就是因为他达到了内在的平衡，即均衡。美术作品大多具有均衡这一形式美感。当然，将对称、均衡两种形式有机结合并灵活运用，也是许多画家的选择。例如，俄国画家夏加尔就非常善于利用对称与均衡相结合的形式进行表达，以《生日》《我和村庄》《小提琴手》《蓝色恋人》等作品为代表，体现了夏加尔的艺术特色。可以说，学生天生具有运用对称与均衡的形式美的能力，倒是在经过美术教学之后，他们的这种形式美感的天赋有可能被破坏，以致怀疑自己的能力，当然这种怀疑也与对教师的崇拜有关。那么，美术教学如何帮助学生保留这种天赋，是美术教学值得深思的问题。

节奏与韵律。这两个词都跟音乐有关，节奏是周期性、规律性的运动形式。音乐靠节拍体现节奏，绘画通过线条、形状和色彩体现节奏，节奏往往呈现出一种秩序美。艺术家往往通过色块、形状、点、线、面等美术语言的变化，让它们在视觉上“穿成串儿”，形成跳跃式的块状、点状，继而产生一种节奏感。而韵律则更多地呈现为一种灵活的流动美。人在运动时是要换气的，而笔在“运动”时也要换气，这样勾画出来的线会产生节奏感，同时由于运笔的顿挫、及时的转换，则会呈现出似断非断、似曲非曲的审美意象，从而产生一种浑厚、凝重、古朴的感觉。正如宋代书画鉴赏家和画史评论家郭若虚论陆探微“一笔画”时说：“乃是自始及终，笔有朝揖、连绵相属、气脉不断。”线条的表现力是神奇的，或长或短，或平稳，或跳跃，或流畅，或凝重，或刚毅，或柔弱。折线有挫折扬抑之感，曲线有运动之感，交叉的线容易产生繁杂或紧张感。学生感受到了线条的节奏美，就会主动地去创造新形象，例如管滕燕同学所临摹的《朝元仙丈图》的局部。

《〈朝元仙丈图〉临摹局部》
管滕燕同学

对比与和谐。没有对比，就没有美。同样地，没有和谐，也就没有美。对比与和谐也是美术形式美法则中的基本形式。在美术作品中，缺少对比效果，就缺少活力，就不能在视觉上吸引人。对比有诸多层面，如虚实、聚散、繁简、疏密、主次、轻重、大小、方圆、长短、粗细、曲直、强弱、黑白、冷暖等，假如巧妙运用，形成对比冲突点，就能形成画龙点睛之笔。例如，在大片墨色的书法作品中，一枚红色的印章格外醒目，这就是对对比的绝佳运用。但是对比必须讲究和谐，例如红色与绿色这组对比色，假若两种颜色平分秋色，作品就会缺少和谐，缺少秩序和安定的美感。如果让其中一种颜色占绝对优势，起到统辖的作用，而另一种颜色作为次元素屈居从属地位，那么画面的美感就油然而生，于是便有了“万绿丛中一点红”这句关于色彩对比美的经典描述。当然，还有一种方法，就是降低两种颜色的纯度，或者融入对方的元素，相互妥协，减少二者的矛盾冲突，获得新的平衡，取得和谐的效果，关于这一点，莫兰迪色系就是最好的例子。从罗恩菲德的“儿童创造与心智成长阶段的表现特征”来看，学生对色彩有自然的敏感度，往往对比有余，和谐不足。基于审美人生教育的美术课程重构在展开图、色、调、序、造像、表情等教学过程中，不断进行这种形式美的渗透，帮助学生加强对色彩的认识，继而建构美感认知体系，为他们将来精致、优雅、有品位地生活提供服务。

除了以上形式美法则，还有条理与反复、动态与静态、整体与局部等法则。条理与反复法则中，条理是一种有序的状态，反复是指使某一母题多次重复出现。动态与静态这一法则常出现在美术作品的构图中，静中有动、动中有静、动静结合，是美术作品获得美感的关键要素。整体与局部法则，在美术表现上，整体关系的重要性远远大于局部关系，着眼于整体，需要有战略家的眼光，善于宏观把握，让局部服从于整体，但是如果没有各局部的美感，以及局部与局部之间形成恰当的联系，那么整体的美也就沦为空谈。

马克思在《1844 年经济学哲学手稿》中强调，艺术学习是在培养“一双能感受形式美的眼睛”，要知道，形式美从来不是显山露水地直接告诉人们它在那里，而是隐匿于繁复多变的世界之中。所以，基于审美人生教育的美术课程重构就是通过具体的美术语言的学习，引导学生在繁复的物象中剥离出符合形式美的审美对象，并感受这种美所带来的心灵愉悦，进而促使学生终身追求美、享受美，从而提升人生境界。

三、跨界整合策略

当下，跨界整合已经成为教育发展的新方向。这股教育热浪缘起于当下由于学科壁垒的阻挡，人的视野、思维、能力的发展受到限制的现状。教育一开始就是以跨界整合的面貌示人的。据《礼记・文王世子》记载：“凡三王教世子，必以历乐。”其中“乐”包括诗、歌、乐、舞，这是先秦时期艺术形式的一种整合。古希腊时期，雅典人的教育除了体育之外，音乐教育几乎包括了所有科目，雅典经济文化的繁荣与这高度整合的教育不无关系。艺术有一种天然的综合融通的取向，例如非洲的“恩戈麦”，其本意是指鼓、舞、节庆，它就是艺术自身综合性的代名词，也就是说没有纯粹的音乐，没有纯粹的舞蹈，它是内在的一种综合。所以有研究者认为，“人类的知识还处在混沌初开的状况，所积累的有限知识在本性上就是综合的"[1]。

1. 美术课程跨界整合的天然特征

从美术本体的特征来看，美术是指借助工具和材料，将历史、政治、心理、科学、社会、文化等进行综合表达，并转化为富有美感的视觉艺术。因此，美术具有天然的知识整合的特征。可以说，任何一幅美术作品都是诸多文化的大集成。有的作品诉说着历史沧桑，例如罗丹的雕塑作品《加莱义民》，用写实的手法记录了十四世纪百年战争时期，英国军队即将攻陷法国加莱市的时候，六名市民为保全加莱市城中的全体百姓，脚戴镣铐，手握城门钥匙，义无反顾，慷慨赴死，是法国人民难忘历史的见证；有的作品是文学的再现，例如明末清初的书画家陈洪绶，以简练的手法、含蓄的色彩、高古奇骇的格调，为大量文学作品创作插图，最负盛名的有《〈西厢记〉插图》《水浒叶子》等；有的作品演绎了高深的数学原理，例如埃舍尔创作的版画《瀑布》，其灵感来自英国理论物理学家、《皇帝新脑》一书的作者罗杰·彭罗斯所构想的"不可能三杆"，即三维直角结构：三个直角都很正常，但它们是以错误的、在现实中根本不可能存在的方式连接起来的，于是就形成了这样一个三角形，三个角之和为 270 度，而《瀑布》更诠释了一个逻辑悖论，也就是在描述一个形式系统时，只要有简单的初等数论描述，而且是自洽的，它必定包含某些系统内所允许的方法，既不能证明其真，也不能证明其伪，这也就是 20 世纪最伟大的数学成果之一——哥德尔定理……

事实上，一件美术作品通常是历史、地理、经济、文化等各领域的综合呈现，以南唐顾闳中的绘画作品《韩熙载夜宴图》为例。这幅作品不仅是美术创作技巧的大集成，还蕴含了丰富的知识。例如从表达主题来说，这幅作品的主人公是南唐吏部侍郎韩熙载，表现的是韩熙载宴请宾客这一事件，创作的目的是南唐后主李煜担心韩熙载密谋造反，安排宫廷画师顾闳中作为卧底前往窥探；从场景的细节来看，人物的穿着、家具、茶具、灯檠，都是服装史、美术史的研究资料；从画中人物来看，画中所描画的每个人都有真实的记载，新科状元郎粲、韩熙载的门生舒雅、高僧德明、舞姬王屋山等，都是南唐历史的再现；画中舞姬王屋山跳的"六幺舞"，是音乐研究的经典史料；画卷上留有各个朝代的书画名家的题跋、印鉴，这些都是书法、文学等的绝好的研究对象；这幅作品指向的隐形主角——南唐后主李煜，作为一名诗人，他的"无言独上西楼，月如钩。寂寞梧桐深院锁清秋。剪不断，理还乱，是离愁。别是一般滋味在心头"等脍炙人口的词句，生发开去，这是一个庞大的研究领域……所以，美术学科的跨界整合，可以以开放的姿态实现学科的多向延展，让学生求知的"触手"抓取不同领域的信息，学会迁移，在学科知识和技能学习的基础上，获取美的形式和规律。

---

① 杨爱程．论课程的综合化[C]//本书编委会．中国人文社会科学博士硕士文库：教育学卷．杭州：浙江教育出版社，1999：155．

与学科紧密联系这个特质为美术学科的跨界整合奠定了坚实的基础。例如,我们能从美术中找到文学的“影子”,包括文学插图、卡通漫画、书籍装帧设计、课本剧演出道具、词意画等;我们能从美术中找到数学的“影子”,例如认识对称、制作几何立体图形、认识数列、绘制图案、体验空间等。同时,美术学科的跨界整合也体现了教学内容相通相容的大教育本质,从表面上看,受益的似乎是美术关照的诸多学科,其实,真正受益的是学生本身,这为学生的发展提供了一个使其终身受益的学习方式和思维方式。

2. 美术课程跨界整合的基本策略

(1)课程内容的跨界整合

跨界整合的本质其实是一种多元的重组。江苏省南通市原美术教研员严抒勤老师提出,美术的跨界整合的知识系统和其结构形态应包含三个层面,即相邻知识的融合、科际知识的糅合和社会知识的汇合,分别对应学科内、学科间和学科外跨界整合,这也为美术课程重构从课程内容角度进行跨界整合提供了方向和依据。

学科内跨界整合。这种跨界整合强调的是学科内部知识的重组与改造,它在“维系学科课程逻辑与学术特点的同时,致力于打破的是知识的壁垒,强化的是新旧知识的融汇,协调的是‘经典性知识’与‘即时性知识’的冲突”①。从形式上看,它与传统的美术学科教学并没有太大的区别,以设计教学为例。传统的设计教学在突显工艺设计和制作的同时常辅以绘画,遵循“实用又美观”的设计法则。从这个角度来说,传统的设计教学也有着跨界整合的理念,但是它的教育价值取向是“知识本位”,也就是说工艺设计既是其教学的目的,也是对象,而绘画等手段是为了满足设计的目的而存在,强调知识的科学性和逻辑性,漠视了学生独特的个体体验,也没有培养学生多向抓取信息的能力。那么跨界整合背景下的设计教学是怎样的呢?以美术教学活动“美丽的书——封面设计”②为例——一名优秀的美术教师在教学过程中融合了美术学科的主要门类,将教学置于浓厚的学科文化背景中:她在课前播放视频《图书馆》,利用了影视艺术形式(在传统的美术门类中,影视艺术并不在其列,但是随着时代发展,影视、动漫、书法、摄影等都已经被纳入美术门类之中),让学生全方位地了解图书。在教学过程中,她通过“拆书”的游戏帮助学生了解书的组成、封面的结构以及文字、图形、色彩等封面设计三要素,随后再进一步讲解图书封面设计的方法。接着,她通过“小试牛刀”这一环节,邀请学生与她一起设计图书《昆虫记》的封面,一起思考、探索文字、图形、色彩之间的关系,帮助学生思考到底怎么排列才是美的,不仅提升了学生对构图与格调的审美判断,也提高了本活动的品位和格调,这部分内容是活动的重点,也是传统美术门类中的设计,即工艺。在设计工艺的过程中,她努力帮助学生尝试用绘画语言和形式进行封面图形的绘制,无

① 严抒勤.中小学美术综合课程研究[M].南京:江苏教育出版社,2004:8.

② 本课获2020年江苏省初中美术教学优质课评比第一名,执教者陈春燕老师。

论是请学生为丁立梅所著的《风会记得一朵花的香》等书设计封面，还是为自己喜欢的一本书和为自己的书设计封面，都在强化设计草图对于设计的重要性，这就是典型的美术门类中最重要的部分——绘画表现能力的展现。在本活动的最后，她带领学生将设计的封面包装到书本上，然后进行“书山”展示，这事实上是雕塑的一部分，即帮助学生建构空间立体概念。影视、设计、绘画、雕塑，本活动涉及了四个美术门类，可以说是学科内跨界整合在一个活动中的集中体现。

学科间跨界整合。这是指美术与其他学科之间的联手共进，围绕主题从不同层面揭示问题内核，继而解决问题。以美术教学活动“江山如此多娇——富有创造力的造型艺术”为例。《江山如此多娇》是两位中国著名山水画家傅抱石和关山月根据毛泽东的《沁园春·雪》的词意而作，作品最显著的艺术特点就是紧紧抓住核心——“娇”展开，如何帮助学生参悟“娇”这个“画眼”呢？教师对教学进行了多学科跨界融合设计。为了帮助学生感知经典艺术的高贵，教师活动前播放了文博探索节目《国家宝藏》的主题曲《一眼千年》，大气磅礴的旋律将学生带进了苍茫历史，带着对历史的敬畏，学生认真地观察画面，在仔细观察长城、雪山、迎客松、红日等细节之后，自然地联想到《沁园春·雪》的豪迈，继而集体诵读了这首词。教师从音乐和文学方面揭示了“娇”的对象是祖国河山。那么这幅作品属于哪一个绘画种类？学生从摄影作品中看到两位画家作画时的绘画工具，继而认为这是中国传统文化精髓的体现。教师通过摄影作品帮助学生理解这幅巨幅山水画所蕴含的“娇”的韵味。画家是为了画青松而画青松吗？学生通过对用墨、用笔和绘画速度的体验，发现画家在创作时投入的强烈情感，体会到画家是通过笔墨表达对祖国深沉的爱，发现了“娇”其实是借物寓意：旭日东升象征着中国共产党的领导，表达着人民对美好生活的期盼，四季山水歌颂着生命生生不息和祖国强大的包容力及创新精神，奔腾江河象征的是中华民族的豪迈气魄和新时代的伟大精神……在各学科自然交融中，“娇”的深层含义被一层一层地揭示出来。值得注意的是，在跨界整合的过程中，解决的问题是美术问题，解决的过程是围绕美术进行的联合行动，所以跨界整合的前提是学科的基本特征依然保留，然后再扩展其外延，继而形成一种多方联动的教学和学习形态。

学科外跨界整合。这里所说的学科外，是指课程之外的社会生活等，主要体现在与社会活动密切联系的层面，旨在帮助学生掌握美术知识和技能的同时，培养学生的情感感悟能力、生活感知能力以及审美素养，使学生的心灵世界与社会世界相连接。例如，与生活活动的跨界融合，教师围绕《江山如此多娇》的“娇”抛出一个话题：“你认为站在哪个地方能看到这幅作品所表现的全部场景？”学生猜测站在珠穆朗玛峰顶、飞机上、太空空间站等可能的场景，然后发现这幅作品既是现实主义，又是借物寓意和创意的组合，继而认为这幅作品被誉为“是现实主义和浪漫主义完美结合的典型作品”，以此理解了“娇”的意境。再如与社会活动的跨界融合，学校每年寒假都会开展一项综合实践活动"跟爸爸妈妈上班去"，请每位学生用两天的时间跟爸爸或者妈妈一起上班，与爸爸妈妈一起做早餐，一起乘坐交通工具，帮爸爸妈妈做力所能及的工作，然后再一起回家、一起做晚饭，直至休息。本综合实践活动的作业形式，是请学生用熟悉的软件进行艺术设计、制作一块图文并茂的汇报展板，这既是在考验学生对这一社会活动了解的程度，同时也是美术在社会活动中的实际运用和升华。

（2）教学方法的跨界整合

要使课堂成为学生自由、和谐、发展的最优化的环境，教师除了将教学内容在学科内、学科间和学科外进行联合，使教学具有开放性和灵活性以外，还应有意识地加强本学科与其他学科的联系，将各门学科的"单向作战"转变为多学科互相协作的"立体作战"，形成跨界整合的新局面。这种从教学方法角度进行的跨界整合，可以称之为"课程联合教学"。

课程联合教学有以下特征：一是主题性特征，即围绕一个主题开展教学，这是本质属性；二是活动性特征，跨界融合针对的是训导式的教学、一言堂式的教学；三是聚生性特征，也就是让学生主动地、积极地参与学习；四是情境性特征，是指在一个特定的情景下开展的学习活动；五是全方位特征，是包括学生视觉、知觉等全方位的学习。

课堂教学革命主要体现在三个方面，分别是教学组织、教学资源和儿童学习方式。课程联合教学向现有的课堂教学发起挑战，主要体现在以下三个方面：一是对教学组织的挑战，班级授课制以分科教学为主，儿童的学习方式是被固化的，学时是被固定的，而课程联合教学根据具体内容进行了有效变革；二是对教学资源的挑战，分科教学是指各个学科按照自己的逻辑进行教学，而课程联合教学则根据主题，由教师与学生进行协商，寻找共同需要的资源进行教学；三是对儿童学习方式的挑战，学生习惯按照一门学科、一门课进行学习，习惯被教师"牵着走"进行学习，而课程联合教学允许学生根据自己的理解组织主题，跳跃性地集合和勾连各门学科相关的知识点，形成一个知识网络。

综上所述，课程联合教学的价值取向，就是实现全人的教育。基于审美人生教育的美术课程重构倡导从同一学科到双学科再到多学科进行多角度、多层次的跨界联合教学。

同一学科跨界联合教学。这是以突破教师专业能力为目的的联合教学。美术教师的专业背景和专业能力各不相同，在开展专业性很强的教学活动的过程中，可以强强联手，有效规避教师个人的专业短板。例如在进行美术教学活动"教你看懂世界名画"时，三位美术教师共同执教了这个活动。擅长整体架构的教师从历史的角度，帮助学生建立了关于世界美术史的"知识树"。对西方美术史、中国美术史有深入研究的教师，与学生一起从岩画到敦煌壁画，从汉画像石到镶嵌画，从阎立本到乔托，从石涛到达·芬奇……对世界的美术经典作品进行了梳理与赏析。还有一位教师则与学生一起进行水彩画的学习，打开学生的视野，引导学生进行沉浸式学习。

双学科跨界联合教学。由于学科之间存在着壁垒，且学生习惯于单向学习，所以横亘于各学科之间的那堵“墙”很难被打破。课程联合教学则是在引导学生尝试打破这一局面。语文教学活动“彩色的梦”与美术教学活动“奇妙的想象”有诸多联系，于是以“梦境”为主题，语文教师和美术教师联合进行教学，帮助学生发现它们之间的内在联系。首先，语文教师与学生一起朗读诗人高洪波的儿童诗《彩色的梦》，回味彩色梦想的奇妙，思考诗歌第一段中“一大把彩色的梦”是指什么，这些梦可以是哪些颜色的。接着，学生展开奇妙的想象，语文教师带着学生一起模仿诗句，说一说想象的画面；美术教师带领学生感受丰富的色彩，说说梦境是什么颜色的。然后，教师与学生一起合作，创作了梦境的底色，在这个环节中，两位教师联手帮助学生展开想象，将语言活动与视觉活动、审美活动勾连，让语言思维通过美术思维的作用变得有影有踪，可观可寻。最后，语文教师启迪学生用自己的话来说说看到的景物，帮助学生体会诗人用美妙的诗句为彩色的梦勾画了森林、小鸟、小屋和太阳等细节，让梦有动有静，有声有色，有滋有味；美术教师则引导学生再次展开想象的翅膀，“会有谁光临我的梦境呢？他们会做什么？还有哪些色彩鲜亮的景物？”学生通过欣赏夏加尔的作品《故乡的梦》《我和村庄》，学习多个梦境的组合，让梦境美妙又神奇，并在绘画作品上写下自己的诗句。这节课打通了语文学科和美术学科之间的壁垒，让学生沉浸于大量的情境与互动经验之中，学生所有的感官和整个的生理机制都处在最佳状态。如果说美术与文科科目较容易实现跨界联合，那么理性十足的理科教学容易做到吗？答案是肯定的，以数学学科为例。有一位数学教师在进行“地形图的判读”的教学活动时，首先给出了材料：“中国第三大淡水湖——太湖，位于江苏省无锡市，平均水深 2 米，最深处约 4 米。黄塔顶是无锡下辖宜兴市的第一高峰，也是苏南第一高峰，海拔 611.5 米。”随后在“知识延伸”部分，教师请学生“根据上述条件设计一幅山水图，并跨学科地进行想象和拓展。”于是学生纷纷用绘画的形式表达天马行空的想象，用山水画的构图和笔意进行了创作，将所示材料进行完美表达：为了契合“山水画”的要求，有的同学用带有“披麻皴”的表现手法，将山描绘得比较生动；为了与题示所给出的基本条件“江南”相吻合，有的学生将山画得秀润多姿、连绵温润，不似北方的山那般雄伟壮丽；有的学生的作品中虽然没有体现“太湖”，但是通过两端的虚化表现，呈现出烟波浩渺的感觉，基本表现了“澄明远水生光，重叠暮山耸翠”的审美意境；有的同学以比较强的理性思维进行“图解”，用简笔画表示山和水，并标注了尺寸，作品中充满了理性分析，纯粹是符号化和概念化的表达，美术表象成为题示的“示意图”，缺少对山水风景的感性理解基础上的审美表达。

多学科跨界联合教学。多学科跨界整合的联合教学是一种多元开放的教学，它从教师的联手走向课程的联合，从形式的联教走向内容的联发，从学科的联系走向知识的联动，再次让联合教学从表象走向深入。2016 年里约奥运会上，场地自行车女子团体竞速赛决赛中，由宫金杰和钟天使组成的中国队以 32 秒 107 毫秒夺冠，这是中国自行车队历史上获得的第一枚奥运金牌。在欢庆这一历史性胜利的同时，人们被宫金杰和钟天使的自行车头盔上的穆桂英和花木兰图案惊艳到了。这个具有符号性的事物一出现，立即引发了学生的追问：这些图案分别代表什么？属于中国文化中的哪一部分内容？为什么选用这个？有什么寓意？如何制作的？谁制作的？我能拥有吗？在哪里运用呢？……因此，语文、美术、体育三个学科的教师尝试进行多学科联合教学，把这些问题以课程的形式串联起来，为学生提供了一种稳定和熟悉的环境，以尽可能地满足学生的求知欲。一是课程内容的跨界整合。在这一多学科的联合教学活动中，有语文的新闻报道撰写，有美术的中国脸谱艺术的欣赏和学习，有体育的滑动速度训练，教学内容的开放，使人对意义的搜寻有了路径，同时也有了输出的通道。二是教学过程的跨界整合。杜威认为，教学过程必须以儿童个人生活实践或直接经验作为学习的中心，要求围绕特定的生活事务来学习知识，即"由做而学"。杜威把教学过程分为五个要素，它们构成不同的阶段，分别是"学生要有一个真实的经验的情境，要有一个对活动本身感到有兴趣的连续的活动；在这个情境内部产生一个真实的问题，作为思维的刺激物；他要占有知识的资料，从事必要的观察，对付这个问题；他必须负责一步一步地展开他所想出的解决问题的方法；他要有机会通过应用来检验他的想法，使这些想法意义明确，并且让他自己去发现它们是否有效"①。杜威重视学生的主动活动及其亲身经验，是针对传统教学的缺点而提出的，这是有一定意义与作用的。所以，跨界整合的真实情景，与生活息息相关；跨界整合的真实问题，是学生的积极主动参与；跨界整合的知识资料，是学生亲自探究的过程；跨界整合的解决方法，是学生的动手操作；跨界整合的解决路径，是引导学生走进广阔的学习空间。当然，多学科跨界联合教学也面临着巨大的挑战，既有来自教师知识结构、协作能力的挑战，更有来自教育管理的挑战，例如课时的统筹协调等，这其中蕴含着一种值得探索和思考的教学理念、教育哲学，使多学科跨界联合教学充满迷人的魅力。

美术跨界整合旨在突破学科界限，扩展学生的知识，帮助学生形成创造性和发散性的思维，培养学生跨界运用知识解决问题的能力。因此，美术跨界整合必须要充分考虑跨界整合的应用范围和对象。美术跨界整合的形态结构看起来不像分科课程那样系统、严密，但是它内在的系统性和知识结构依然是存在的。

教育以为社会培养合格的人才为最终目的。柏拉图认为教育应使"心灵的和谐达到完美的境地"，鲁迅、蔡元培倡导"养成健全的人格"，马克思主张培养"体力和智力都得到充分的、自由的发展和运用"的全面发展的人。现在，美术的跨界整合，为人才培养渠道的多样化提供了保证。

① 赵祥麟，王承绪．杜威教育论著选[M]．上海：华东师范大学出版社，1981：191．

四、情境沉浸策略

《普通高中美术课程标准(2017 年版)》前言中，关于“学科课程标准”的解读，作了如下表述:“重视以学科大概念为核心，使课程内容结构化，以主题为引领，使课程内容情境化，促进学科核心素养的落实。”这一新观点、新举措是《普通高中美术课程标准(2017 年版)》的重要思想和核心要义，旨在引领美术教学从美术知识碎片走向文化整体理解，从美术学科教学走向人文素养教育。其中关键句之一“课程内容情境化”，对于一线美术教师而言既熟悉又陌生。熟悉，是因为在《义务教育美术课程标准(2011 年版)》中提出的“广泛的文化情境中认识美术”的指引下，教师通过创设情境性学习氛围，设计情境性学习主题等方法和路径，将情境逐步融入教学行为中。陌生，是因为“课程内容情境化”这一新概念的提出，教师该如何在美术教学实践操作中进行落实？关于这一问题，沉浸式学习可以以其独特的优势进行回应。

1. 美术沉浸式学习的价值意蕴

沉浸式学习源于沉浸理论。沉浸理论认为，当人在投入有趣的情境中时，会在内部动机驱使的作用下，集中注意力，过滤掉所有不相关的知觉，从而进入沉浸的特殊心理状态中。美国的教师早些年曾尝试利用这一理论进行教学，尤其在语言学习领域中，他们全天候使用目的语进行全封闭的语言教学，使得学生学习成效显著，因此沉浸式学习得以推广。在信息技术和科技迅速发展的当下，教师以实景或者模拟情境开展沉浸式学习，帮助学生获得身临其境的体验，继而助力学习，这对于美术课程内容情境化的落实与实施，价值尤为突显。

（1）情境营造，唤醒学生学习的兴趣

沉浸式学习的第一要素是情境氛围，因为在美术学习活动中，感知是出发点，它能触发情感、引发想象、加强理解。例如，一个主题性美术展览往往能够集中展示与之相关的实物、图文、影像等各类资料，这是常规教材所无法比拟的，它突破了教材的局限而能够做到三维立体和丰富多样，再辅以灯光、布景等效果，主题突显，氛围浓厚，学生徜徉其中，感官系统被充分打开，眼感知图文信息，脑反馈刺激思考，口进行交流分享，手协同创意表达，继而完成系统性的学习。这一过程充满了可感性，学生沉浸其中，学习变得有目标、有趣味，学习兴趣被有效且充分地唤醒。

（2）实物比析，提升学生感知的能力

沉浸式学习的第二要素是实物资源，这是美术学习得以深入的最佳载体。美术是视觉语言，学生对美术的认识、理解，都是通过对对象的观察来完成，而实物作为视觉对象，能提供最为真实和完整的信息。当学生面对实物的时候，实物便成为他观察、研究的对象，他可以近观、远看甚至触摸，可以单件研究，还可以进行多件比较分析，于是材质、纹理、造型、色彩等美术知识在实物的细节中被一点点读取，历史的、科技的、人文的、生命的、社会的元素被串联后冲破了实物本身,成为一个立体的知识结构,萦绕在他和实物的周围,从而支撑起他的知识系统,在提升他的感知能力的同时,学习就这样变得生动而丰满起来。

(3) 专业解答,促进学生持续地理解

沉浸式学习的第三要素是专业知识体系。无论是情景主题设计,还是实物陈列布置,在沉浸式学习中,都会按照一定的逻辑结构展开,比如年代、流派、主题等。与此同时,配合实物展出的,还有很多说明性图文,如介绍性文字、说明性图示等,有的还配有蓝牙语音解读或者讲解员,这给学生深入学习提供了专业性的指导,继而为学生持续地理解夯实了基础。

综上所述,沉浸式学习为美术学习开辟了新的途径,它让美术知识和技能变得更加可亲可感,让学习方式变得更加生动活泼,让教学过程变得更加开放且深入。

2. 美术沉浸式学习的实践操作

沉浸式学习在付诸教学实施的过程中,为了保障学习顺利进行,可以有以下操作策略。

(1) 以学科大概念呈现学习主题

沉浸式学习主题的选择和确立,宜大不宜小,原因有三:一是大情境氛围营造的目标指向非常明确,课程资源容易集中;二是大主题更适合展开开放性学习;三是可以为学生提供更加自由和充分的分析、联想、整合等思维空间。主题的来源通常从美术学科大概念中进行选择,它可以是自然维度的,例如表现四季的主题绘画展;可以是社会维度的,例如表达亲情的主题创意设计展;可以是生命维度的,例如围绕爱国情怀的现实主义画展;可以是历史维度的,例如明清宫廷瓷器展;可以是工艺维度的,例如榫卯结构木器展……好的主题往往是国家美术课程的逻辑起点,又包含能引发学生探究的欲望,满足其审美需求的内容。

(2) 以实物实景营造学习环境

开展沉浸式学习的理想状态是学生徜徉在由展品构成的情境中进行学习,所以围绕主题陈列的最佳的展品是实物,其次是尽可能高度还原的仿品或者是虚拟作品、复印资料。越真实的就越有视觉冲击力,也就越能激发起学生探求知识的欲望。当然,要做到这一点,一方面需要学校的大力支持,需要投入一定的精力、财力和物力;另一方面也需要教师具备课程意识,及时收集相关资源信息,为学习活动做准备。

(3) 以问题驱动作为学习策略

无论是大主题还是实物实景,呈现在学生面前的,都是开放式的、多元化的,稍不留神,学习就可能处于无组织、无系统的松散状态,演变成一种过眼云烟式的简单游览或单纯参观。因此根据主题情境,将课程内容设置为层次鲜明,具有系统性、有序性,相对独立而又相互关联的问题链极为关键。例如围绕“清代宫廷陈设的瓷器美在哪里”这一核心问题，教师设置了如下子问题："这里有哪些不同材质的瓷器？""不同的材质带给你怎样的美感？""这些美感是通过哪些细节传达出来的呢？""哪一件瓷器最吸引你？选择一件最吸引你的瓷器，分别从造型、色彩、纹样、寓意等方面进行描述。"这一组问题链在形式上表现为围绕核心问题一问接一问，一环套一环；在内容上表现为问问相连，环环紧扣；在目标上表现为步步深入，由此及彼。

（4）以合作探究升华学习内容

合作探究是未来学习的核心，这既包括教师与学生之间的合作探究，学生与学生之间的合作探究，也包括学生与资源之间的合作探究。对于一个大主题的学习，需要比较深厚的专业知识和广博的关联知识作为支撑，这不是一个学生依靠个体知识和学习行为能顺利完成的，需要依靠同伴、教师、解说员甚至专家等指导者给予的帮助。合作的前提是合作双方自觉自愿的分享，所以沉浸式学习倡导自由组合的方式，形成自觉分享的格局，以达成合作目标：一是资源共享，我会的我教你，你会的你教我；我们都不会的，我们共同研究，促进组员之间分享学习内容、感悟以及学习资源、平台、方法等。二是组间同质，实力均衡，让刚组建的合作体之间整体水平相当，形成竞争态势。三是组内异质，同质结对，充分尊重学生个体学习和发展的需要，使每个小组成为合作互助、独立运行的团队，达到整体推进、同步提高的效果，继而促使学习更有成效。

（5）以品读美术文化展示学习成果

"把自己的作品与大师的名作放在一起，成为这情境中的一部分，想想都美！"在沉浸式学习中，美术学习成果的检测与展示也因情境的真实存在而显得与众不同：一是检测内容以读取主题所蕴含的美术文化为主，例如"母爱"主题展中，学生通过对一系列相关绘画和雕塑作品的欣赏，用文字、绘画等形式感知、表达母亲的无私与伟大。二是成果形式主要以学生自主选择为主，有的可能是以还原为目的的基本临摹，有的可能是有意识地改变构图、色彩、画种等方面的创意性临摹，也有的可能是用评论、微小说等方式完成的欣赏评述。三是展示的空间以融入情境为主，可以在情境场地进行独立展示，更可以作为延伸作品与实物放置在一起进行展示。这些多样的学习成果展示形式极具魅力，是学生全身心投入的重要推动力。

（6）以解决真实问题指导学习评价

沉浸式学习的目标是在情境中探究，在情境中习得，因此，学习成效的评价也就直接指向主题情境下的问题是否已经得到解决，例如学生是否读懂了主题，是否了解了几件作品以及它们的美感的来源，是否掌握了解读、欣赏这类作品的方法，是否与其他学科知识产生了勾连，是否将之放在了一个历史的背景下去认识……如果说这些评价是在解决真实问题，那么，更有价值和意义的评价则是指向新问题的产生，例如是否还想了解更多，是否还想再来一场这样的学习之旅。评价的意义不仅仅是学会了，而是更想学。

无论哪一种策略，其目标都指向人——学生，都是为了帮助其通过情境学会学习，继而提升审美素养，观照生活经验，获得美的享受。

3. 美术沉浸式学习的基本样式

基于情境对美术学习的重要性，许多美术教师开展了大量关于沉浸式学习的教学尝试，根据资源类型，大约有以下几种基本样式。

（1）主题展览式学习

这是目前最常见、应用最广泛的一种沉浸式学习样式，因为它能充分践行“课程研发应当成为学生学习的重要组成部分”这一教学理念，我策划的美术课程“中西剪纸艺术比较研究”就是一例。

例如在资源收集环节，我首先向学生发出征集通告，将主题、目的和要求做了简明扼要的宣传。学生提供了大量剪纸作品，既有作品原件，也有作品的电子文件，我也将日常收藏的剪纸精品悉数奉出。接着，我组织对剪纸颇有兴趣的学生和教师一起将收集的剪纸作品进行整理和归纳，按照国家、风格、时间等进行分类、展出。师生在联手架构起一个作品丰富、风格多样、有一定知识系统支撑的“剪纸艺术馆”的同时，学习已经开始。

再如在场地选择环节，我将选择权交给了学生，学生咨询了学校的功能室管理员，通过现场考察、对比协商、租赁签约，最后“征用”了学校的“阅读吧”。学生选择“阅读吧”作为场地的理由有以下五条：一是宽敞，能给学生提供自由学习的空间；二是有现成的书架可供展示剪纸作品；三是有一批图书、杂志等资料可以阅读、参考；四是有围坐的阅读桌可供小组合作、交流、学习；五是“阅读吧”的环境充盈着浓浓的书香气息，为学生的沉浸式学习提供了良好的环境。这一过程也让学习提前发生，因为学生收获了人际交往、审美判断等诸多美好，而这何尝不是一种课程内容的情境化呢？

当然，主题展览式学习从组织到开展，需要教师的运筹帷幄、统筹协调，这不仅仅是对教师教学实施和课堂驾驭能力的考验，更多的是对教师课程意识、教学管理以及教育情怀的考验。

（2）虚拟美术馆展式学习

随着信息技术的迅猛发展，网络资源爆炸式地向我们喷涌而来，这无疑增加了大量美术课程资源。如果能将这些美术课程资源引进课堂并加以有效利用，在帮助学生打开视野的同时，能够使学生学会如何利用资源进行学习。所以，在网络环境下开设虚拟美术馆展式学习，是沉浸式学习的新趋势。以我开展的美术课程“《韩熙载夜宴图》赏析”为例，这一课程资源来自故宫博物院出品的应用程序“韩熙载夜宴图”，将之引入美术教学发挥了极大的优势。

首先，帮助学生实现整体沉浸。作为中国十大传世名画之一的《韩熙载夜宴图》，学生少有机会能一览全貌，但在应用程序“韩熙载夜宴图”平台上，学生能根据自己的欣赏意图，轻松实现对作品画面进行缩小和放大，通过远距离的整体观摩和近距离的细节分析，从而获得对整件作品的初步认知，继而提炼和描述这幅作品究竟“画了什么”。

其次，帮助学生实现局部感知。《韩熙载夜宴图》与其说是一件绘画佳作，还不如说是一座文化宝藏。我请学生以小组为单位确立研究主题，基于应用程序“韩熙载夜宴图”，对作品中的人物、器皿、舞蹈、音乐等单个内容进行细节性展示和介绍，以小组合作的形式品读和研究蕴含其中的构图美、色彩美、节奏美以及历史背景等，逐步架构起围绕作品的知识脉络，揭示这幅作品是“怎么画的”。

再次，帮助学生实现整体回望。在前两者研究分析的基础上，学生可以鉴赏家的姿态，对作品的题跋以及应用程序“韩熙载夜宴图”平台所链接的史学、文学、书法艺术等相关知识进行分析，站在文化角度和美术乃至美学角度，对作品的价值、画家的艺术观、主人公的心理等发表建设性的评述，继而品鉴这幅作品“画得怎么样”。

学生的学习颇有心得，他们通过对这幅连环画式作品中前后出现五次的主人公——韩熙载进行前后比照，结合作品的历史背景，认为韩熙载是一个矛盾体：他一方面希望能一展抱负、兼济天下，成就一个“大我”；另一方面面对国家危难，他深感自己无能为力，就选择逃避现实，完成一个“小我”。学生通过反复比照，认为作品充满了节奏之美，有同一种色彩连线后呈现的跌宕起伏的节奏美，有因人物动态变化形成的时空流转的节奏美。学生甚至在画面上发现了唯一的照明工具——一支蜡烛，并通过对这支蜡烛已经燃烧了一半的这一细节的研究，提出了作者顾闳中借此传达了对国家命运深深忧虑的“言外之意”的见解。同时，学生也逐渐明白了这支蜡烛存在的价值——画家借此说明了夜晚这一时间段，从而理解了中国画所特有的“计白当黑”的美感特征。

类似的应用程序又何止“韩熙载夜宴图”呢？单是故宫就已经研发了“胤禛美人图”等十个应用程序。又何止故宫出品呢？现在国内外几乎所有的大型博物馆、美术馆都已经在集中资源倾力打造、研发类似的应用程序。又何止应用程序呢？其他形式的虚拟资源越来越多……未来将有更多的资源融入美术学习中，事实上，将至已至，未来已来。

（3）博物馆群式学习

开展沉浸式学习最便捷的途径就是在博物馆、美术馆中进行，因为它具有最真实的情境、最现成的实物和最专业的知识体系。因此，在条件许可的情况下，教师可充分利用博物馆等场所展开教学。当位于我校不远处的江海博物馆举办“文房雅玩——馆藏文房用品特展”时，我便向学校申请，组织学生逐班前往开展沉浸式学习。

为了深入展开学习，帮助学生获得持续性理解，我首先将问题印在课笺上发给学生，引导学生借此对展品实物进行观察，将笔、墨、纸、砚、印及其延伸品做分类检索，再通过对实物细节的观察，借助文字标签，了解不同文房用品的用途、材质、形状、纹样等内容。随后，我和学生一起仔细品读展品《竹刻镂空人物香筒》，研究香筒上所刻画的

《西厢记》第四本第二折“拷红”这一细节，帮助学生在学会观察的同时，更明白跨界学习的重要性。

在学习过程中，小组合作探究是最基本的学习形态。学生自由组合，就共同的话题展开讨论，在相互启迪和咨询解说员之后，他们逐步解答了问题链中的高阶问题，诸如：“为什么要焚香？”“古人的文房四宝为什么那么别致呢？”“书房对文人来说意味着什么呢？”在特定情境中，学生的学习集中且高效，这是沉浸式学习的理想目标和美好期许。

开展沉浸式学习对于教师而言，是一场向自己发起的挑战——既是对课程意识的挑战，又是对课程研发能力的挑战；既是对情境的营造水平的挑战，又是对展品的熟悉程度的挑战；既是对开放环境下学生的管理的挑战，又是对组织过程中人际交往能力的挑战。然而，无论是何种挑战，无论挑战形势有多严峻，沉浸式学习必将成为师生追捧的一种学习方式，因为它魅力无穷——它是实践探索的，它是以学生亲身体验为核心的学习过程；它是跨界综合的，它需要调用系统的知识才能完成学习任务；它是生活经验的，它为朝向真实问题而来，也为解决真实问题而去；它是面向未来的，它为了学生的当下，更为了学生的未来。由此，“课程内容情境化”扎根在了教学现场，让学习既有意思，又有意义。

五、问题驱动策略

《普通高中美术课程标准(2017年版)》“前言”中，关于“学科课程标准”作了如下阐释：“引导教学更加关注育人目的，更加注重培养学生核心素养，更加强调提高学生综合运用知识解决实际问题的能力，帮助教师和学生把握教与学的深度和广度”。这是本版课程标准关于美术学业标准的核心理念和关键要求，旨在明确美术教学应该达到的目标以及实现的方法和策略。它有三个维度的学业检测标准，即目标标准指向“育人”和“核心素养”，目的标准包括“综合运用知识”和“解决实际问题”，策略标准是“把握教与学的深度和广度”，三个维度环环相扣，层层推进，同时通过三个“更加”给予强调和强化，由此也可以看出国家对于美术课程的殷殷期待。基于审美人生教育的美术课程重构努力通过“解决实际问题”实现知识综合运用，实现教学的深度和广度，以帮助学生架起知识、能力、素养和美术思维之间的桥梁。

1. 对问题驱动教学的理解与认识

问题是什么？问题是认识与客观现实之间的矛盾在人们头脑中的反映。“学生在认识过程中时刻在知识与现实之间徘徊，问题也就时刻充满着头脑，这些问题包括：学科学习中现有的认知基础与学习要求的矛盾，学习生活、社会生活中自我认识与实际经历所产生的种种矛盾等。”[①]那么，从某种意义上来说，教学的任务就是“发现问题—解

① 严抒勤.中小学美术综合课程研究[M].南京：江苏教育出版社，2004:216.

决问题—再发现问题”的循环过程，即将种种矛盾提炼出来，摆到师生面前，然后通过教师与学生的双边活动，共同寻找路径、方法，学生在调用知识的过程中学习新知，继而解决问题，而每一问题的解决往往又是另一个问题的起始。因此，教学行为也就成了问题解决的周而复始的过程。如果问题在教学中突然中止，那么，教学也就随之没有意义，学生的知识也就成了泥古不化的死知识。

问题驱动教学策略在美术教学过程中越来越能体现出它的优势。例如学生在问题“如何设计一盏灯”的引导下进行自主、探究式学习，问题是开始，教学是过程，知识收获是结束。但如果仅仅停留在解决初始问题而不深入地探究“灯的造型怎样设计才新颖、美观”和“如何综合设计照明、摆件、音响”等问题，那么，初始问题的解决也就仅仅停留在解决了一个问题、获得了一个知识而已，而非成为实用的、很多的、有价值的知识，这也就意味着学习的意义和价值还没有完全实现。这种教学通过设置真实、复杂、具有挑战性的开放的问题情景，引导学生参与探究、思考，帮助他们通过解决一系列问题进行学习，这个过程是一个关注经验、关注发现的过程。

由以上案例可以看出，教师的教学以“如何设计一盏灯”为问题的源头，为学习提供了一种真实的体验，这些体验不但有助于实现美术学科之内（绘画、工艺、设计等）的知识综合化和美术与其他学科（文学理解、心灵体悟）的知识综合化，而且还有助于培养学生学习的主动性，继而构建美术知识框架，使学生自然地把在学校习得的知识与现实生活相联系。因此，问题驱动是教学的核心。当学生身处可以从多种不同角度看待事物的环境时，他能够被问题吸引并主动维持学习兴趣，以积极寻求解决问题的方法。

因此，问题驱动教学策略就是指由教师以课题或项目的形式设计教学问题，并精心创设问题情境，然后以此为导向，引导学生以探究的方式进行学习活动，有效提取经验，综合运用各种知识，充分发挥学生的创造能力，激发学生对“未知知识”的求知欲，解决问题，完成任务，从而获得新知识，培养学生理论联系实际的能力，提高学生提出问题、分析问题、解决问题的能力，并把学习认知活动引向深入和使之富有创造性。问题驱动教学策略具有以下关键要素：

第一，问题是教学活动的开端。美术教学的首要任务并不在于直接向学生传授现成的色彩、设计等知识，这种知识对于学生而言是孤立的、空洞的，学生需要的是与生活紧密联系的知识，这才具有现实意义，才能帮助学生回归生活，为提升生活品质而保持长久的学习兴趣。所以，美术教学应在教学中引导学生发现各种各样的问题，在教学伊始将问题设计成现实情景，使问题成为学生学习美术知识的动力和源泉。

第二，问题是贯穿整个教学过程的主线。因为问题不仅是激发学生求知欲的前提，而且还是学生理解、吸收和运用知识的前提，知识只有围绕问题展现出来，才能很好地为学生所理解和接受，进而才能真正地成为其内在精神世界的有机组成部分。

第三，问题是教学活动的归宿。教学活动不仅应以问题为开端和主线，而且还应以问题为终结，美术教学的最终结果绝不应当是随着问题的解决而消灭问题，而应当是在初步解决已有审美问题的基础上引发更多样、更广泛、更深刻的新的审美问题。这些新问题出现的意义不仅在于使美术教学活动无止境地进行下去，而且更重要的还在于它能最终把学生引上创造之路，进而成为美的感悟者、创造者。

2. 问题驱动教学的相关研究

关于问题驱动教学，国内外有一系列相关的研究成果。

（1）国外相关研究

在国外，提问可以追踪到苏格拉底的产婆术。至近代，随着班级授课制的产生，提问成了学校课堂教学的重要组成部分。现当代研究者对课堂提问更是给予了较多的关注。我通过梳理相关文献，总结出研究主要集中在理论研究和实证研究两个层面。

在理论研究方面，关于提问的功能，1967 年心理学家帕特研究发现，大部分教师认为提问只是为了检查理解。美国教学论专家 L. H. 克拉克和 I. S. 斯塔尔则认为课堂提问有查明某人不知道的知识、发展思维能力、作为练习的手段等 19 种功能。关于提问的分类，美国学者戴维斯采用二级分类体系把问题分为封闭型问题和开放型问题。吉尔福特的三元智能结构则将问题分为认知、记忆、扩散性思考、聚敛性思考、评价五类。尽管这些理论对问题的分类在名称上有区别，但都可以将其笼统地看成两类：高思维水平的提问和低思维水平的提问。在有效问题设计的策略研究上，具有代表意义的是美国学者威伦对教师的有效提问的研究，研究中提出了九种策略：设计提示课文结构和指导的关键问题；问题的措辞必须清晰、明确；提出的问题要符合学生的能力水平；要有逻辑地、连续地提问题；设计的问题要有水平区分度；问题要紧追学生的反馈；回答问题时，要给学生充分的思考时间；提出能调动更多学生积极性的问题；鼓励学生提问。在提问顺序上，学者们提出最基本的提问顺序是“组织—激发—反应”，但也可能有其他的变化。

在实证研究方面，1912 年心理学家史蒂文斯在他的报告中指出，教师每天大约提出 395 个问题。在各问题所占的比例研究中，美国的柯雷教授在跟踪、观察中学课堂一周后发现，教师提问的内容属记忆性质者占 71%；弗莱德调查研究 30 个小学班级教学情形后发现，问题中能激发学生思考的仅占 5%。其他学者的研究结论大致相同，都认为课堂提问中教师的低水平问题偏多。针对教师提出的低水平问题偏多的现象，学者们对于问题水平与学生成绩之间的关系也进行了相关研究。大部分研究表明，教师应该提高问题的思维水平。如莱利等人在对教师提问的研究中指出，教学期间，如果高水平的问题占优势，就能对学生的成绩形成积极的影响。

综上所述，提问向来是西方课堂教学研究中十分重要的“问题领域”，这是因为无论是根据教师的实践经验，还是来自研究者的观察研究，提问都是非常重要的教学方法、策略。与此同时，他们对连续性的提问给予了相应的关注，体现了一定的问题驱动的思想。

（2）国内相关研究

国内关于提问的研究历史可以追溯到两千多年前伟大的教育家孔子，他倡导的启发式教学开启了提问用于教学的先河。《学记》《中庸》等书中对提问具有很精彩的论述。我国现代对于课堂提问的研究涉及面较广，研究者从教学方法、教学艺术、教学策略等不同的视角，对提问做了大量的研究。

在提问的理论研究方面，关于提问的目的与功能，学者冯克诚认为，课堂提问的目的在于引起动机，启发思维，考察理解程度，激发顿悟作用，形成知识结构，检验学习目标，给予复习机会，唤起注意，重振精神，总结学习经验。傅道春将提问的功能分为引起学生动机，帮助学生学习，提供学生参与的机会，启发学生思考，等等。综合起来，课堂提问的功能主要是从对教师的教和学生的学两方面进行探讨。关于提问的分类，国内研究主要以布鲁姆的认知领域六层次理论为主。有人根据提问的信息交流形式分为特指式提问、泛指式提问、重复式提问、反诘式提问、自答式提问，根据教学提问的具体方式分为直问和曲问、正问和逆问、单问和复问，这从另一个侧面反映了我国研究者注重对课堂提问艺术性的研究。关于提问的设计策略，国内关于课堂提问艺术与技巧的研究较多也更为具体，比如傅道春提出提问的原则包括：目标明确，切合学生"跳一跳摘桃子"的原则，考虑学生的思路，变幻角度，各类问题要兼顾，运用有序。

在提问的实证研究方面，通过课堂观察、问卷调查、个案分析和比较等方法结合具体学科进行的实证性研究较多。借鉴国外的研究方法，研究者对课堂观察也主要是对问题数量和问题类型进行统计，发现课堂提问的数量偏多。如孟献华等人对一节初中化学课堂进行全息记录分析，发现一节课教师"共提出了 92 个问题，平均每分钟 2.04 个。师生间借助提问形式进行的活动占总课时的 44.61%，但这种短时间内多个提问的教学效果是否能够真正发挥学生的主动性，而不是以'满堂问'代替'满堂灌'，值得进一步分析"①。

从对课堂提问问题类型所占比例的研究中发现，封闭性的识记性问题占大多数。有些学者通过统计问题类型，比较了新手型教师和专家型教师提问的问题水平，并得出结论：无论是新手型教师还是专家型教师，在课堂中封闭式提问均占多数，开放式提问均占少数。

3. 问题驱动促成学习的持续理解

（1）教学现状的观察和分析

在繁荣的美术教育研究中，有一个本应被重视却屡被忽略的问题——许多教师的教学设计忽视学情，问题的设计随意松散，从而导致教与学的低效。

---

① 邱道骥，孟献华．初中化学课堂教师提问的实证分析及其教学启示[J]．化学教育，2009(10)：36.

以我最近参与的关于六节高中美术课堂教学的教研活动为例。这次教研活动采用了同课异构的形式,教学内容同为"漫画"。六位教师的教学各有千秋,有的重在分析不同历史时期漫画作品的艺术特色和表现手法,有的关注漫画的发展脉络及其具有代表性的漫画家,有的侧重分析中华人民共和国成立前后的漫画代表作品的社会价值。总体上来说,六位教师展示了较为扎实的教学基本功和教学素养,但问题也显而易见,归纳起来主要有以下三个方面。

一是学生学习被动。分析六位教师的教学时间分配,45 分钟的课堂时间,教师讲、学生听的时间平均约 23 分钟,教师提问后学生讨论和回答问题的时间平均约 11 分钟,学生绘画练习的时间平均约 7 分钟(其中一位教师的教学侧重漫画技能分析,因此练习用时 17 分钟),评价和总结用时平均约 4 分钟。在这样的教学节奏里,学生的学习始终受到教师的掌控,几乎很少有思考、质疑、分析以及解决问题的时间。

二是学生兴趣不足。六位教师在教学过程中均提出了大量的问题,据不完全统计,他们在各自的教学中提出了 30 多个问题。这些问题中,事实记忆性问题占比最大,例如"《三毛流浪记》的作者是谁""漫画的种类有哪些",这些问题在课本中能直接找到答案;陈述性问题占比较大,例如问题"如何描述《三毛流浪记·不准看书》的故事情境",此类问题大多属于"看图说话";能激发学生深入思考的问题却极少。作为生动而有趣的艺术表现形式,漫画理应深受学生喜爱,但在这样的教学问题情境中,学生的学习兴趣显然并不高涨。

三是学生思维乏力。毋庸置疑,好的问题能激发学生无限的想象和无尽的探索欲望。六位教师设计的大部分问题虽有一定成效但质量不高,且松散无序,例如:"《磨好刀再杀》是哪位漫画家的作品?""张乐平创作了哪些漫画作品?""哪一时期有哪些著名的漫画家,你喜欢谁的哪件作品?"六位教师没有基于高中学生心智的特点设计问题,导致学生的思维始终在低阶状态徘徊,甚至造成思维习惯性的断层,继而无法突破惯性局限,也就无缘冲顶高阶思维,"思想的诞生"也就无从谈起。

究其原因,有效且高质量的问题缺失是美术教学浅层低效的根源。教师缺乏问题情境意识,却希望培养善于"综合运用知识解决实际问题"的学生,这近乎痴人说梦,学生的课堂学习表层化、分散化可想而知。

那么,如何解决这一问题呢?审美人生教育通过实践探索后认为,通过问题的有效设计,引发学生心理上的认知冲突、思维上的智慧挑战,使学生处于一种"心求通而未得,口欲言而未能"的愤悱状态,帮助学生从知道走向持续性理解,从而培育学生的思维品质,提升学生的学习能力,不失为应然之举。

(2)相关概念的解读和明晰

哈佛大学教育学博士格兰特·威金斯和马里兰州评估委员会主任杰伊·麦克泰格在《追求理解的教学设计(第二版)》一书中,提出了"以终为始"的核心概念,也就是为达成教学设计之初预期的结果而进行的教学“逆向设计”。这种教学“逆向设计”由三个阶段构成，分别是：“学生应该知道什么？理解什么？能够做什么？什么内容值得理解？什么是期望的持续理解？”“我们如何知道学生是否已经达到了预期结果？哪些证据能够证明学生的理解和掌握程度？”“如果学生要有效开展学习并获得预期结果，他们需要哪些知识（事实、概念、原理）和技能（过程、步骤、策略）？哪些活动可以使学生获得所需知识和技能？根据表观性目标，我们需要哪些内容，指导学生做什么，以及如何用适当的方法开展教学？要完成这些目标，哪些材料和资源是最合适的？”[①]这一教学设计让教与学之间达成更强的一致性，而其最为核心的、最为基础的概念就是理解，他们认为并强调“理解和知道是不同的”。那么，两者究竟有何区别呢？这种区别是否与学生的素养和能力提升有关联呢？问题驱动的设计在其中起着怎样的作用呢？

一是知道与持续性理解。

《庄子·秋水》中说：“知道者必达于理。”这里的“知道”释义为明晓道理，也就是对道理已经了解、认识；知道还可以解释为明白了事情发生的经过、情况。

理解一词也有认识、了解的含义，但还有顺着脉理或条理进行剖析，从道理上了解、说理分析以及见解等解释。因此，理解包含了知道的概念，是知道的上位概念，是比知道更为理性的思维整理活动，具有概括、升华和深入等特征。

所以，格兰特·威金斯他们认为，理解是指能把所学知识迁移到新的环境和挑战中，而不仅仅是知识的回忆和再现层面上的知道。他们还进一步从解释、阐明、应用、洞察、神入、自知等六个侧面对理解进行了界定，如此，理解就有了更深一层的解释，那就是建立在知识、经验提炼基础上的重要推理，能帮助学生对学习内部进行有效打通，对学习外部进行有效迁移，继而在遗忘了大量教与学的具体内容、方式之后，还能在大脑深处保留重要观点、思维方式和核心价值等，并长久地、连续地刺激学生的成长，成为学生未来成长乃至生命成长中的一部分。这种超越了学习主题本身的持续价值，就是持续性理解。

二是问题与问题设计。

为了实现教学目标，问题的设置必须根据学生的已有知识或经验，针对学生学习过程中将要产生或可能产生的困惑，将教材知识转换成层次鲜明、具有系统性的教学问题，而问题有中心、有序列又相互关联是教学有效推进的重要方面。

只有精心设计的问题才能实现教学的有效推进，所以教师在备课过程中，应深入研究学情和教学内容，着力设计以解决教学主题引发的关键问题为目标的高品质问题，从而有序、有效地推进教学，帮助学生理解和掌握知识，点燃学习动力，激发思维，提高教

① ［美］格兰特·威金斯，杰伊·麦克泰格.追求理解的教学设计（第二版）［M］.上海：华东师范大学出版社，2017：19.

与学的水平和质量。

三是问题设计能帮助学生从知道走向持续性理解，学生获得持续性理解的方式之一是通过问题设计展开学习。

问题设计通过对教学主题引发的关键问题的层层剥离，引导学生从知识表层走向知识内核，揭开蕴藏其中的真相、真理、规律、概念，这一过程能帮助学生获得持续性理解。

问题设计以学生个人经验为情境基础，所以更能引发学生的学习动机。当学生的学习兴趣与个人经验、课程内容相契合的时候，学习就能成为一种持续性行为。

问题设计的目的是启发思维，是在帮助学生打通知识隔阂，形成知识结构系统，并通过解决现实问题来稳定这一知识结构系统，继而支撑下一个持续性理解。

由此，问题设计能帮助学生从知道走向持续性理解，继而让“更加强调提高学生综合运用知识解决实际问题的能力，帮助教师和学生把握教与学的深度和广度”[①]成为可能。

（3）问题设计的方法和实践

问题设计理性且抽象，要达成持续性理解，对于感性多于理性的美术教学来说，其操作需要理性与感性相结合，还是以“漫画”为教学内容的美术教学活动为例进行说明。

一是寻找教学主题中引发关键问题的源头。

教学中问题似乎无处不在，但是只有好的问题才能促进教与学走向深入，所以对引发关键问题的源头的寻找至关重要，有以下两种途径：

在学生已有知识结构中寻找关键问题的源头，即站在学生立场，以学生为本，从学生的学情出发，从学生的已有知识结构中寻找。例如，大多数学生看过漫画，但是一般都停留在“喜欢看”的浅表层面而少有研究，但这并不意味着他们不想深入探索，而是缺少机会和素材，这就是教与学的矛盾点和冲突点，那么问题的设计就可以以此为契机，引爆教学燃点。

在学科教学内容的重难点中寻找关键问题的源头。问题设计的教学指向的是围绕教学目标解决学科教学内容中的重点和难点，就如“漫画”这一教学活动，教学目标是引导学生通过学习掌握漫画的欣赏方法和创作方法，理解漫画的发展历程及其审美文化走向，理解漫画的基础知识及漫画的艺术表现手法，包括艺术特点、种类、构思方法及表现形式等，并在这基础上进行创作。那么，教学的重点和难点就是“漫画的发展历程及其审美文化走向”和“漫画的艺术表现手法”，因此，有效问题、关键问题也就从中生发而来。

二是对关键问题的发现和提取。

---

① 中华人民共和国教育部.普通高中美术课程标准(2017版)[M].北京：人民教育出版社，2018：5.

对关键问题的发现和提取是问题设计的关键所在。如果将有效问题比作洋葱，那么关键问题就是洋葱最里面的那个芯，是使学生从知道走向持续性理解的引导点、支撑地和生发处。

“漫画”作为必修课程中“美术鉴赏”模块的内容，其关键问题就是“漫画是如何与时俱进的”以及“漫画是否一定要用夸张手法”。那么，抓取这两个关键问题的依据是什么呢？

首先是根据《普通高中美术课程标准(2017 年版)》对相关内容的要求，它是教学实施的依据和方向，对“课程内容”有明确的规定：“在美术鉴赏内容系列的学习中，学生应该持续理解下列基本观点：图像诉诸视觉……图像受不同文化的影响，包括丰富的文化信息，能反映不同时代和民族的文化特征。”因此，将这两个问题作为关键问题，就是希望通过对图像的识读和研究，来解释蕴含其中的丰富文化内涵和审美意蕴，以此提升学生的核心素养。

其次是教材，包括正文、图例、思考与探究、练习，它是教学设计与实施的最初蓝本，所以要用好、用足。例如教材有“漫画是锋利的战斗武器，其意义在于针砭时弊，揭露社会黑暗面……”的表述，既揭示了“与时俱进”这一课题，又揭示了漫画这一艺术形式传达出来的审美特征和品味，那么教学设计就应紧抓这一文字信息所生发的关键问题，继而为学生形成持续性理解做好铺垫。

再次是课程的其他资源，尤其是网络资源，它的丰富性和多样性为教学实施提供了宽广的空间。前面提到的六位执教教师无一借助网络，皆没有通过图例、文字、视频等资源，让教与学更加生动、更加丰满。

关键问题的发现和提取过程可以来自教师，是教师对教学内容、教学实施、教学经验的整体把握以及基于对学情了解基础上的设计；同时，也可以来自学生，倡导由学生进行设计，以此帮助学生在被激发的学习兴趣中完善和补充自己的知识结构体系，从而更深入地形成持续性理解。

三是围绕关键问题设计一系列辅助问题。

总的来说，关键问题宏观而且开放，不易落实到具体的教学实践中，所以要将之化解为一个个相互关联、不断递进并能激发学生思维能力的一组问题，形成一系列辅助问题，才能帮助学生真正实现从知道走向持续性理解。

以“漫画”这一教学活动中的关键问题“漫画是如何与时俱进的”为例，它指向的是漫画的社会文化价值，聚焦图像识读、审美判断和文化理解等学科核心素养的培育。那么，围绕这一关键问题能够设计哪些为其服务的辅助问题呢？

第一个辅助问题是：“你喜欢漫画吗？为什么？”这一问题指向的是对漫画概念的解读，教材上有相应的文字表述，属于知道层面。解决这一问题的方式有很多，可以是学生阅读教材文字，可以是教师在课件上展示，最佳的方式是引导学生基于问题情境进行思考，因为这是学生在新的情境中对以往经验的自我提取和归纳，这是一种教学艺术。

第二个辅助问题是："你最喜欢哪一幅漫画？建议小组合作，依照课笺提示，了解漫画的基础知识。"这一辅助问题同属知道层面，因为教师提供的课笺表格所包括的"时间、国家、代表作、经典形象、表现手法、绘画工具、绘画种类、画面寓意"等内容，都可以在教材以及其他课程资源中找到。但是，这一问题的价值不限于此，它不仅能帮助学生明确已经知道什么，更为学生深入学习提供了研究素材。

第三个辅助问题是："这些漫画涉及了哪些主题？这些主题为什么要采用漫画这一艺术表现形式呢？"这是通过追问帮助学生逐步迈向理解层面，也就是帮助学生解读"究竟是为什么"。

第四个辅助问题是："通过研究、分析课笺，你认为哪一个阶段的漫画在哪些方面取得了进步？原因是什么？"这是理解的高阶状态，课笺的作用也开始显现，那就是学生根据课笺表格中提供的信息，开始迁移个人经验，从纵向的时间维度和横向的技能维度进行更深层次地探究。

第五个辅助问题是："与日本漫画和美国漫画相比，中国漫画的优势和劣势分别是什么？有何办法实现追赶和超越？"这一辅助问题已经完全走向了持续性理解，能够帮助学生打开思维限域，从更广、更高的层面架构关于漫画的知识体系，达成审美判断和文化理解，从而实现审美感性向审美理性的超越。

当然，辅助问题的设计还可以继续，例如"未来已来，你可否预言未来的漫画发展"等开放性问题可以为学生丰富的想象力插上一双腾飞的翅膀，进一步提升他们的核心素养和关键能力。

另一个关键问题"漫画是否一定要用夸张手法"也以同样的方式展开。例如教师设计了辅助问题："纵观漫画发展历程，'变'是主旋律，但唯独表现手法'夸张'没有变，为什么？""观察其中一幅漫画，哪些特征'夸张'了？是怎么夸张的？夸张表现是否是嘲讽、贬义？"通过这些辅助问题，学生知道了漫画的艺术表现手法，逐步理解漫画的文化内涵，继而深刻领会漫画家那崇高的历史使命感和丰沛的家国情怀，以达成持续性理解，这终将成为他们的知识结构体系中的一部分被长久保留，逐渐成为他们的已有知识，"而这些已有知识极大地影响他对周围环境的关注以及组织环境和解释环境的方式。反过来，这些方式影响着他记忆、推理、解决问题、获取新知识的能力"①。

从以上案例可以看出，辅助问题的基本特征在形式上表现为围绕关键问题层层剥离，相互支撑，共同推进学习进程。从知道到持续性理解的问题驱动教学的道路漫漫其修远兮，但一定会如保加利亚作家基里洛娃·格奥尔基耶娃所说的那样："只要世界还

① [美]约翰·D·布兰思福特等.人是如何学习的:大脑、心理、经验及学校(扩展版)[M].程可拉，孙亚玲，王旭卿，译.上海:华东师范大学出版社，2013:9.

在坚持问问题，就会有希望。”①

第四节 美术课程重构的教学范式

“一谈到艺术教育，我们总谈到技巧，我们不要忘记，通过艺术还要学习人类的博爱、感情、知识、公道等等，这就是艺术教育。我们应当教艺术。”②美国的美学家马丁·杰弗逊通过他的论著《创造性》告诫人们，美术教育一定不是简单的技能传授，它更应该关注学生健康成长的一切因素。苏霍姆林斯基还说：“艺术教育不是教育家的教育，首先是人的教育。”③也就是说，美术教学是全体学生一起裹挟着美术知识、技能、素养，一起奔赴那美好的未来，成为美好生活的建构者和创造者。那么，这样的美术教学究竟是怎样的呢？又该如何实施这样的美术教学呢？

这样的美术教学是有生命的。学生与教师同在课堂，同在这生命场，自觉徜徉其中，享受至真至纯的唯美，心定心静的安宁，创生与创造的快意。

这样的美术教学是有美术味的。离开了美术技能的美术教学是缺失的，离开了审美感悟的美术教学是缺位的，离开了道德良知的美术教学是危险的，离开了智慧的美术教学是缺乏创造力的，离开了情感愉悦的美术教学是死板的，离开了文化底蕴的美术教学是卑微的。

这样的美术教学是生成性的。每一个学生的生活经验不同，个性不同，对美的感悟也不同，因此他对美的领悟、表述、创造也各有千秋，这也决定了美术课堂不完全是预设的，而是教师和学生富有创造性的创生。在这个过程中既有资源的生成，又有过程状态的生成。

这样的美术教学是有效率的。它融聚了每一个学生的情感和智慧，大家都积极参与其中，不仅是喜爱美术的学生能碰撞出思维的火花，对美术喜爱程度一般的学生也会在美的召唤下乐在其中，即使对美术课程“爱理不理”的那部分学生也会在教师的启发下、在同伴的影响下接收到美的信息。

这样的美术教学是有意义的。学生在这样的课堂中能提升美术技能，开阔美术视野，增强观察能力，开启创造性思维，享受审美的快乐，甚至产生以艺术为终身职业和事业的志趣。

这样的美术教学体现了素质教育的本质与内核，它把人的发展作为教育的出发点和落脚点。正如马克思所说：“一个人的发展取决于和他直接、间接进行交往的其他一

---

① ［保加利亚］基里洛娃·格奥尔基耶娃. 只要世界还在坚持问问题［J］. 徐谦谦，译. 读者，2019(1)：1.

② ［美］马丁·杰弗逊. 创造性［M］. 北京：人民教育出版社，1986：135.

③ ［苏］苏霍姆林斯基. 育人三部曲［M］. 毕淑芝，等译. 北京：人民教育出版社，1998：11.

切人的发展。”

这样的美术教学将带着学生从幸福出发，在艺术的海洋中惬意地遨游。也就是说，美术教学的根本任务是为学生当下的快乐和未来的幸福奠定必需的艺术素养，为他们的天性禀赋和成长发展培养必备的创新能力。

美术的学习过程，是学生寻美、求美、立美的过程，是学生获得人生教育和智慧启迪的过程。因此，实施有效的且有意味的美术教学无疑至关重要。在这一基础上提出的以“四美”为基本特征的美术课堂教学模式，让美术教学指向学生审美能力的提升、健全人格的形成。

一、美的体验

美，无处不在。这一环节在于帮助学生知道美在哪里——美就在生活中。教师通过美的体验，培育学生发现美的眼睛，引领学生更好地发现自然美、艺术美、科学美、生活美。

美的体验来自感性与理性之间的和谐统一。感性与生俱来。面对长江黄河，我们心潮澎湃；面对昆仑太行，我们豪情满怀……江河、群山是沉睡着的景象，也就是哲学上所说的“自在之物”，然而一旦人介入其中，与心灵相遇，便激荡出不可思议的涟漪，产生让人着迷的共鸣，江河便有了生命，群山便有了活力。

理性是感性基础之上的思考与提升。毛泽东被江河群山的磅礴气势所震撼，于是豪迈地吟出《沁园春·雪》，这是感性在想象中的延伸与扩展，理性在积淀中的开阔与豁达。之后，傅抱石和关山月又被这首诗的意境、气魄所折服，合作画就巨幅画卷《江山如此多娇》。诗人、画家以不同的表现语言，完美演绎着理性与感性融通互达的审美历程。

席勒说：“若是要把感性的人变成理性的人，唯一的路径是先使他成为审美的人。”[①]基于审美人生教育的美术课程重构，帮助学生经历着这样的审美历程：“只那一眼，我就喜欢上了它：圣母身穿棕红色衣裳，紧紧拥抱着胖嘟嘟的小耶稣……我屏住呼吸——我发现了一个早就存在却总是被我忽视的事实：妈妈抱着我，就是抱着整个世界。”晓禾同学与拉斐尔的名作《椅中圣母》相遇，调用了本能、感知、情意等诸多心理因素，经由判断、分析，从感性走向了理性。从对美的事物感性地喜爱，到审美理解和欣赏，再到审美创造，直至将美内化为自身的品质，学生应然成长。

趴在草坪上写生，学生为花儿在芳草萋萋间的顽强生长而感动，感悟着生命的美好和生长的价值；用收集了大半年的上万个饮料瓶盖，在画室墙壁上拼贴成趣味盎然的装饰画，学生以行动让环保理念升华；倚着栏杆，向外眺望，观察透视规律，学生对“风景在别处”有了独特的认识……美术以自身的直观和愉悦唤醒感性，发展理性，成为德行成

① [德] 席勒. 审美教育书简[M]. 冯至，范大灿，译. 北京：北京大学出版社，1985：116.

长的基点，引导学生树立追美、向善、求真的价值观念，架构起积极、灿烂的人生。

二、美的发现

这一环节在于帮助学生懂得为什么是美的——美的基本形态蕴藏在造型、色彩、构图之中，具有对称与均衡、对比与和谐、节奏与韵律等形式美的法则。通过美的发现，学生拥有了“有音乐感的耳朵，能感受形式美的眼睛”①。

自然之美就在眼前，就在平日。教师经常带着学生到室外写生，当学生拿起画笔的时候，他们发现了花儿的绚丽多姿，发现了小草的顽强生命力，发现了阳光普照山川的绚烂，发现朗月滋润大地的妩媚，发现了一片旧瓦房中历史的沉淀与沧桑……学生在这些活动中将本来就有的生活经验和情感联系起来，通过联想和再造想象等审美活动，滋润着自己的心灵。

发现生活之美，还在于发现实用美术之美。在广告设计学习后，学生懂得了该怎样品析街头广告是精妙绝伦还是粗制滥造；在学习钟表设计后，学生不再过多关注钟表的奢华，而更注重钟表设计的简约与创意；在学习贺卡设计之后，学生更愿意自己亲手设计制作独一无二的贺卡，并认真写上满满的祝福寄给灾区的学生。美与爱始终同行。

美是世界观的一部分，发展和培育审美意识，不仅指引导学生欣赏和感受美术中的如颜色、线条、空间等方面，更是帮助学生将理性的智的欣赏和感性的情的欣赏融为一体，建立略有独断的、个性化的欣赏标准，而这将决定学生对一般事物的态度，那就是以审美的眼光看待世界，欣赏生活。

收集素材，学生可以唤醒感受美的眼睛。我在教学之前的“美，我先知”课堂预习环节，请学生收集一张自己认为很美的摄影作品，写一句简单的推荐语之后，通过邮箱发送给我。生活在网络时代的学生，每天都会接触到大量的图像信息，其中不乏优秀的摄影作品，我想通过这一预习作业的任务驱动，帮助学生将沉睡在心中的美感唤醒。

筛选整理，学生可以找寻美的共性。教学时，我将学生提交的所有摄影作品进行展示，先请学生以小组为单位进行讨论，然后集中研究，用鉴赏家的眼光，从中遴选出不同的主题、不同的色调、最具美感的 5 张作品。人天生就爱美，与其说是一种本能，还不如说是对美的向往让人们对美欲罢不能，所以不断去追逐美的形态。因此，学生审美能力的提升，需要通过一定的教学形式进行训练。

陈述理由，学生可以进行美的思考。“给我一个理由。”这是学生每选出一张作品都必须要回答的问题。学生遴选的过程热闹非凡，因为都有各自的理由：有的认为江南的白墙黛瓦有着素雅高洁的美；有的认为花团锦簇的花海色彩明媚，传递着生命的张力；有的认为泛着蓝色光芒的月影千川宁静致远……学生在一开始搜集素材的时候，大多

① 马克思. 1844 年经济学—哲学手稿[M]. 北京：人民出版社，1985：82.

凭借直觉，而并非是基于对美的认识、分析基础上的理性思考，这难能可贵，但需要通过语言逻辑和思辨将之固化为一种审美判断。

聚焦案例，学生可以升华美的体验。我展示了一组人们登临泰山山顶观看日出的摄影作品，设计的问题链是："你看到了什么？想到了什么？"学生在第一张作品中看到了一群人紧紧裹着厚重的军大衣向东方眺望，想到了是什么让他们自愿地去忍受寒冷的煎熬。在第二张作品中，学生看到了人们在看到第一缕霞光时的欢呼雀跃，想到了人们为看到日出而兴奋的原因。在第三张作品中，学生看到了日出的蓬勃，生命活力从此绽放，想到的是美，感受到的是快乐。

美不是一种专业，而是一种感动的能力。康德说："美是对象的合目的性的形成。"①人的生命中很多事情都是有目的的，比如读书、工作，可是康德提醒我们，生命中一定要保留一部分，是为了无目的的快乐，那才是真正的美。比如看晚霞，这晚霞对生活没有任何有目的性的帮助，比如看日出，也没有任何实际上的利益，但是我们从中感受到了无限的快乐，这就是无目的的快乐，而恰恰是这种无目的的快乐，使我们进一步感受到了真正的、强烈的生命力。

"你觉得一棵树美吗？一株草美吗？一朵花美吗？你可能觉得是美的，也可能觉得不美。这与心情有关，心情好的时候，就觉得美得无与伦比，心情不好的时候，就觉得实在平淡无奇，所以美是心情的晴雨表，是一瞬间的感觉，是一个人的体验。"学生滢余在"谈美"课程的欣赏评述作业中表达了自己对美的理解，她以一个十三岁的学生特有的视角，以感性的但并不缺乏辩证的思维感知着美的存在方式以及美与心理变化的关系，这是由外观至内化的过程。随后，她又进一步用感性的语言描述道："我的老家在浙江，我最喜欢夏天去玩，要是遇到雨天那就更好了。夏雨敲打在窗棂上，叮叮咚咚，悦耳极了；书房的窗外种了一排竹子，竹影印在窗户上摇曳多姿，就像是一幅水墨画；屋前有小溪，溪旁排列着大大小小的石头，呼应着不远处的山丘，与奶奶种的树一起倒映在水中，一副世外桃源的景象——呀，真的美极了，美得让我无法呼吸，全世界都仿佛静止在了这美的一瞬中。"滢余根据她的亲身体验描述了对美的理解——美，就在日常生活中。无疑，滢余已经成为一个日常美感的言说者。

三、美的欣赏

教育在于唤醒。美术教育就是对美感的唤醒，这一环节在于帮助学生理解美为什么有多样性的表达——丰富的艺术就是丰富的生活本身，多样性的艺术表达来自文化的多样性，这与历史文化发展、民族的哲学观念、文化传统、宗教态度、性格气质、艺术趣味和自然观等密切相关……美术教育旨在通过美的欣赏，唤醒学生对美的感受，在学生

① [德] 康德. 判断力批判[M]. 邓晓芸，译. 北京：人民出版社，2002：73.

心中播种美好的种子，形成螺旋上升式的经验结构，以进一步提升学生感受、感知以及沟通能力。

手作为常见的审美客体，即使司空见惯，学生在“父母的第二表情”这一美术教学活动中，拿着爸妈手的特写照片作随堂介绍时，也感触良多：“爸爸灵巧的手支撑起了全家。”“妈妈的手温暖如春。”美的力量无穷大，容易激起审美冲动。学生策划进一步表达对爱的认识，于是课程由此生发：利用寒假跟着爸妈上两天班，用摄影、绘画、文字记录爸妈从清晨起床到夜晚休息的整个过程，感受爸妈生活的“痛并快乐”；随后将材料进行筛选、整合，设计、制作展板。年后开学第一周，当图文并茂的主题展开幕时，观展的人挤挤挨挨，诸位爸妈的眼中闪着泪光，学生的脸上溢满自豪。“主题展让我走进了爸妈的工作，体会到了爸妈的不易。”龚昕同学接受电视台采访，透露着心底最柔软的部分被轻轻触动的感觉。是的，美术帮助学生像王子唤醒白雪公主那样，去“吻醒”心灵深处沉睡着的普世价值——爱、忠诚、善良、宽容、平等、正义等，帮助学生获得一代代人对周遭世界美的褒扬和对恶的评判的经验，然后逐渐内化至灵魂，形成对事物更为完善的看法，剔除人性中的丑陋，促进内在自我道德意识的形成，甚至糅合成一种道德标准，并在将来自觉或者不自觉地按照这一道德标准安身立命，完成灵魂的自我救赎，使人生达到完善之地。美，是灵魂的“清道夫”。

“没错，我画的就是我的外婆。每次去老家看望外婆，她都特别开心，笑容让她脸上的皱纹像沟壑一般，这让她看上去苍老了好几岁，所以我时常会搂着她的脖子，用手掌去抚摸她的额头，希望自己的手掌能拥有魔法。但我没有，手掌一离开，皱纹又会再次爬上来，我很懊恼。但，我又特别喜欢这时候的外婆，皱纹里藏着故事，藏着沧桑，藏着浓浓的爱——这，好美。”钱程同学在开放性作业《最美家人肖像画》中，从审美情感出发，通过观察、联想、判断，对事物的美与丑、是与非做着理性辨析。美产生于一瞬间，但也许会影响学生一生，影响的深浅、远近取决于审美经验积累的多少，审美人生教育为此提供着时间和机会。卢梭说：“有了审美能力，一个人的心灵就能在不知不觉中接受各种美的观念，并且最后接受与美的观念相联系的道德观念。”①而这种接受不是被迫的，更不会像海市蜃楼般可见不可索，因为美术教学内容的形象性、直观性，方法的愉悦性、情感性，效果的实效性、深远性等优势，让它变得可观可感，触及心灵深处是必然的。

四、美的表现与创造

创造潜能与生俱来，这一环节在于帮助学生学习如何保持并生长创造潜能，如何使用美的方式表现美。抽象的创造性思维存在于学生思维的每一个阶段，因为它不是依靠装载得到充实，而是依靠不断的流动来激活，流动的快慢与激活的程度成正比。这种

① [法] 卢梭.爱弥尔[M].北京:商务印书馆,1983:557.

具有流动性、抽象性的创造性思维不是教出来的，而是玩出来的。因为当一个学生在轻松的环境中玩耍时，他的思维是灵活的、主动的、发散的、没有逻辑的，同时也是最活跃的。所以学生需要"玩"美术，美术也期待这样的礼遇：它不仅关乎学生的天性，也关乎美术的天性。

培养创新性人才，是美术教学的重要任务。学生是成长着的自由生命体，正因为成长着，所以率真、天真、纯真，他们喜欢天马行空的想象，喜欢自由的表达，他们想弄清楚许许多多个"为什么"。审美人生教育守护并鼓励学生对这个世界进行质问、探索和创新。

有一天，天娇同学在学校"摆擂台"——设计学校校徽："攻擂的你，只要将你设计的校徽设计图和设计说明张贴在空白处就行。攻擂人数不限，年龄不限，性别不限。我，等你来攻擂！"她还在学校醒目的地方张贴了一张海报：身穿武者服装的俊美少女，转身单手劈出大片空白供"攻擂者"张贴设计图。一贴出，许多学生蠢蠢欲动，甚至老师也跃跃欲试。创新，已经不再是一句口号，而是一次行动。

审美人生教育，就是引导学生沉浸在创意迸发的世界里，并慢慢超越依从、功利、庸常、消极，拥有独立自主、锐于进取、务实求真、团结包容等现代人格，成长为具有创造性的国家栋梁。在未来的某一天，学生能自动调用创新能力，让他的工作、生活充满意外的惊喜，那就足够了。

有几位科学家做了一项有趣的实验：科学家和艺术家在紧张工作时，脑中的光点和黑影的位置明显不同，科学家的左脑亮、右脑暗，艺术家则反之。脑科学认为，人的左脑"管辖"着语言、计算、逻辑推理等能力，而右脑则长于非语言的形象思维和直觉，对艺术活动有超常的敏悟性。一个人成就的大小，与人脑两个半球的平衡开发程度成正比。例如获得诺贝尔物理学奖的李政道教授，他的画作色调清新、张弛有度，在他看来，"道生物，物生道，道为物之行，物为道之成，天地之艺物之道"①。这何尝不是对审美与人生关系的一种解读呢？所以，当下的教育不能顾此失彼，"儿童时代错过了的东西，到了少年时代就无法弥补，到了成年时期就更加无望了。这一规律涉及学生精神生活的各个领域，特别是美育"②。苏霍姆林斯基的告诫确实可以成为教育行为的圭臬。朱永新教授洞察其中深蕴，且早在《理想的美育》一文中阐明了艺术之于学生人生的重要性。因此我们有理由相信，美育大地必定春暖花开。

---

① 中华人民共和国.普通高中艺术课程标准(2017年版)[M].北京：人民教育出版社，2018：59.

② [苏]苏霍姆林斯基.把整个心灵献给孩子[M].唐其慈，毕淑芝，赵玮，译.天津：天津人民出版社，1981：2

第五节　美术课程重构的评价机制

有人这样认为,美术教学是“视觉佳肴”,而教学评价是“食神”对“佳肴”的评判,这种单向的评价让学生知道了自己过去的结果,却不能从中预知未来的发展。那么,既面向当下又面向未来的评价是怎样的?我认为,应当是从“评技术”走向“评人生”,让评价成为学生高飞的双翼,帮助学生飞得更高、更远。

一、基于审美人生教育的评价原则

1. 全体与个体成长相结合

全体即面向全体学生,这是教育的根本性原则,但同时也要充分考虑不同地区教育、教学的差异和不同类型学生的特点,进行“私人定制”。评价本身的目的是促进学生的成长,只有有了个体的成长,才能有全体的成长。因此,评价既要关注全体学生的成长,也要因地制宜、因人而异,关注学生个体的成长。

2. 激励与具体分析相结合

美术学习需要为创造力的产生营造一种宽松的氛围,这样以外在环境影响为特征的外因才能对以动机为特征的内因起到激励作用。例如,教师经常施以肯定的评价,找到学生的闪光点并加以放大,则会增强学生的自信心;鼓励学生自评,为自己提出进一步改进的方案,则会激发学生自主创造的欲望;降低实践的难度,使每个学生都有成功的体验,则能够逐渐激起学生自我实现的需要;通过对大量美术作品的释读,则能激发学生求知和审美的需要;等等。基于审美人生教育的美术教学评价,就是旨在充分激发学生的外在诱因,以促进学生学习美术的内部动机的生成,继而实现人格心理学家奥尔波特所提出的:“当动机变成统我(自我认同感)的一部分时,动机就为本身而自行其事,再也不是为着外在的鼓励或奖赏。”值得注意的是,激励性评价切忌滥用,“很棒”“很有个性”等缺乏具体指导意见的表扬只会使学生在不知所云和盲目自信中失去自我,所以评价应具体问题具体分析。教师应重点关注学生在人生观、世界观和价值观方面的表述与表达,这才能对学生的成长给予正确的引导。

3. 适时与长期作用相结合

评价有期限,越是适时的评价就越有针对性,也越有实效性。及时反馈有助于学生及时发现学习中的偏差、弱项,由此进行控制、调节、纠正和强化,使学生更加努力学习,从而提高学习效率,而评价就是及时反馈的重要途径。同时,学生是在不断前行与不断纠错中成长的,因此,只有通过评价的长期作用才能为学生的成长保驾护航。

二、基于审美人生教育的评价实施

美术作品的多元化和个性化特征决定了其学习成效的检测没有标准答案，如果非要有一个标准进行衡量，那么只有教师心中的那杆秤。这杆秤的刻度越宽，学生的美术思维的广度和高度就越有生发的空间。所以，美术教学需要设计一些能为学生的成长释放能量的评价方法。

1. 关注素养培育的参与式课堂即时评价

课堂即时评价是一种有效促进课堂教学目标实现的教学手段。课堂即时评价能有效促进师生间的良性互动，对学生的学习起到反馈、激励、调控和导向的作用。通常，美术教学课堂中的即时评价仅限于教师个体，往往是教师的自问自答。事实上，只有师生双边互动的参与式课堂即时评价，才能完成学习的深度探究。

学生是学习的主人，也是评价的重要主体。教学过程中，教师要善于引导学生对某一知识点进行深入地探究，以揭示教学难点问题的核心所在，抵达深度学习之根本。以美术教学活动“标志设计”为例，学生的作业是设计班级标志，完成后在班级展示区内进行展示。学生间的作业评价就此展开：“为班级挑选一枚标志。每位同学和科任教师都可以投一票，每位同学要阐明投票的理由。”这一评价设计旨在给学生搭建评价的平台，为他们提供表达的机会，同时提醒他们运用所学知识进行评价。经过投票，王屹力同学的作品脱颖而出：“图案由醒目的深红和纯白组成。红色的圆为背景，既像太阳又像一个家，象征着活力与温馨；白色的人字代表着质朴纯真的我们；三人并立意味着我们手拉手、心连心，共同学习、共同生活、共同进步。作为班级的一分子，我们每位同学将保持谦虚、好学、积极、向上的优良学风，走好学习征程的每一步，让我们如东升的旭日一般，永远朝气蓬勃、斗志昂扬。”

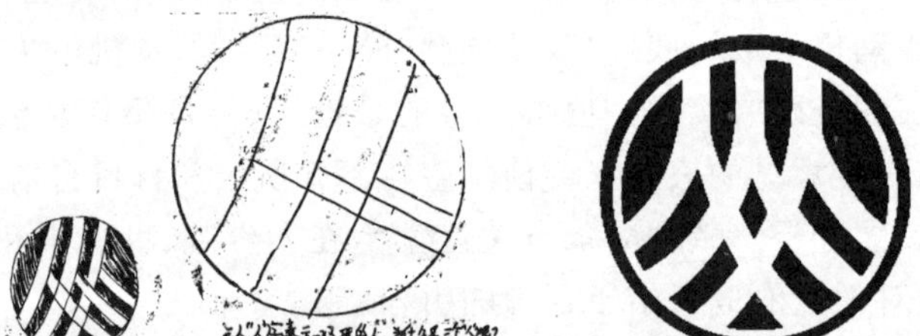

班级标志设计草图和正稿　王屹力同学

学生的即时评价就此展开，有的从图像识读方面进行评价：“我觉得他的设计没什么特别的，有点像大众汽车的标志。”有的从美术表现方面进行评价：“他没上色，色彩应该是标志的重要组成部分。”有的从创意实践方面提出自己的见解：“他的设计与众不同，就从内容上来说，三个人表示很多人的意思，是指我们班的全体同学，然后合成在一个圆里，说明我们班是一个大家庭。”

还有一个学生提出：“我觉得他画得不怎样，就是点子好。”这一句评价事实上是质疑审美判断的显现，充满了理性批判精神，是学生神思飞扬的起点，在学生评价中难能可贵，所以应当成为教师即时评价的关注重点以及下一轮评价的焦点：“这一评价切中要害，所谓‘点子’，在美术设计中称为‘创意’。那么创意与表现技巧到底哪个更重要呢？”这一问题最终引发了学生的一番讨论。最终学生达成共识：“创意比技巧更重要！”通过辩论，学生明白了草图能让创造性意象在表达中迸发，在冷静思考中成熟，草图是感性与理性的结合，是对世界内在认知的一种反应。

学生参与评价极容易出现一片祥和的气象，既可能因为学生对美术知识和技能的掌握不够充分，也可能出于学生对人际关系判断和选择的考量。因此，评价实施环节需要教师善于倾听，善于保护，例如有学生表示不服：“我的设计不比他的差，为什么选他的？”这一质问并非有意挑衅，而是对美术学习过程与成果的回溯，此时教师可以将他的设计稿和王屹力的设计稿放在一起，请同学们作为评审专家选一选，评一评。学生在自由发言中，抓住设计创意和表现方法进行了点评，有位学生还就与其他班级设计风格的差异来强调班级的个性问题。由此，学生的参与评价从表层走向深层。

2. 关注学会学习的课笺式课堂评价

评价的最终目的是促进学生的终身发展，核心要素是帮助学生学会学习。教师通过评价，引导学生树立正确的学习观，进行自我识别、自我选择、自我培养、自我控制的主动学习，继而获得自求得之的能力；使学生学会在实践中学习，在欣赏、表现中巩固和深化美术知识与技能，做到知行合一，学以致用；帮助学生逐步掌握科学学习的方法，知道美在哪里，为什么是美的，怎样更美，成为知美、求美、创美的践行者；培养学生学习美术的浓厚兴趣，引导学生观察细节、欣赏名作、表现创意，掌握美术表达的多种技能，并尝试运用到生活中，继而获得成功的喜悦。将这些理念化为实践的方法很多，课笺就是其中之一。

按功能划分，课笺分为学程导航式课笺和课堂记录式课笺。

学程导航式课笺，既关注为学生的自我学习提供知识线索，还关注学生对学习的意见反馈，以美术课笺《走进博物馆——江海博物馆“文房雅玩”藏品欣赏》为例。

美术课笺《走进博物馆——江海博物馆“文房雅玩”藏品欣赏》

一、认知

1. 文房四宝，一般是指______、______、______、______。

2. “文房雅玩”通常还包括笔的延伸品、墨的延伸品、纸的延伸品、砚的延伸品、印的延伸品以及其他延伸品等类别。

二、探究

类别：

品　名	用　途	材　质	形　状	纹样内容	描写或描绘你认为最美的局部

三、品读

欣赏一件文房物品，一般可以从________、________、________、________等角度进行。

四、拓展

斋中长桌一，古砚一，旧古铜水注一，旧窑笔格一，斑竹笔筒一，旧窑笔洗一，糊斗一，水中丞一，铜石镇纸一。左置榻床一，榻下滚凳一，床头小几一，上置古铜花尊，或哥窑定瓶一，花时则插花盈瓶，以集香气，闲时置蒲石于上，收朝露以清目。或置鼎炉一，用烧印篆清香。冬置暖砚炉上。壁间挂古琴一，中置几，如吴中云林几式最佳。壁间悬画一，书室中画惟二品，山水为上，花木次，鸟兽人物不与也。

——高濂《遵生八笺》

五、感想

通过本次博物馆课堂，我的收获和感想：

____。

班级：________　　姓名：____________

课堂记录式课笺，重在引导学生学会记录，通常由三个板块构成。第一板块是"课堂收获"，是学生对学习内容的简单概述或研究记载，这部分内容考察的是学生的学习态度、学习习惯等。第二板块是"课堂评价"，包括三方面内容：一是学生对学习内容的认识和思考或参加研究活动的随想，根据这部分记载，教师可以随时掌握学生的美术感知水平和思想活动状态；二是学生的自我评价和对他人（同学、小组）的评价，教师能观察到学生是否有能力和兴趣参与美术活动，有无终生热爱美术、学习美术的意愿；三是学生对教师教学的评价和建议，这一评价不涉及对教师的优劣评价，而是从课堂教学过程来评价教师的教法，如组织美术教学活动是否有独到之处，课堂气氛是否生动活泼，是否对学生做出恰当的评价，能否巧妙地渗透其他课程并为其他课程的学习提供支援等。第三板块是"教师留言"，是教师的反馈与教学反思，这一部分由教师填写。以美术课笺《凡·高的美术人生》为例。

表 1　美术课笺《梵高的美术人生》

<table>
<tr><td>姓 名</td><td>王飞洋</td><td>班 级</td><td>初二(7)班</td><td>学 号</td><td>44号</td></tr>
<tr><td>课堂收获</td><td colspan="5">1. 我欣赏了许多美丽的画。
2. 我了解了凡·高作品的价值。
3. 我了解了凡·高的内心世界与他的作品的关系。
4. 我知道只要大胆尝试,就会做得很好。
5. 我临摹了凡·高的《向日葵》,还到有向日葵的户外进行写生,我看到了自己创作的作品,很开心。</td></tr>
<tr><td>课堂评价</td><td colspan="5">1. 你觉得哪位同学最棒:我　　　理由:我变得自信了。
2. 本堂课教师的讲述:易懂(√)　一般(　　)　难懂(　　)　(在相应项目中打“√”)
3. 本堂课的教学形式:好(√)　一般(　　)　不理想(　　)　(在相应项目中打“√”)
4. 我想对老师说:
　　这堂课我觉得非常有意思,我好像来到了一个美术天堂,欣赏着一幅幅令人着迷的作品,聆听着来自遥远国度的音乐,我陶醉了。老师设置的每一个环节、每一个问题活跃了我们的每一个细胞,让我们知识面变广了,让我们的心灵更充实了。这堂课安排得非常好,是我最喜欢的。</td></tr>
<tr><td>教师留言</td><td colspan="5">　　你知道老师为什么如此激情饱满地连续上了两节课吗?因为有你们!可爱的同学们。
　　你们精神饱满,你们思维活跃,你们大胆表述,所有的一切皆因为你们,老师真诚地谢谢你们!请你向全体同学转达我真诚的谢意。
　　王飞洋,你更让老师佩服,因为即使对成人来说都有些晦涩难懂的印象派音乐家德彪西的作品,你能理解得那么深刻,你真是太棒了!
任课老师:陈铁梅</td></tr>
</table>

按记录对象划分,课堂记录式课笺可分为学生个体记录课笺和小组合作记录课笺。学生个体记录课笺供学生个体学习记录时使用,小组合作记录课笺则关注学生合作学习过程中同伴之间的配合程度。

表 2　小组合作记录课笺

<table>
<tr><td>班 级</td><td>初一(13)班</td><td>组 别</td><td>第 4 组</td><td>组 长</td><td>李沙晶</td></tr>
<tr><td>组员</td><td colspan="5">张佑鑫　李英翰　姜　阳　沈凯飞　陆善超</td></tr>
<tr><td>研究记录</td><td colspan="5">第一幅：和平鸽给人类带来美好的幸福生活。图形占主要位置，文字移至旁边，而且小些。
第二幅：人类需要美好的家园，人与社会、自然和谐相处才会有灿烂明天。文字很精练。
第三幅：只要世界没有战争，人们就会过上新的生活。</td></tr>
<tr><td>结论</td><td colspan="5">1. 只要自然万物和平相处，人类一定会幸福美满。
2. 图形占画幅的主要位置，文字小些，而且要精练。</td></tr>
<tr><td>随想</td><td colspan="5">希望世界从此没有战争！</td></tr>
<tr><td>课堂随录</td><td colspan="5">1. 组员共同讨论程度：热烈(√)　一般(　)　冷淡(　)
2. 组员相互合作程度：密切(　)　一般(√)　不配合(　)
3. 你们觉得哪位同学最棒：李沙晶　理由：他做作业时很麻利，一丝不苟。
4. 你们对老师的建议：希望老师多提供一些关于鸽子的素材，以便我们观察。</td></tr>
<tr><td>作品评价</td><td colspan="5">你们认为作业效果最棒的小组是：第 2 组
你们对自己小组作品的评价是：
主题：突出(√)　一般(　)　构思：独特(　)　一般(√)
色彩：鲜明(√)　一般(　)　图形：协调(　)　一般(√)</td></tr>
<tr><td>教师留言</td><td colspan="5">曾有这样一句谚语：雄辩是银，沉默是金。
很多时候这句话换个说法更好：雄辩是金，沉默是银。小组讨论的时候就该用后一句话，是吗？
任课老师：陈铁梅</td></tr>
</table>

按时间划分，课堂记录式课笺可分为随堂课笺和期末课笺。随堂课笺主要用于日常课堂教学的即时评价。期末课笺则用于期末学业成绩的汇总，其中还分为期末成绩评定课笺和问卷课笺。

表3 期末成绩评定课笺

学号	姓名	项目					
		课堂	课笺	作业	赏析文章	情感态度	综合
3	倪方韵	思维活跃。	填写认真，能真实反映自己的见解。	不仅及时提交，而且认真。	有独到见解。	能主动参观博物馆，很好！且有美术作品获全国一等奖。	优

表4 问卷课笺

姓名	薛怡箐	班级	初一(4)班	学号	15号
创作题	创作一幅适合纹样(略)。				
文字题	请在教材中挑选一幅你最喜爱的美术作品，并介绍与评论。 这是一件出土于四川的汉代陶俑——说唱俑。我想，工匠把他设计得矮小滑稽，是想要表现他憨态可掬的动作。 你看他头扎布条，一手挟一只圆鼓，一手拿着一根鼓棒，朝前挥舞着，像是在敲鼓的间隙说唱着。再看他咧着大大的嘴，折起一条条深深的皱纹，可以看出他正说得兴高采烈。从他缩头耸肩、眉飞色舞的动作来看，他必定是一位很有表演能力的说唱人。 这一切在朴拙之中透出灵动，令人如闻其声。早在两千多年前的汉代，我国的劳动人民就可以将陶俑进行加工、夸张处理，使陶俑惟妙惟肖，由此可见我国古代人民的美术水平之高。 作为现代青年，我们应该学会欣赏美术、创造美术，更应该学会保护美术。				
教师留言	太好了！你介绍得具体生动，评说有自己的再创造，更可贵的是你能够把欣赏美术作品与你的强烈的爱国情操、社会责任感和投身美术创造的志愿结合起来，使我很感动。继续努力，你会成为一个感情丰富、知识渊博、想象力强的创造型人才！ 适合纹样创作构思巧妙，色彩鲜明，但制作可以再细致一些。 任课老师：陈铁梅				

评价将教与学相融，教师的教学观在转变——新的教学评价可以使课堂变得更吸

引人，学生的学习观在转变——我也很优秀，教师的评价观在转变——每个学生都有闪光点，学生的评价观在改变——我也可以评价教师的教学，师生之间的关系在改变——师生是互为欣赏的朋友。关注学会学习的评价，是为他人开启一扇共生之门。共生，才是真正的赢。

3. 关注全面发展的信笺式个体评价

不知道从什么时候开始，学生的美术评价常常以量化评价为主，变成了学生成绩和素质高低的决战，变成了教师能力和水平的分水岭。于是，教师与教师之间，教师与学生之间，学生与学生之间，家长与学生之间因具体的量化评价的分数、等级而变得关系紧张起来。事实上，评价应当成为师生交流的平台，是对学生学习过程或教师教学过程做出综合性的、有一定价值属性的判断和衡量，它具有明确的价值信念，那就是为了学生的发展，这一价值信念在评价活动中具有核心地位和作用，这也是人本主义思想的体现。以学生发展为价值信念的评价，教师可以采用信笺的方式与学生个体进行交流，如下文中教师基于章书一同学创作的作品《植物写生》所写的信笺式个体评价：

《植物写生》 章书一同学

书一：

有人说，老师是派向儿童世界的文化天使。我很赞同这句话，因为只有老师，才可能带着满心的爱与责任，将世界之博大的文化精髓倾囊而出，给予他所钟爱的孩子们。所以，"老师"是这世界上最为崇高的称谓之一。

现在，在这里，我要将"老师"这一称谓送给你，因为你在我们社团中担任的就是这一神圣的职务，并在一次次的活动中向同学传递着浓浓的关爱与情意。虽然你依然是那个有些腼腆、不喜言语却特别稳重的女孩。

在刚刚组建起来的社团中，你立刻用大气的构图、熟练的线条勾勒以及对繁复细节的深入刻画，让所有人对你刮目相看。同学们惊叹于你的绘画表现能力：植物交错复杂的藤蔓在你的笔下有条不紊地按着各自的轨迹生长着，大小不一而又交错在一起的叶子"非常听话"地前后映衬而又有序地散发着蓬勃的生命力。要画出那细密的叶脉——好多人心中的一个难题，你却用短而密、浓淡相间的线条轻松地表现了出来。你总有办法将叶子的前后左右分得清清楚楚，你也总有办法将植物表现得更加生动，比如那些叶子上的小小的洞，那叶尖上的小小卷曲，地上随意飘落的两片叶子。你添加的一小盆百合和画架，也恰到好处地丰富了画面的效果……

于是，你就吸引了其他同学的目光，他们向你学习，你也极为大方地、毫无保留地将自己的美术技法跟同学们交流、分享，凯文就是你最忠实的粉丝。你对同学们的影响力有多大，你是知道的。

书一，谢谢你。

你一定是上帝派来我这里的天使，因为只有天使，才会那么美丽。

关注全面发展的信笺式个体评价，是教师与学生之间的“私聊”，是发现学生特长，激励学生发展，提高学生的学习兴趣的一种方式；关注全面发展的信笺式个体评价，能帮助学生充分了解自己、取长补短，发现和补充新的信息，从而促使学生不断完善自己；关注全面发展的信笺式个体评价，能帮助学生明确取得的成就和需要努力的方向，明确自己在学习中所存在的差距，获得鼓励、自信与希望，进一步发展创造力，不断张扬自己的个性。每一个学生都渴望成功，渴望进步，只要给他们机会，他们就能营造一个属于自己的天地，这是最根本的也是最重要的评价价值所在。所以，评价应当是一次学生提升自己的机会，而不是遭受挫折的经历。

4. 关注学生未来的展示式总结评价

当前，学生对现行期末考试评价方式普遍感到无奈，学生到底需要怎样的美术学习评价？学生需要的是以激发思维成长、关注他的未来发展的评价，需要“跳一跳，摘苹果，再跳一跳，去摘得更大的苹果”一样的评价。

美术学科与其他学科的学习有两个明显的区别：一是美术学习具有较为明显的阶段性，一个单元的学习内容与另一个单元的学习内容没有很大的关联，往往一个单元的学习结束之后，本学期基本上就不会再涉及相关内容，这也就意味着这一学习内容的结束；二是美术学科没有同其他学科一样的复习过程，这也就导致了学生不会再有重温、提高的机会，一个单元学习结束之后的作业也就代表了学生在这个学习阶段的所有成就。如果将当时的作业当作学生一学期的学业成就，未免太过偏颇，因为作业完成之后到学期结束之间的时间里，学生的认知能力、审美能力、美术表达能力会有不同程度的提高。因此，为学生提供充足的时间与空间，允许他们在原来作业的基础上努力修正，给学生“跳一跳、摘得苹果”的机会，对于能力有余的学生，不妨鼓励他们“再跳一跳，去摘得更大的苹果”，这样才符合儿童的认知心理，才是恰当的期末评价。在期末，教师可空出一定的课时量，让学生对平时的作业进行修改，以此获得新知，巩固旧知，提升能力，提升品质，然后重新进行评估。两次作业按成绩高的计入总分并算出平均分，占总评分的70%，余下30%的分数来源于“班级画展”，即每位学生挑选一张自己最满意的作品进行装裱并展示在教室里，画展期间由任课老师以及家长代表评选他们最欣赏的十五幅作品。学生的参与态度将作为基础分，任课老师和家长代表的投票数作为加分，折合成总评分的30%。总评分在90分以上的，给予优星，92分以上的给予双优星，以此类推，每提高两分上升一个等级。这是以鼓励为主的积极性评价。

当然，展示式总结评价的方式还有很多，例如“回眸成长历程”的方式。在学期末，教师将平时收集的学生作业通过电脑回放进行回顾与评价，这是极为激动人心的时刻。

再如，教师可利用学校的节庆活动展示学生作品，如前文提到的学校校庆活动，采用了大情境、大主题、大单元的活动形式，并通过以下流程完成学生作品的展示：首先，是对作品进行筛选，第一轮由校庆项目领导组进行筛选，对选出的作品进行集体评议，请作者根据修改意见进行修改；第二轮筛选则由学生代表来完成；第三轮筛选则是将作品放入学校微信公众号进行全社会海选，再根据排名，由校长室、教师代表、学生代表进行综合评选，最终评选出“我最喜欢的校庆标志”“校庆宣传海报优秀奖”“校庆材料袋设计优秀奖”“我最喜欢的校庆吉祥龙”等奖项。其次，将选拔的作品在全校进行展览，并在学校微信公众号中进行广泛宣传。最后，学校举行隆重的颁奖典礼，为获奖学生颁发了证书和奖杯。因为人的认知活动与人的情绪、情感紧密相连，评价与不评价所产生的效果完全不同，而且不同性质的评价方式产生的心理效应也迥然不同。教师正面、积极的评价能使学生获得鼓舞，进一步调动学生学习的积极性、主动性，激发学生的创造性思维，使教学知情相融。

“我最喜欢的校庆标志”获奖作品

值得一提的是，获奖的顾家俊同学还经历了一段特殊的评价历程。虽然这次摘得桂冠让他有了一定的自豪感，但是由于性格内向以及成绩不尽如人意，他严重缺乏自信心，而他又如此渴望获得同伴和老师的认可，所以教师邀请他在此大型活动上做“校庆欢歌”的主题叙事演讲，将他的创作历程及心得与二百多名教师分享。要知道，这是他第一次登上大型活动的讲台，第一次以成功者的身份进行分享，而且分享的对象是教师，所以他的压力巨大，长句不会停顿，眼睛不敢离开稿子，身体止不住地发抖……帮助他克服心理障碍，勇敢挑战他自己，已经成为这次主题叙事演讲最重要的目的，远远超出了讲述本身。于是，教师与他一起矫正读音，一起分段朗读，一起制作课件，一起学习朗诵……最终，他勇敢地、顺利地完成了讲述，并还临时添加了一个结尾：“看着我们自己设计的作品出现在校园的每个角落，获得了校内外老师和嘉宾的一致赞誉，我和同学们感到特别自豪，我们的内心也久久不能平静。这次的大主题单元活动不同于以往课本上枯燥的内容，它借助学校校庆这个契机，让我们身处其中，极大地激发了我们学习的积极性；各种设计创作活动充分激发了我们的想象、思考、判断等能力，让我们接触到了各种工具、材料、操作方式和表现形式，得到了以往学习活动中难以获得的各种体验，在实践经历中潜移默化地提升了我们的审美素养。以校庆为主题的大单元系列活动，让我们感受到了‘艺术来源于生活，回归于生活’的深刻含义，我和同学们由此对设计产生了极大的兴趣，动漫设计和平面设计已悄然成了同学们课后想要了解的方向……没想到，一次校庆活动居然给了我们一个可‘选择’的未来……”他的演讲赢得了所有与会教师最热烈的掌声。与会教师的掌声是真诚的、由衷的，但是他们并不知晓顾家俊同学为之付出的努力，他们对顾家俊同学进行了评价：“谢谢家俊，你为学校文化建设贡献了自己的智慧，并期许了自己的未来，所以要相信付出总有收获，相信自己，相信未来！”

学校是什么？学校是实现梦想的地方。这一特别的活动和评价方式，一定会对顾家俊的未来产生积极的影响，相信他会在接下来的学习过程中专注于当下的每一件事，继而在通往快乐人生的道路上，成为一个审美人。

第四章　美术课程重构的回望与思考

第一节　课程思维是美术课程重构的基础

教师在课程研发过程中会获得超越课程本身的逻辑推理、整体架构、统筹协调等能力，这些能力可以称为“课程思维”。课程思维“在教师探索和发现教育的内部联系和客观规律的过程中起着决定性的作用，影响和指导其教育行为，是教育认识过程的高级阶段”[①]，为升级认知、管理思想、整合经验提供了支架、模型。

一、课程研发的系统思维

系统思维是人们运用系统观点，系统地认识对象的互相联系的各个方面及其结构和功能的一种思维方法。课程是教学的组成部分，课程研发是站在“培养全面发展的人”的高度上，整体性地架构、梳理和规划。例如前文所述的指向学生审美素养提升的美术课程重构，就是以具身理论为支撑，审视物型文化、德育文化、学科教学等，以美术教育教学为基础和主线，统整课程内容，唤醒学生审美的眼、手、脑，提升学生的审美素养，为学生一生的成长奠基。这种整体性架构的思维方式，影响着教师对教育的判断，对教学的理解，继而逐步建立一种思考问题的模型结构。相信当这样的经验长期积累之后，教师就会形成一种将无序整理成有序的思维惯性，并作用于教育行动的各个方面，对教学产生巨大的帮助。

二、课程内容的整合思维

《岛上书店》的封面上写着一行让人难以忘怀的字：“没有谁是一座孤岛。”[②]这句话同样适合学科，也就是说，没有一门学科是一座孤岛，它与其他学科之间总有千丝万缕的联系。“过程哲学中的关系思维提醒着人们，人类所有经验都非独立存在，而是作为

---

① 陈铁梅. 课程思维：助力第三次成长起跳[J]. 初中生世界(初中教学研究)，2019(6)：13.

② [美] 加布瑞埃拉·泽文. 岛上书店[M]. 孙仲旭，李玉瑶，译. 南京：江苏凤凰文艺出版社，2015：5.

一个整体来源于完整、统一的生活。”[①]所以，在进行美术课程重构的过程中，教师需时刻警醒，应超越美术学科限制，充分展现生活的整体性和统一性，以帮助学生正确理解生活、创造生活。这种整合思维正在引导教师将各种学科知识进行融合，打造多样化、综合性的学习内容及环境，以实现学生生活经验的统一。

三、课程实施的问题思维

学生喜欢什么样的课程？如何设计课程才能提升学生的思维能力？如何将课程有效且有趣地落实到课堂中？答案就在于基于问题实施课程。教师站在学生立场，以学生为本，从学生的学情出发，以学生的已有知识结构为基点，寻找学生对课程的兴趣点，于是在学生中流行的“蒸汽朋克制作”被引进了课程；以国家课程标准为依据，将教材进行梳理整合，形成系统性的学习内容，以解决学科教学内容中的重点和难点，于是系列生活课程应运而生；基于前两者互为补充、螺旋上升的经验，根据学生学习的情况、教学内容的重难点以及新的课程形式，于是博物馆课程成为学校课程的有益补充。苏格拉底说：“问题是接生婆，它能帮助新的思想的诞生。”问题思维使教师的教学始终以学生的心智成长为出发点，考虑学生的思维层阶如何突破惯性的局限，从低阶思维状态冲顶高阶思维，从而实现“思想的诞生”。

四、课程教学的逆向思维

格兰特·威金斯和杰伊·麦克泰格提出“以终为始”概念，就是为达成教学设计之初所预期的结果而进行的教学逆向设计。这种“反其道而思之”的逆向思维同样适用于课程研发，教师可用它核查课程是否有效落实，例如观察学生对课程内容的反应后追问：“学生应该知道什么？理解什么？能够做什么？什么内容值得他去理解？什么内容可以期望他加深理解？”观察学生的美术表现后再追问：“我们如何知道学生的学习是否已经达到了预期结果？哪些证据能够证明学生已经理解了或者掌握了？理解和掌握的程度如何？”观察学生对美术基本技能和基本知识的需求后继续追问：“如果学生要有效开展学习并获得预期结果，他们需要哪些知识和技能？哪些活动可以使学生获得所需的知识和技能？为了帮助学生更好地表达，我们需要提供哪些指导？提供哪些材料和资源最合适？”这样的逆向思维让教学站在了结果、结论的反方向，引导教师对现象、问题进行深入探索和实践，新的思路、新的方向也许就在不经意间产生了。

以上列举，只是课程思维的一部分，此外还有结构思维、逻辑思维等。周国平说，教育的使命是“人性的健康生长和全面发展”[②]，那么审美人生教育的使命就是帮助学生

---

① 张香兰．简论基于过程哲学的课程思维方式转变[J]．课程·教材·教法，2007(5)：15．

② 周国平．周国平论教育[M]．上海：华东师范大学出版社，2009：1．

"成为人性意义上的真正的人"①——用艺术思维关照世界和人生，然后在生活方式、生活状态和生活观念上按照审美原则进行取舍。

第二节　问题链教学促成美术课程在深度学习维度上的重构

美术具有怡情、灵动、富有想象力和创造力等特质，这些特质与学生的美术学习特质有着诸多应合之处。

美术学习对于学生而言，最重要的不是学习技能、获得知识，而是体验情感、表达自我，这样的学习特质最可贵之处就是它的无功利性，但也正由于充满了自由气息的无功利性，容易使美术学习停留在表面。当前美术课堂中，浮于表面的作品赏析，机械重复的技能练习，高度模仿的创意设计等屡见不鲜。

如何通过课程的有效重构，帮助学生积极主动地、以批判性思维介入学习，突破已知局限，开展迁移性学习呢？以问题链作为源头、抓手，推动学习走向纵深，达成深度学习，是必然之解，也是应然之举。

一、基于问题链的美术深度学习设计理念

1. 美术深度学习的内涵

美术学科的深度学习是指在教师的引领下，学生以解决实际问题为目标，激活学习动机、进行信息加工、建构知识框架、展开创新实践，进而将审美素养交织形成螺旋上升的链式结构状态，以获得新的学习样态，有以下五个方面的内涵：

第一，美术深度学习是一种解决实际问题的项目性学习。美术教学有着极为鲜明的项目性特征，即有非常明确的工作任务，课程内容的选择和组织就围绕这一工作任务展开，并以完成这一工作任务为主要目标。例如人教版美术教材七年级上册第二课《在校园中健康成长》，其工作任务就是用速写的方法表现校园生活的一个活动场景。为了完成这一项工作任务，就要解决一系列的相关问题：哪些情境能代表校园生活？这些情境如何巧妙组合？人物和场景之间的关系如何协调？速写的表现技法有哪些？这些技法如何准确表现校园生活？围绕这些问题，教师和学生就要共同开展相关资料的收集、筛选、组合，共同研讨并学习如何构图才能表现和传达校园生活的生动活泼，如何表现人物比例和动态，如何运用疏密、刚柔对比和谐的速写技法，如何综合运用所学技法完成工作任务。

第二，美术深度学习是一种提升审美能力的实践性学习。美术学习强调学生应经历像艺术家一样创作的过程，即"问题探究—体验研究—实践操作—反思研讨—实践提

① 周国平.周国平论教育[M].上海：华东师范大学出版社，2009：1.

升”，这是美术学科最基本的学习模式，它强调的是一种经历，即像艺术家的工作方式和思维模式那样，为完成一项工作任务而进行步步跟进的实践探索。以人教版美术教材七年级下册第四单元第一课《广而告之》为例，为了完成“为学校艺术节设计一幅宣传海报”这一工作任务，师生以“学校艺术节需要怎样的宣传海报”为问题情境，关注生活中海报出现的场合，研究不同类别的海报的构成元素及其设计方法，生成“艺术节绘画比赛”等有意义的、鲜明的创作主题，然后进行构思、构图，并寻找适合的媒材和工具进行设计和制作。其间，学生会遭遇设想构思与实践操作不相符等问题，于是再次进行反思、讨论、研究，克服困难，解决问题，不断完善，最终完成一幅高品质的“学校艺术节”海报，并运用到学校艺术节活动中，实现从虚拟情境创设到真实情境落实的过程。在这一过程中，学生经历了一位艺术家真实的创作历程，继而在“做中学”中，提升“图像识读、美术表现、创意实践、审美判断和文化理解”等美术核心素养。

第三，美术深度学习是一种发展丰厚感性的情感性学习。我们常习惯于用规定性的、符号性的语言和逻辑来描述、解释世界，这种“纯粹理性”在康德的语境中被称为“知识”，它能帮助人们理性地认识世界，却常常让人们感觉与世界之间存在某种隔阂，缺少亲近的意味和鲜活的色彩，而不能洞察世界的丰富、美好、曼妙。能对此进行弥补和扭转的，大多是艺术的力量。以画荔枝为例，美术的学习方式是在感性的基础上进行观察、理解、分析、实践和运用，因此美术学习能带领学生在知晓荔枝的属科、花期、产地等知识的基础上，在品尝它的甘甜之后，一边吟诵佳句“日啖荔枝三百颗，不辞长作岭南人”，一边像齐白石老人那样挥毫作画《荔枝》。于是，荔枝完成了从植物到水果再到艺术的转化，让理性认知冲破冰冷的知识罗列和描述，有了色彩、情绪和温度。若再进一步施以联想，从荔枝的形态发散想象为“美艳如美人”，就会由白居易的“若离本枝，一日而色变，二日而香变，三日而味变，四五日外，色香味尽去矣”联想到“美人迟暮”“色衰爱弛”，由此“荔枝”便成了一种文化意象，在美术作品中作为母题与“美人”同时出现，帮助学生形成以深度体验为核心的感性素养。感性素养蕴含了文化积累和精神积淀，与理性相互协调、相互包含，因此它既有感性的丰富性，又有人文的深刻性，是一种“丰厚的感性”。美术教学所追求的帮助学生发展“丰厚的感性”，就是既要保护和恢复学生天然感性的活泼和生动，又要使之丰富和提升。

第四，美术深度学习是一种开展丰富想象的创新性学习。丰子恺曾用大量漫画作品记录儿童的创新能力，例如作品《瞻瞻底车》中的瞻瞻小朋友，他将蒲扇想象成自行车的两个轮子，然后骑着“蒲扇自行车”快乐地嬉戏。丰子恺的这些作品一方面说明想象、创新对于儿童来说是极为自然、自发、充满乐趣的活动，另一方面也说明儿童期是创新能力发展最为迅速的阶段，是培育创新能力的关键期。然而我们不得不承认一个事实，那就是随着年龄的增长，儿童的想象力和创新能力在慢慢消退，虽然原因极为复杂，但成人世界的框定和约束难辞其咎。美术学习则以其天然优势唤醒、培育和发展儿童的创新能力，这种天然优势就是：天马行空的想象能在画笔下变得可视甚至可用，工具材料的不同组合可以呈现丰富多变的视觉效果，学生经由美术学习，学会原型启发、夸张变形、想象添加，继而获得发现与解决问题的思维能力和迁移能力，获得发明与制作事物的创新能力和实践能力。

第五，美术深度学习是一种培养健康人格的内化性学习。康德认为美即是善。作为美育的重要组成部分，美术学习必然与道德修养的提升有着诸多的内在联系，它能慰藉心灵，促使精神走向自由和谐。"那用粉本借春工，偶然以意轻点拂"，学生在一笔一画间，慢慢学会摒弃浮躁，安抚内心，享受与自然、自我的对话，继而让生活有序，让灵魂安定。同时，美术学习能传递人类优秀文化，提升学生的人文修养，欣赏董希文的《开国大典》，不仅能了解中国油画的民族化进程，更能领略作者对祖国的无限热爱和衷心祝愿；欣赏达·芬奇的《最后的晚餐》，不仅能了解圣经故事，更能领略作者对忠诚的赞美，对背叛的鞭挞；欣赏库淑兰的《剪花娘子》，不仅能了解民间剪纸的发展、沿革和创新，更能领略中国农民的强大的生命力量与蓬勃的精神力量……在此过程中，学生逐步形成正确的人生观、价值观。此外，美术学习还能发展学生的社会性。例如，学生通过全面参与学校校庆宣传活动，了解学校的发展历程，参与征集和筹划海报设计、标志设计、材料袋设计、文创产品设计等，最终在校园各处展示成果。这些行动不仅能提升学生的社会实践能力，还能发展学生的理解能力和社会交往能力。因此，美术学习能促使学生成为人格高尚的审美人，继而获得健康、和谐的人生——审美人生。

2. 美术深度学习的特征

与其他学科的深度学习一样，美术深度学习具有普适性特征，例如学习基础是理解，学习目标是学以致用，学习内容是有意义的任务，学习方式是"做中学"。当然，美术作为一门个性鲜明的学科，它的深度学习的特征蕴含独特气质，富有学科特色。

第一，审美态度的内源性。美术学习因为充满了自由气息，所以很容易被学生喜欢，虽然这种喜欢通常是表层的、稍纵即逝的，但这为美术的深度学习奠定了良好的动力基础。学生一方面通过有趣且有意义的美术活动，由外及里地萌生好奇心、探究欲，长时间地保持良好的、积极的学习状态，这不仅仅是一种对美术的接纳，更是一种主动参与的心理获得和满足；另一方面通过精心设置的课程、有深度的问题情境，由里及外地唤醒认知欲望、审美欲望，经过有意义的学习和深刻的反省，逐步固化成为内在的认知需要、审美需要，乃至升华为生命成长的需要，这是一种自我完善、自我创造的过程。两方面相辅相成，让学生"内部灵性和可能性"得到最大程度的发展，使学生成就最好的自己。

第二，审美知识的整合性。美术从来都是历史、政治、心理、科学、社会、文化的综合表达，人类借助美术工具和材料，创造出具有美感特征的视觉艺术。因此，美术学习绝对不是单一的技术学习和技能训练，而是学习如何将文化体系与美术表现技巧、艺术创造灵性、审美理想、审美态度等诸多因素进行有效加工，整合成富有形式美感的艺术作品，这是一个庞大的系统工程。它是生成的，是在不断建构、不断完善的循环过程中形成的新知新能；它是立体的，是由心智、心灵、精神、技术、知识、智慧共同支撑起的有机整体；它是整体的，是以问题情境为支架的“知识宫殿”。

第三，审美思维的开放性。审美思维是审美主体在面对审美对象的时候，获得超越审美主体本身的客观性认识，感知审美客体的美的规律、内涵、特征等，这是“人用头脑进行逻辑推导的属性、能力和过程”。美术深度学习以开放的形态，实现学科内融合、学科间整合、学科外糅合，帮助学生围绕问题情境，多向延展求知的“触手”，抓取信息，学会迁移，继而让学生在学习本学科的基本知识和技能的基础上，获取形式美的规律，并且与历史、地理、科技等学科多向勾连，从而明白美术不只是“美术”，而是文化的、社会的，也是美学的、哲学的，这是一种多元迁移的学习方式，也是一种逻辑推理、整体架构、统筹协调的审美能力。它是高屋建瓴的，在学生解决问题、探索和发现教育的内部联系和客观规律的过程中往往起到了决定性的作用，是美术学习的高阶思维。

第四，审美表达的深入性。美术学习是眼、脑、手协调并用的过程：眼是观察和体验，是审美感知的基础；脑是情感投入和知识获取，是审美态度和审美思维的发力点；手是创作、表现，是审美能力的彰显。三者既有一定的逻辑关系，又相互支撑、相互裹挟。美术的项目性特征决定了美术学习必须有解决实际问题的成果显现。因此，学生在边观察边表现中，逐步探索和获取表现技法，学习成果也就在这一过程中不断深入，学生对美术的理解、认识和感悟也就随之升华，继而形成螺旋上升式的结构状态，从不断深入的美术表现技能的尝试、练习等探索行动中，达成由表及里的深度学习。

第五，审美能力的创新性。创新是美术学习的特质和根本任务，也是审美能力提升的标志之一。因此，美术深度学习也是创新性学习，它是前四个特征的积累和升华，不仅强调学生对美术相关知识和文化系统的不断迁移，更强调迁移后的重构、重建，让问题以新颖的、不同以往的方式呈现；不仅强调观察、体验、思考基础上的深度理解，更强调实践操作，让问题得以真实解决；不仅强调解决单一的问题，更看重学生的经历，即在经历中“发掘知识这一伟大事物内在的魅力”，继而发掘“知识、社会生活与师生生命的深刻共鸣”①。

表 5　美术深度学习的基本特征

类别 形式	审美态度	审美知识	审美思维	审美表达	审美能力
质态	内源性	整合性	开放性	深入性	创新性
外显	积极投入	信息加工	多元迁移	探索技能	迁移重构
内化	体悟敏行	整体架构	攀升高阶	由表及里	意义建构

① 朱永新.理想课堂的六维度与三境界[J].课程与教学管理，2014(12)：40.

3. 基于问题链的美术深度学习的活动要素

深度学习围绕问题而展开，学习的基点是问题，学习过程是解决问题，学习的结果是问题得到解决，学习的延伸是再提出问题，所以问题是深度学习的基本元素。

那么，对于美术而言，什么样的问题能引发并助推学生的深度学习呢？问题链是有意思又有意义的选择，它包含以下基本活动要素。

第一，问题链。学生的学习从来不是“在一张白纸上的书写”，而是建立在学生已有知识的基础上，当已有知识与新学知识“相遇”后，就会碰撞出一个又一个的问题。师生为了解决这些问题，就需根据学生的已有知识或经验，针对学生学习过程中将要产生或可能产生的困惑，将课程内容转换成层次鲜明、具有系统性的一组有中心、有序列、相对独立而又相互关联的问题链。问题链通常由核心问题和从中分解出来的子问题构成。问题链在形式上表现为围绕核心问题的一问接一问，一环套一环；在内容上表现为问问相连，环环紧扣；在目标上表现为步步深入，由此及彼。

第二，螺旋结构。形成螺旋结构是指被一一解决的问题逐步固化为学生的已有知识，学生借由这些已有知识开始一段解决新问题的学习之旅。也就是说，新问题链在原问题链的基础上推动新的学习进程，由此往复，组合成了一个螺旋上升的学习支架，为学生学习的不断攀升提供强有力的支撑。

第三，实体信息。实体信息大多指的是已知信息，既包含学生已经掌握的美术知识和表现技能，还包括学生已有的经验和认知，它们能不能被连接起来，与问题的刺激程度和问题链的解决程度成正比。同时，越是深度的学习，实体信息的来源、类型、形式也就越多。

第四，联结信息。这是指学生需要学习和掌握的美术新知识，是过往实体信息和未来实体信息的联结，所以称之为联结信息。它包括即将开展学习的课程内容如知识与技能，还包括由此及彼延伸和迁移的相关知识，如网络资料、现场采访、图文资料等。这些信息并行作用，相互刺激，相互联结，促成深度学习的生发。

第五，信息加工。如何有效设计问题链，实现实体信息和联结信息的有效连接以解决实际问题，需要选择和使用信息加工方法。在美术深度学习中，除了合作探究等普适性方法以外，整合、迁移、实践和建构是常用的方法。整合和迁移更多关注知识层面，实践和建构更多关注操作层面。

4. 基于问题链的美术深度学习的活动环节

（1）搜集信息，梳理问题

这一环节是教学活动的基础，旨在围绕教学主题，收集和整理相关实体信息、联结信息，并在两者的比较、承接过程中，发现问题，提出问题。其中，寻找“问题源”和抓取“核心问题”是关键。这一环节可以由教师完成，但更提倡师生共同协作完成，这既贴合学生的认知基础，更是“以生为本”的具体体现。

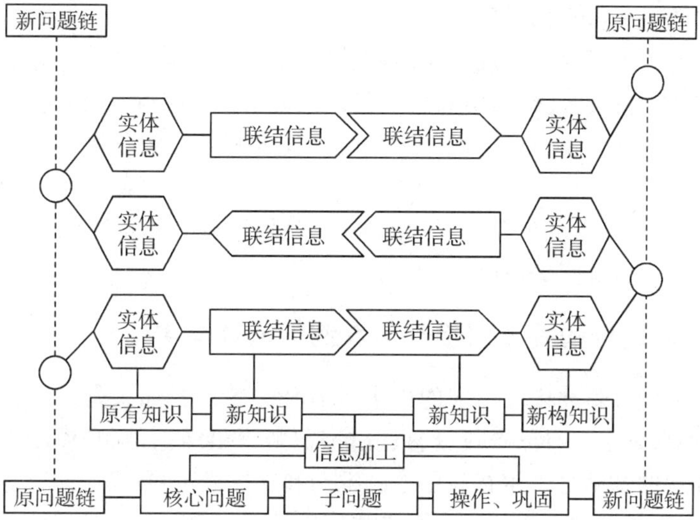

美术深度学习模型

基于问题链的美术深度学习首先要追问和研究问题在哪里，一般可从三个方面寻找：一是学生的已有知识结构，也就是站在学生立场，以学生为本，从学生的学情出发，从学生的已有知识结构出发，研究、发现、梳理面对怎样的学情该提出怎样的问题；二是学科教学内容的重难点，也就是从学科教学内容的重点和难点中生发核心问题；三是基于前两者互为补充、螺旋上升的经验、困惑、思考，因为问题不是孤立存在的，而是由学情、教学内容重难点以及相关因素综合而成。

核心问题不仅是有效问题，更是关键问题；不仅是"问题源"的具体落实，是下一个环节的前提和前奏，更是深度学习达成的引导点、支撑地和生发处。因此，核心问题的抓取，对基于问题链的美术深度学习来说极为重要。

（2）内省体验，细化问题

美术学习的项目性目标需要建立在情境体验的基础上，因此，学生为了完成工作任务就要启动审美思维，对项目完成的可能性进行结构化地梳理，确认自己能做什么，不能做什么，如何寻求帮助。这些诸多的问题都是围绕核心问题而展开，这就是子问题，它们是一个个相互关联、不断递进并能激发学生思维能力的一组问题，即形成问题链，以推动深度学习真正发生。

（3）加工信息，解决问题

解决问题的信息加工过程在多层面中展开：一是参考借鉴，也就是通过对实体信息和联结信息的剖析，获得原型启发，产生创意；二是对话交流，通常通过与同伴的探讨分享，互相启发，深化认识，同时与同伴进行分工合作，获得支持与配合；三是寻求帮助，教师往往是最佳的求助者，因为他能提供知识与指导。

（4）反思提升，延展问题

问题解决的表现是项目完成，但在深度学习的概念框架下，它绝对不是终点，而是一个新的起点，是对原问题链总结和反思基础上进一步的探讨，是借用这种模式进行类比以推动新问题链的产生，是学习活动的方法、技术等经验的获取，而这实则也是一种实践和建构。

值得注意的是，以上环节并非固化的操作流程，教师可以根据不同的课业类型以及具体的课程内容进行适宜、有针对性地调整。

二、基于问题链的美术深度学习案例的设计与实施

尹少淳曾举例说："北宋和南宋的山水画有什么特点？如果是记忆教材的结论，则是浅层学习，如果是学生自己查找资料、分析、归纳得出结论，则是深度学习。"事实上，尹教授所述成立的基础是学生在问题链的推动和支撑之下，自己开展有意义的学习。

那么，问题链是怎样提出的呢？又是如何推动深度学习发生的呢？在此，笔者以美术教学活动"从《血衣》到《格尔尼卡》"为例尝试解答。这是初中美术欣赏活动，是对人教版七年级下册第一单元"美术是创造性劳动"第一课《源于生活，高于生活》的校本化诠释。

1. 在搜集和整合信息中，发现问题源，梳理核心问题

（1）寻找问题源

初一学生经过了小学六年的美术学习，已经初步掌握素描、油画等美术基本类别及美术表现语言，知晓徐悲鸿、齐白石、凡・高、毕加索等著名画家及其代表作，也拥有了较强的图像识读能力，并喜欢分析和组织复杂的图像，能为发现其中的社会意义和文化内涵而兴奋不已，也极其愿意挑战未知的世界。也就是说，这一年龄段学生的审美态度内源性较强，对审美客体（美术作品）的基本知识有了初步的了解和掌握。为此，找到欣赏的方法就成了学生迫切的需要。同时，初中生的心智成长特征也指向了"对规律的掌握"，为他的生命成长提供了逻辑推理和理性分析的基础。基于此，当学习主题摆到学生面前的时候，学生第一反应就是："该怎么欣赏呢？"由此问题源就是欣赏方法，简单来说，那就是对"画了什么？为什么画？怎么画的？画得怎么样？"的连续追问。

（2）抓取核心问题

笔者向学生展示了两幅美术作品。第一幅是当代现实主义绘画代表画家王式廓的代表作《血衣》，该作品再现了1947年中国共产党颁布《中国土地法大纲》，开展轰轰烈烈的土地改革运动的场景。第二幅是西班牙画家、雕塑家、立体主义的创始人毕加索的代表作《格尔尼卡》，该作品表现了1937年德国纳粹的轰炸机把西班牙格尔尼卡小镇夷为平地，平民伤亡惨重的事件，毕加索用绘画来表达对战争的无声控诉以及对法西斯暴行的强烈抗议。

《血衣》　王式廓

《格尔尼卡》　毕加索

相较由块面分割组合而成的立体主义绘画作品《格尔尼卡》而言，学生明显更喜欢《血衣》，因为《血衣》的写实性让学生更容易识读作品中的图像信息，更容易分析人物之间的关系，更容易感知人物的情感变化。这一审美态度的内源性勃发为深度学习夯实了基础，因此师生将《血衣》确定为本课程的基础内容并开展学习。但是，学生对于土地改革运动等关于《血衣》的背景知识了解不多，使得欣赏浮于表面，不能透彻理解作品的艺术价值和文化内涵。因此，笔者请学生讨论："你想知道些什么?"学生经过小组讨论，对应问题源中的欣赏方法，围绕"如何有效欣赏"形成了一组层层递进的核心问题，这一组核心问题有各自明确的指向性：

"《血衣》表达了什么主题?"这一问题旨在引导学生关注作品本身及其细节。作为视觉艺术的绘画作品，细节是传递画家思想和情感的重要媒介，所以一切有效的、有意义的、有价值的欣赏，都是从观察细节开始的，即实体信息的梳理。

"《血衣》是真实发生的事件吗?"如果说前一个问题是在读画，那么这一问题则是将学生引向思画，从细节处挖掘并思考作品所再现的历史背景，这是实体信息和联结信息的第一次交织，以此丰富学生对作品的认知。

“《血衣》的艺术表现形式是什么？”“《血衣》是形式决定内容，还是内容决定形式？”这两个问题直接指向了美术技能，前一问是后一问的基础，前一问是基于初中生认知水平的启发，后一问是批判性思维引领下对前面所有问题的理性梳理，以此逐步揭开作品神秘的面纱。这一研画过程是实体信息和联结信息的第二次交织，由此形成知识体系。

“为什么《血衣》及其系列作品被称为‘中国农民觉醒的纪念碑性的创作’？”这是学生在阅读了教材文字之后提出的颇有价值的问题，是解读名画之所以有名的关键所在，是对艺术美的来源和作品所达境界的深度叩问。

2. 在内省和体验情感中，进行结构化梳理，细化为子问题

事实上，以上核心问题还是一个大概念，是宏观而且开放的，要真正读懂《血衣》，问题还需要进一步明确和细化。所以，教师请学生再次仔细审视作品，体察每一个人物的表情、动作以及相互之间的关系，然后再次小组讨论，围绕核心问题提出自己的疑问，最后小组展示，共同将核心问题化解为一个个相互关联、不断递进并能激发思维能力的一组问题，继而推动所有人朝向作品的根本进行追问，形成问题链，以此推动深度学习的发展。

表 6　美术教学活动“从《血衣》到《格尔尼卡》”问题链设计

欣赏方法	核心问题	子问题
画了什么？	《血衣》表达了什么主题？	1. 这幅作品中有哪些细节？ 2. 哪些细节让你联想到怎样的历史背景和地域背景？ 3. 你能简要描述这幅作品的主题吗？如时间、地点、事件。
为什么画？	《血衣》是真实发生的事件吗？	1. 作品描绘的是真实事件吗？ 2. 画面中哪些是生活真实场景？ 3. 画家是用什么办法将真实场景演绎为艺术场景的？
怎么画的？	《血衣》的艺术表现形式是什么？	1. 关于绘画种类。 (1)为什么选择素描这一绘画形式？ (2)素描的优势是什么？ (3)画家是如何用好素描的优势的？ 2. 关于构图和透视。 (1)这幅作品的中心人物是谁？为什么？ (2)画家是通过什么办法突显中心人物的？
	《血衣》是形式决定内容，还是内容决定形式？	1. 最吸引你或者最让你感动的是哪一个细节？为什么？ 2. 这件作品的内容和形式能分开吗？ 3. 你怎样看待这件作品的形式和内容间的关系？

续表

画得怎样？	为什么《血衣》及其系列作品被称为“中国农民觉醒的纪念碑性的创作”？	1. 你从举着血衣的妇女身上看到了怎样的情绪？ 2. 在画家的习作中，举着血衣的妇女的形象发生了怎样的变化？你觉得哪个形象的情绪更加强烈？为什么？ 3. 画面中哪些人物形象跟她一样有着强烈的情绪？ 4. 你是如何看待这种情绪的？

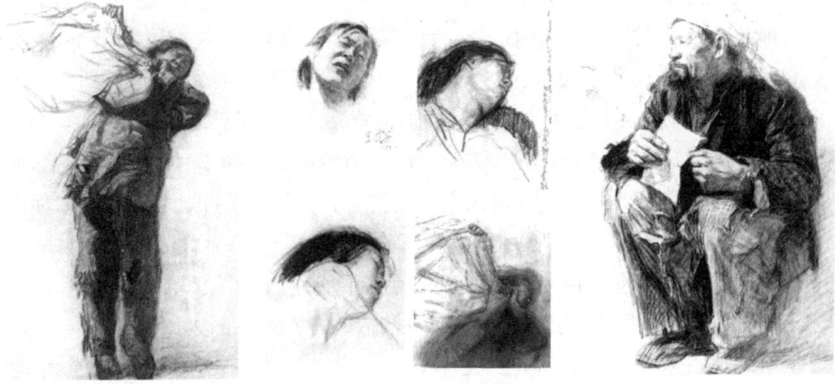

《血衣》习作　王式廓

3. 在整合和加工信息中，开展多层面活动，逐一解决问题

面对《血衣》的十八条子问题，学生展开了以下环节的学习活动。

（1）自我学习，自我建构

这是学生独立解答问题的过程。虽然十八条子问题有难易之分，但只有让学生置身于其中，才能帮助学生开启思维之门。事实确实如此，学生兴致勃勃地解答了大多数的子问题。例如，有的学生观察到作品中农民的头上包裹着白色头巾，结合建筑的风格，说明作品表现的场景是在西北地区；又如有的学生通过仔细对比《血衣》的正稿和草图中的一位农民老伯后发现，正稿中农民老伯手中拿的纸比草图中的明显大了很多，以此猜测这很有可能是一张卖身契或者地契，是农民老伯控诉地主的有力证据，而这正是画家王式廓强烈的个人情感的一种表达……学生在自我学习和建构的过程中，不仅解决问题，还将自我主观情感与画家主观情感进行高度融合，进行着第二次“创作”。

（2）小组探讨，梳理疑惑

学生对问题的解答需要通过分享，将个体的感性体验与同伴的感性体验进行融合，这也是一个检验的过程，可以将自主学习过程中不能解决的问题通过同伴的帮助进行解决。这一过程中不乏争论，例如有的小组就围绕“你认为这幅作品的中心人物是谁？为什么？”这一问题展开了辩论：有的同学认为中心人物是“举着血衣的妇女”，理由是她位于画面的中心位置，而且是最高的位置，同时完全契合“血衣”这一主题；有的同学则认为中心人物是“地主”，因为画面中地主处在人群的中央，所有人都将视线投注到了他的身上，而且切合这幅作品的历史背景“批斗地主”……此时，争议的结论显得不再重要，重要的是通过争议，学生开始深入挖掘作品的内涵，这不就说明深度学习正在发生吗？

（3）集体研讨，解决问题

当然，小组探讨还有一项重要的工作任务，那就是将小组通过研讨还不能解决的问题进行梳理和归纳后向全班提出，借助集体的力量来释疑解惑。例如有一小组直接将“《血衣》是形式决定内容，还是内容决定形式？”这一核心问题向全班提出，希望同学们帮助他们一同解决。有的小组认为：“是内容决定形式，因为要突显农民受尽地主的压迫，所以举着血衣的妇女从草图中能看到正脸，但逐步演变到正稿后，妇女的身体越来越往后倾斜，以表达不忍直视血衣背后那段痛苦的回忆。”但是有的小组不这么认为，他们提出：“是形式决定内容，也以举着血衣的妇女为例，她之所以被大家认为是画面的中心人物，是因为画家将她安排在了最高的位置，让她成为三角形构图的顶端，这是形式美的需要。”最终，学生希望教师提供专业的指导。于是教师表达了自己的理解：“这一问题可以与下一个问题连起来看，妇女举起依然带着血腥味的血衣，脸极力向后仰去，显然她依然不能直视血衣背后的那段悲惨经历，这是觉醒的农民的悲怆和呼号；老大娘虽然双目失明，却依然奋力扑向地主，这是觉醒的农民的愤然和控诉；人群将愤怒的目光投向地主，这是觉醒的农民的反抗和自强。他们相互呼应，前后映照，矛盾强烈冲突的瞬间引发了人们对历史的回忆。《血衣》及其系列作品被称为‘中国农民觉醒的纪念碑性的创作’，所以，形式和内容相互支撑，相辅相成，不可分离。”

4. 在迁移和反思学习中，尝试学以致用，掌握问题链的欣赏方法

如果说欣赏《血衣》的问题链是由师生合作完成设计的，并在师生共同协作中解决问题，那么，《格尔尼卡》的问题链设计则完全由学生自己独立完成。事实上，这一教学内容最受学生欢迎、最能引发学生思考的部分，是将《血衣》的问题链欣赏方法迁移到对《格尔尼卡》的欣赏中，这一内容的学习由三个环节构成：

一是静静品读。教师要求学生仔仔细细地品读《格尔尼卡》，并将自己看得懂的、猜测的以及完全看不懂的内容记录下来。要求中提到“静静”，因为“欣赏”是“入画”到“出画”的个体内化的过程，这一过程是静谧环境下的修炼，也是美术教学培养学生素养的目标之一。

二是默默自答。在这一环节中，教师播放了一部关于《格尔尼卡》的微课《悲到极致泪无声，愤到终点笔做枪》，学生观看后列出了猜测错误和依然没有看懂的问题，以此完成问题链的雏形。

三是迁移设问。在这一环节中，教师开始介入，通过“师生角色互换，请你设计一组问题链‘考一考’老师”的任务，帮助学生将学习的个体经验进行迁移，从而巩固问题链欣赏的方法。例如尹思睿同学就列出了以下问题链：

表 7　尹思睿同学设计的《格尔尼卡》问题链

欣赏方法	核心问题	子问题
画了什么？	《格尔尼卡》中的每一个人物和时间象征着什么？	1. 这幅作品的下端有一朵花，你认为这代表了什么？ 2. 这幅作品还有哪些具体形象？这些形象又分别代表着什么呢？
为什么画？	《格尔尼卡》寄托了画家怎样的情感？	1. 这幅作品是在怎样的背景下创作的？ 2. 画家在创作这幅作品的时候仅仅是在为他的妈妈担心吗？
怎么画的？	《格尔尼卡》的画面是否给人凌乱的感觉？	1. 毕加索用了什么样的表现手法来创作这幅作品？ 2. 毕加索为什么要选择这种表现手法呢？ 3. 毕加索是如何利用这些表现手法来安排所有形象的呢？ 4. 毕加索为什么采用冷色调？
画得怎样？	如何理解《格尔尼卡》的历史价值和社会价值？	1. 毕加索在哪些细节上参考了其他世界名画呢？他想表达什么？ 2. 毕加索有一句名言："我在十几岁时画画就像个古代大师，但我花了一辈子学习怎样像孩子那样画画。"结合作品《格尔尼卡》，请你谈谈对这句话的理解。

虽然思睿设计的问题链还不够完善，但这是他在巩固所知所学之后，形成的新的问题链。由此可以说，问题解决的表现看似是一个项目的完成，实则是在深度学习的概念框架下，学生以高级思维的发展和实际问题的解决为目标，积极主动、批判性地学习新的知识，并将它们融入原有的认知结构中，将已有的知识迁移到新的情境中，继而建立和完善新的学习支架。它绝对不是终点，而是一个新的起点，是在总结和反思原问题链的基础上进行的探讨，是借用这种模式进行类比以推动新问题链的产生，是学习方法等经验的获取，而这实则也是一种实践和建构。

三、基于问题链的美术深度学习总结与反思

基于问题链的美术深度学习，还有诸多问题有待进一步思考、探索。实践过程中，有以下几点原则需遵循。

1. 坚持“以生为本”的理念

学生是一切学习的主体，所以教师应尽可能将问题链设计的权利交给学生，将问题研究的时间留给学生，将解决问题的空间供给学生，将展示评价的机会让给学生，将思维进阶的成果许给学生。唯有这样，才能让学习充满动力，让学习真正发生，才能将教与学“引向宏观的理念、新的思维角度、深刻的内涵和文化意义”①。

2. 遵循国家课程标准的指引

无论是问题源的寻找，还是核心问题的抓取，都是为了提升学生的核心素养，而国家课程标准是教学实施的依据和方向，应以此为指导探寻蕴含于美术学科中的丰富文化内涵和审美意蕴。

3. 把握“情感体验”的底线

深度学习的概念是基于人工智能提出的，所以深度学习的实践与推广大多是以认知系统的信息加工为基础，但这在以感性为基础的美术学习中有时显得过于理性而失去了对美的生动的、灵性的演绎；同时，深度学习离不开个体情感的全身心投入，是知、情、意的高度协调统一。所以，美术深度学习需要、也必须坚持以“情感体验”为基础，唯有如此才能提升美术深度学习的品质。

第三节　重构美术课程的学习空间是实现“新美育”理想的前提

朱永新在《未来学校：重新定义教育》中预言：“我们今天觉得天经地义的学校生活，因为互联网，因为信息技术的发展，会在润物无声的改变中，发生天翻地覆的变化。”②确实如此，信息技术已经以迅雷不及掩耳之势扑面而来，不断地影响着当下的教学，比如教学已经不仅仅停留在以影像和图片等为代表的二维空间，能够让人们创建和体验虚拟世界的计算机仿真技术——VR 虚拟现实技术正开始在教育领域施展出它诱人的魅力。VR 虚拟现实技术利用计算机生成交互式的三维动态视景，其实体行为的仿真系统能够使用户沉浸在该环境中，全方位地调动学习者的视觉、听觉、触觉、嗅觉、味觉等，增强学习者的感受力，实现身心感受的联结，充分激发学生的学习动机，增强学生的学习体验，创设心理沉浸感以实现情境学习和知识迁移，在支持学习环境创设、支持技

① 中华人民共和国教育部.普通高中美术课程标准(2017 年版)[M].北京：人民教育出版社，2018：49.

② 朱永新.未来学校：重新定义教育[M].北京：中信出版集团，2019：2.

能实训、支持语言学习、支持特殊儿童教育等领域展开实践与探索。相信网络模拟场景也会在不久的将来在中小学普及，为学生的学习提供更为真实的模拟场景，以提升学生的自我管理、自我学习以及解决问题的能力，综合提升学生的核心素养和关键能力。由此可以设想，未来学校的美术学习也会发生根本性的变化，这个变化与“学习中心”这一学习空间有关，并形成有着完全不一样体验的“新美育”。

“未来的某个时候，人们会觉得我们今天看起来好像天方夜谭的‘学习中心’，是那么顺理成章。”[①]朱永新对“学习中心”做了定义：空间方面，“未来的‘学习中心’，没有固定中心，每个房间都需要预约”“可以在社区，也可以在大学，全天候开放……”；机构设置方面，“没有以校长室、行政楼为中心的领导机构”，也就意味着教学管理将走向全自助模式；学习内容方面，“没有统一教材”，教材的开发权已经归教师所有，国家负责出台指导性文件如国家课程标准，然后由教材处负责进行教材审查；学习对象方面，对象极为宽泛，“15 岁的孙子可以跟 75 岁的爷爷在同一个课堂上同样的课”，这也就意味着全社会已经实现终身学习；教师职能方面，已经随之发生根本性的变化，“教师是自主学习的指导者、陪伴者，一部分教师将变成自由职业者，‘能者为师’将使今天的教师资格证变成历史”[②]。那么，在未来的“学习中心”上课的我，又将如何开展“新美育”呢？

那时的我正坐在位于博物馆的“艺术学习中心”里，为即将上的课做着准备工作。博物馆有“语言学习中心”“文博学习中心”“书法学习中心”等多个“学习中心”，真实情境的学习环境满足了学员的个性化需求。“艺术学习中心”是其中的一间，它的面积很大，划分为五大区域，每一个区域用透明玻璃做隔断，使得硕大的中心既通透又相对独立。

“艺术学习中心”的第一个区域是上课区域，环境中有与传统课堂差不多的课桌椅，但没有讲台，只在环形布置的桌椅中央有一张操控台，安置其中的是中央数据系统，可以随时调用我早已准备好的一切教学所需的文本、影像等资料。这个操控台上有一个蓝色按钮，用于控制这一区域中心的顶棚以及四周墙壁。平日里，室外是满眼的绿色，阳光通过透明的玻璃墙洒进中心，中心已不再是一个封闭的空间，而是随时能感受晴天的灿烂、阴天的多变，倾听鸟儿的欢鸣、雨丝的淅沥，这里已然成为观察自然、享受自然的场所。当有教学需要时，蓝色按钮就可以将一个特殊的幕布由地下往中心的顶棚升起，完全闭合之后就是一个球体结构，将我和学生们一起“包裹”起来，继而形成如球幕电影的幕布，我们能通过这幕布，从不同的角度走进计算机为我们创设的各种空间——能带领我们回到远古之中，也能让我们漫步在未来的某一天。这是当下科技献给学生的一个小小的礼物。

“艺术学习中心”的其他四个区域是美术活动区域，分别是泥塑区、木工区、绘画区

---

① 朱永新.未来学校:重新定义教育[M].北京:中信出版集团,2019:2.

② 朱永新.未来学校:重新定义教育[M].北京:中信出版集团,2019:3.

和手工区。每一个区域都配备了非常齐全的材料和工具。泥塑区中，除了地窖里储备有大量供学生学习使用的陶泥之外，还有转轮、电窑等；木工区中，各种尺寸的木板、木块一应俱全，锯、斧、钻、刨等木工工具随手可得，这里俨然就是一个小型的木制品加工场；绘画区中的工具更是琳琅满目，既有供学生学习色彩用的五彩缤纷的整盒颜料，也有供学生学习中国画的笔墨纸砚；手工区中，剪刀、刻刀、篆刻器具、版画器具等也应有尽有。这些区域的设置与材料工具的提供，使学生的美术学习变得更加方便，为学习的多样性、丰富性提供了可能。

伴随着优美、欢快的音乐，通过网络预约来听课的15位学生鱼贯而入，他们来上课了。学生早已透过玻璃窗看到我了，我也看到了他们，我们就像老朋友一样拍拍肩膀后一一落座。由于班级人数少了，我能一一叫出他们的名字，这在传统教学中是不可想象的，因为当年每一个班的学生人数是现在的好几倍，想让我叫出所任班级所有学生的名字还真的很难——有四五百名学生之多呢！现在，随着“学习中心”的大面积普及，15名学生的班级已经非常普遍，当年的理想之一——小班教学已经实现。

今天上的课程是中国民间艺术“蓝印花布”的第二课时——蓝印花布的纹样研究与设计。前一节课，学生已通过隔壁乡镇非物质文化遗产博物馆的“艺术学习中心”体验了蓝印花布的制作流程，在周老师以及志愿者李奶奶的陪同下，亲手摘棉花、剥棉籽、纺棉线、织白胚布，然后再到染坊里看工人叔叔刻板、刮浆、染色……现在，每个乡镇都根据自己的特色设立了博物馆以及相应的“艺术学习中心”。时不时地，“中国百年油画展”“法国卢浮宫典藏作品展”等大型展览会根据教师的网络申请来做巡回展，教师可以通过与博物馆的联系得知相应的展期，然后带着学生去上课。博物馆也设立了教学部，专门配合学校的艺术教学，他们的主要工作就是安排附近各个“艺术学习中心”的参观教学活动时间，准备配套的作品及作者的影像资料，博物馆教学已经成为教学的常见形式。

教师已经在“艺术学习中心”的手工区布置了各式各样的蓝印花布，它们在这科技异常发达的年代被收藏得很好，家长们、志愿者们可以提供丰富的课程资源。蓝印花布有挂着的，也有铺着的，展示在各个角落。学生就在这里按小组分别研究蓝印花布图案的题材、寓意、构成方式等，大多数学生围着这些蓝印花布交流着，这种方式已经成为学生的主要学习方式。不一会儿，两个学生来到了教学区，他们正通过网络来获得资源，而另外两个学生正通过校园连线向他们各自的奶奶做电话采访，我看到他们的笔记本上记载的问题是：“蓝印花布图案的选择有什么特别的寓意吗?”“蓝印花布的未来会是怎样的?”学生以一种开放的方式在学习。约二十分钟过后，学生陆陆续续回到工作台上，熟练地从抽屉里拿出直尺、圆规，又到绘画区各自拿了一张牛皮纸，开始了设计与创作。

已经有学生注意到了，安装在各个角落的摄像头都已经开启并在转动工作，学生都知道，这是为生病住院的小安同学准备的。通过网络，小安同学与其他同学一起讨论、交流，只是他的四周空间稍稍有些特别而已。

学生接下来的课程是根据设计稿在牛皮纸上反复练习，然后再到非物质文化遗产博物馆“艺术学习中心”的蓝印花布染坊里，制作自己设计的蓝印花布，然后制作成一个个小物件如小包、头饰等。一部分作品将在博物馆内进行展览，一部分作品会由学生送给他们的父母，作为母亲节、父亲节的礼物，还有一部分作品将加入单元学习课程结束之后的展演——这也是学生非常追捧的一项活动，因为展演的时候，学生将分四组以情景剧的形式来完成。学生将自行编排情景剧，我要做的就是和他们的家长一起坐在艺术小剧院中观看他们的演出，然后给予鼓励和赞赏。当然，没有时间赶过来的家长也能与学生一同分享他们对艺术的理解和表现，那就是借助已经很普遍的网络直播……

未来的“艺术学习中心”真的是这样的吗？也许是，也许不是，但一定会越来越美好。

事实上，未来已来，处处皆可学习，人人都在学习，这样的教育形态已经悄然形成。未来不遥远，现在和未来的界限已经模糊，包括美术在内的教育已经跨在了未来的门槛上，一只脚踩在现在，一只脚已经跨进了未来。面对席卷而来的未来教育浪潮，所有教师和学生都已经背起行囊，以求新、求变、求美的革命者的姿态迎向未来。